Brieden/Willanzheimer · Übungen für die Strafrechtsstation

Übungen für die Strafrechtsstation

24 Lernaufgaben mit Musterlösung
30 Tipps zur Fehlervermeidung

von

Sebastian Brieden
Staatsanwalt als Gruppenleiter

Holger Willanzheimer
Rechtsanwalt, Oberstaatsanwalt a.D.

Holger Willanzheimer ist Oberstaatsanwalt und stellvertretender Leiter der Staatsanwaltschaft Fulda außer Dienst. Am Oberlandesgericht Frankfurt am Main leitet er Referendar-Arbeitsgemeinschaften im Strafrecht.

Sebastian Brieden ist Staatsanwalt als Gruppenleiter bei der Staatsanwaltschaft Marburg und ebenfalls Leiter von Arbeitsgemeinschaften. Zuletzt war er an das hessische Justizministerium abgeordnet und dort bis März 2024 als Referatsleiter im Justizprüfungsamt für den Bereich des Strafrechts verantwortlich.

Bibliografische Information der Deutschen Nationalbibliothek
Die Deutsche Nationalbibliothek verzeichnet diese Publikation in der Deutschen Nationalbibliografie; detaillierte bibliografische Daten sind im Internet über <https://portal.dnb.de> abrufbar.

Print: ISBN 978-3-8114-6224-3
ePub: ISBN 978-3-8114-9071-0

Telefon: +49 6221/1859-599
Telefax: +49 6221/1859-598
E-Mail: kundenservice@cfmueller.de

www.cfmueller.de

Satz: preXtension, Grafrath
Druck: Stückle, Ettenheim

Vorwort

Dieses Buch ist anders als alle anderen an die Referendarinnen und Referendare gerichteten Bücher. Es verfolgt einen neuen Ansatz:

Es ist weder Lehrbuch mit abstraktem Wissen noch ein Skript, das mit dem Anspruch auf Vollständigkeit das examensrelevante Wissen zusammenfasst, und auch kein Falltraining mit Hunderten von kleinen Fällen. Es ist ein Arbeitsbuch, das Sie beim Eintritt in die Pflichtstation Strafrecht abholen und Ihr Begleiter vor allem durch diese Station, aber auch bis zum Examen sein will. Es will nicht isoliert stehen, sondern knüpft an Einzelausbildung und Arbeitsgemeinschaft an.

Vor allem: Sie sollen es durcharbeiten. Ja, genau: durcharbeiten, und zwar mit Stift, Papier und Gesetz! Also nicht konsumieren, sondern aktiv werden.

Inhaltlich geht es vor allem um die Themen

- *Anklage, Urteil oder Ermittlungsverfügung schreiben* für die Einzelausbildung,
- im Sitzungsdienst das *Plädoyer halten* und dabei *Gesamtstrafen bilden*,
- in der Arbeitsgemeinschaft *Klausuren schreiben* in den Bereichen Anklage, Urteil, Revision, Strafbefehl und Rechtsbehelfe.

Dass dies alles ineinandergreift, versteht sich von selbst.

Auch geht es um das Thema „Wie schreibe ich das jetzt genau hin“, wobei sich die Autoren bemüht haben, den Umfang auf das in Klausur und Praxis „Schaffbare“ zu begrenzen.

Methodisch geht das Buch neue Wege und nutzt dabei verschiedene Aufgabentypen. So sollen Sie teilweise inhaltliche oder auch nur formale Fehler finden oder kniffelige Aussagen auf ihre Richtigkeit prüfen. Für Abwechslung und Aha-Effekte ist also gesorgt. Dahinter steht die Einsicht, dass man am besten durch eigene Fehler lernt oder von Fehlern, die andere machen und die man selbst findet. Wichtig ist, diese Fehler *vor* dem Ernstfall zu machen und nicht erst im Ernstfall, also in der Stationsklausur, im Sitzungsdienst und vor allem im Examen.

Und wenn Sie dieses Buch durchgearbeitet haben, also die Grundlagen „sitzen“, dann üben Sie weiter, am besten „am lebenden Objekt“, also mit Klausuren, die Sie u.a. in den gängigen Ausbildungszeitschriften oder speziellen Skripten finden oder über kommerzielle Repetitoren bekommen – oder über die Justizprüfungsämter, sofern diese alte Klausuren zur Verfügung stellen.

Die Autoren sind seit langen Jahren Leiter von Arbeitsgemeinschaften in der Strafstation und der Wahlstation „Strafrechtspflege“ in Hessen. *Holger Willanzheimer* ist überdies seit 25 Jahren Prüfer im zweiten Staatsexamen. Seine umfangreichen Erfahrungen aus der Korrektur von Examensklausuren und der mündlichen Prüfung hat er in der das Buch abschließenden Liste „Die Top 30 Fehler in der Anklageklausur“ zusammengefasst.

Die Autoren sind überzeugt, mit diesem Buch den Einstieg in die Station zu erleichtern und den Referendarinnen und Referendaren ein neues und wertvolles Werkzeug für die strafrechtliche Ausbildung an die Hand zu geben.

Hingewiesen sei noch darauf, dass die Formalien der Anklageschrift insbesondere in den südlichen Bundesländern von den Darstellungen dieses Buches abweichen. In Ausbildung und Examen sollten Sie sich selbstverständlich an den in „Ihrem" Bundesland gebräuchlichen Formen orientieren.

Kritik und Verbesserungsvorschläge sind erwünscht und können an Referendarausbildung.Strafrecht@email.de oder sbrieden@web.de gerichtet werden.

Marburg an der Lahn
im Juli 2024

Holger Willanzheimer
Sebastian Brieden

Inhaltsverzeichnis

Übung 1
Fehlersuche im Anklagekopf

Finde die Fehler!

Staatsanwaltschaft bei dem Landgericht Marburg
Universitätsstraße 48
35037 Marburg

1 Js 15715/23 Marburg, 12.12.2023

An das
Amtsgericht
in Marburg

Haft!

Anklage

Der Juan Tuco Bredow, geb. Ramirez, genannt „Rocky“,
geboren am 20.12.1980 in Tijuana, Mexiko,
wohnhaft Ockershäuser Allee 35, 35037 Marburg
verlobt, Mexikaner,

Bl. 177 d.A. – aufgrund des Haftbefehls des Amtsgerichts Marburg
vom 16.11.2023 (Az. 1 Js 15715/23 58 Gs)
Bl. 191 d.A. seither in Untersuchungshaft in der Justizvollzugsanstalt Gießen –

– Verteidiger:
Rechtsanwalt Dr. Marcus Lomb, Bahnhofstr. 13, 35037 Marburg –

wird angeschuldigt,

am 15.11.2023 um 04:10 Uhr und in nicht rechtsverjährter Zeit davor

in Marburg, Frankfurt, Gießen, Hanau und Darmstadt

Lösung

Hier sind die Fehler mit Ziffern markiert. Korrekturhinweise finden sich auf der Folgeseite. Daran schließt sich die korrigierte Fassung an.

Staatsanwaltschaft bei dem Landgericht[1] Marburg
Universitätsstraße 48
35037 Marburg

1 Js 15715/23 Marburg, 12.12.2023

An das
Amtsgericht[2]
in Marburg

Haft![3]

Anklage[4]

[5] Der[6] Juan Tuco[7] Bredow, geb. Ramirez, genannt „Rocky",
geboren am 20.12.1980 in Tijuana, Mexiko,
[8]wohnhaft Ockershäuser Allee 35, 35037 Marburg[9]
verlobt[10], Mexikaner[11],

Bl. 177 d.A. – [12]aufgrund des Haftbefehls des Amtsgerichts Marburg
vom 16.11.2023 (Az. 1 Js 15715/23 58 Gs)
Bl. 191 d.A. seither in Untersuchungshaft in der Justizvollzugsanstalt Gießen –

[13] – Verteidiger:
Rechtsanwalt Dr. Marcus Lomb, Bahnhofstr. 13, 35037 Marburg –

wird angeschuldigt[14],

am 15.11.2023 um 04:10 Uhr[15] und in nicht rechtsverjährter Zeit davor[16]

in Marburg, Frankfurt, Gießen, Hanau und Darmstadt[17]

Hier die Korrekturhinweise:

[1] In Hessen führen die Staatsanwaltschaften gem. § 1 Abs. 1 OrgStA Hessen die Bezeichnung „Staatsanwaltschaft … (Ortsbezeichnung)", also ohne den Zusatz „bei dem Landgericht". Anders ist es zum Beispiel in Schleswig-Holstein; dort heißt es „Staatsanwaltschaft bei dem Landgericht …".

[2] Hier fehlt der Spruchkörper, also „Strafrichter" oder „Schöffengericht".

[3] Hier fehlt der Hinweis auf den Haftprüfungstermin gem. § 121 StPO. Alternativ kann der Haftprüfungstermin aber auch bei den Haftdaten (zwischen den Personalien und dem Verteidiger) genannt werden.

[4] Richtig heißt es „Anklage*schrift*".

[5] Hier ist die Blattzahl des Personalbogens bzw. der Vernehmung zur Person zu benennen.

[6] Hier ist der Beruf des Beschuldigten zu benennen. Wenn er keinen Beruf hat, ist schlicht sein Name – aber ohne das „Der" vor dem Namen! – aufzuführen oder „Herr …" zu formulieren.

[7] Bei mehreren Vornamen ist der Rufname zu unterstreichen, wenn er bekannt ist. Hier soll „Tuco" der Rufname sein.

[8] Da der Beschuldigte in U-Haft ist, heißt es ggf. („Gibt es die Wohnung noch?") hier: „zuletzt wohnhaft gewesen".

[9] Hier fehlt ein Komma („Anklage*satz*").

[10] „Verlobt" ist genauso wenig wie „getrennt lebend" ein Familienstand. Familienstände sind „ledig", „verheiratet", „geschieden" und „verwitwet".

[11] Schöner: „mexikanischer Staatsangehöriger".

[12] Hier fehlt die Benennung des Tages der vorläufigen Festnahme.

[13] Hier fehlt die Benennung der Blattzahl des Beiordnungsbeschlusses des Pflichtverteidigers bzw. der Vollmacht des Wahlverteidigers, wenn sich eine Vollmacht in der Akte befindet.

[14] Richtig: „wird angeklagt,"

[15] An dieser Stelle sind keine Uhrzeiten anzugeben.

[16] Es sind genaue Tatdaten bzw. zumindest ein Tatzeitraum anzugeben.

[17] Schöner: „in Marburg und anderorts". Es ist jedenfalls der Ort zu benennen, der die örtliche Zuständigkeit des Gerichts begründet.

Es folgt die korrigierte Fassung:

Staatsanwaltschaft Marburg
Universitätsstraße 48
35037 Marburg

1 Js 15715/23 Marburg, 12.12.2023

An das
Amtsgericht
– Schöffengericht –
in Marburg

Haft!
Haftprüfungstermin gem.
§ 121 StPO: 16.05.2024

Anklageschrift

Bl. 34 d.A. Der Metzger Juan Tuco Bredow, geb. Ramirez, genannt „Rocky“,
geboren am 20.12.1980 in Tijuana, Mexiko,
zuletzt wohnhaft gewesen Ockershäuser Allee 35, 35037 Marburg,
geschieden, mexikanischer Staatsangehöriger,

Bl. 146 d.A. – in dieser Sache am 15.11.2023 vorläufig festgenommen und
Bl. 177 d.A. aufgrund des Haftbefehls des Amtsgerichts Marburg
vom 16.11.2023 (Az. 1 Js 15715/23 58 Gs)
Bl. 191 d.A. seither in Untersuchungshaft in der Justizvollzugsanstalt Gießen –

– Verteidiger:
Bl. 185 d.A. Rechtsanwalt Dr. Marcus Lomb, Bahnhofstr. 13, 35037 Marburg –

wird angeklagt,

in der Zeit vom Mai 2022 bis zum 15.11.2023

in Marburg und andernorts

Übung 2
Bilde abstrakte Anklagesätze

Fertigen Sie zu den folgenden „Konkretisierungen“ nebst ergänzenden Informationen jeweils den abstrakten Anklagesatz, die Paragraphenkette und ggf. folgende Hinweise (Strafantrag etc.).

Für sämtliche Fälle gilt: Der Beschuldigte heißt Heinz Grabowski. Er ist mehrfach vorbestraft und wurde zuletzt im Jahr 2022 vom Amtsgericht Marburg wegen gefährlicher Körperverletzung zu einer Freiheitsstrafe von 1 Jahr und 7 Monaten mit Aussetzung der Vollstreckung zur Bewährung, Bewährungszeit vier Jahre, verurteilt. Gehen Sie daher davon aus, dass die Staatsanwaltschaft das besondere öffentliche Interesse an der Strafverfolgung bejaht, soweit dies erforderlich ist.

Fall 1

„Am 18.09.2023 gegen 15:40 Uhr begab sich der Angeschuldigte in Marburg in den Rewe-Einkaufsmarkt im Kaufhaus ‚Ahrens‘, Universitätsstraße 14-22, und steckte dort zwei Flaschen ‚Jim Beam‘ im Wert von jeweils 9,99 Euro in die Innentasche seines Mantels, um sie, ohne zu bezahlen, für sich zu behalten.“

Die Tat wurde erst Stunden später auf der Überwachungskamera entdeckt.

Der Geschäftsführer des Rewe-Einkaufsmarktes hat am 09.10.2023 Strafantrag gestellt.

Fall 2

„Am 05.01.2023 fuhr der Angeschuldigte mit dem Zug Nummer 23172 von Marburg nach Biedenkopf und legte im Rahmen einer Fahrausweiskontrolle um 16:58 Uhr kurz vor dem Bahnhof in Biedenkopf dem Zugbegleiter Heiko Schmidt ein zuvor von ihm durch Überschreiben der Jahreszahl ‚2022‘ mit ‚2023‘ manipuliertes ‚Jobticket‘ des Kreisjobcenters Marburg-Biedenkopf vor, um diesen glauben zu machen, er verfüge über eine gültige Fahrkarte, und so den Fahrpreis nicht zahlen zu müssen. Der Kontrolleur Schmidt erkannte jedoch die Manipulation an dem Ticket und verlangte den Fahrpreis von 6,90 Euro, den der Angeschuldigte sodann auch entrichtete.“

Strafantrag wurde nicht gestellt.

Fall 3

„Am 14.11.2023 gegen 04:10 Uhr begaben sich der Angeschuldigte und der gesondert verfolgte Tim Schäfer entsprechend dem zuvor gefassten gemeinsamen Tatplan in Frankfurt zu der im Erdgeschoss gelegenen Wohnung des Luciano Scorsese, Eulenweg 15. In der Absicht, aus der Wohnung die dort vermuteten Einnahmen des von Scorsese betriebenen Wettbüros ‚Kleeblatt‘ zu entwenden, hebelte der Angeschuldigte die Terrassentür des Wohnzimmers mit einer Brechstange auf, während der gesondert verfolgte Schäfer vor dem Haus verblieb und die Tat hinsichtlich etwaiger Störungen absicherte sowie erforderlichenfalls den Angeschuldigten warnen sollte.

Als der Angeschuldigte bei Betreten des Hauses jedoch die Alarmanlage auslöste, brachen beide ihr Tun ab und flohen."

Die am Tatort zurückgelassene Brechstange wurde unter der Ass.-Nr. 2217/23 sichergestellt.

Strafantrag wurde nicht gestellt.

Die Strafverfolgung ist hinsichtlich des Vorwurfs der Sachbeschädigung auf den verbleibenden Vorwurf beschränkt worden.

Fall 4

„Am 06.12.2023 gegen 23:15 Uhr fuhr der mit 1,8 Promille alkoholisierte Angeschuldigte mit seinem Pkw BMW 320i, amtliches Kennzeichen MR – MU 418, von der Kneipe ‚Holzwurm' in der Schwanallee in Marburg nach Biedenkopf zu seiner Wohnung. Dabei wusste er, dass er nicht mehr fahrtüchtig war."

Fall 5

„Am 24.09.2023 gegen 23:20 Uhr befand sich der Angeschuldigte in Fulda nach einem spätabendlichen Fitnessstudiobesuch auf dem Nachhauseweg. Über seine finanzielle Misere grübelnd und sodann die Esso-Tankstelle in der Pacellistraße erblickend, ersann der Angeschuldigte den Plan, in der Tankstelle die Herausgabe der Kassengelder zu verlangen und für den Fall der Weigerung das Zünden einer in seiner Sporttasche mitgeführten Bombe anzukündigen.

In Umsetzung dieses Plans begab sich der Angeschuldigte mit angelegter Atemschutzmaske sowie mit der Sporttasche in der linken und seinem Handy als vermeintlichem Auslöser der Bombe in der rechten Hand gegen 23:25 Uhr in die Esso-Tankstelle, stellte die Sporttasche auf den Verkaufstresen, hielt das Handy hoch und äußerte ‚Geld her, sonst macht's bumm, da ist ne Bombe drin!'

Der Kassierer Mike Dietrich hatte jedoch bis 23:00 Uhr im selben Fitnessstudio wie der Angeschuldigte trainiert, erkannte den Angeschuldigten trotz der Schutzmaske als einen Mittrainierenden, verstand sein Verhalten als Scherz eines Sport-Kollegen und äußerte lachend: ‚Ja, ne Stinkbombe von dem Schweiß! Der ist gut! Haste auch Schluss gemacht im Fitti?!'

Darauf erkannte auch der Angeschuldigte in dem Kassierer einen Mittrainierenden und sah sein Vorhaben angesichts dessen Äußerung als gescheitert an. Nach einem kurzen Small-Talk verließ der Angeschuldigte die Tankstelle mit seiner Sporttasche wieder.

In der Folge begab sich der Angeschuldigte um 23:56 Uhr – wiederum maskiert – mit der Sporttasche und dem Handy in die Aral-Tankstelle in der Petersberger Str. 69, behauptete gegenüber der Kassiererin Laura Herzog unter Bezugnahme auf die mitgeführte Sporttasche, er habe eine Bombe, und verlangte von ihr die Herausgabe des Bargeldes aus der Kasse, ansonsten werde er die Bombe zünden. Im Glauben hieran händigte ihm die Kassiererin aus Angst sodann den Kasseninhalt in Form von 1935 Euro in Scheinen aus. Der Angeschuldigte steckte das Geld ein und verließ die Tankstelle."

In den folgenden Wochen verprasste der Beschuldigte die Beute, bevor er schließlich ermittelt und festgenommen wurde.

Hinweis: Diese „Konkretisierungen“ können Ihnen auch insofern bei der Stationsarbeit „Anklage schreiben“ helfen, als sie beispielhafte Formulierungen zu Standard-Konstellationen wie dem Ladendiebstahl oder der Trunkenheitsfahrt enthalten, und zwar jeweils auch hinsichtlich der subjektiven Tatseite. Diese Muster können Sie in den „eigenen“ Anklagen nutzen.

Zwei Muster zeigen Ihnen überdies, wie man den Versuch eines Delikts darstellt; hier ist mit der Darstellung des Tatplans zu beginnen, wenn – wie im Fall 3 – die Handlungen sonst nicht verständlich oder in ihrer Intention mehrdeutig wären.

Lösungen

Fall 1

Heinz Grabowski (…)
wird angeklagt,

am 18.09.2023
in Marburg

fremde bewegliche Sachen einem anderen in der Absicht weggenommen zu haben, die Sachen sich rechtswidrig zuzueignen.

Am 18.09.2023 gegen 15:40 Uhr begab sich der Angeschuldigte in Marburg in den Rewe-Einkaufsmarkt im Kaufhaus „Ahrens“, Universitätsstraße 14-22, und steckte dort zwei Flaschen „Jim Beam“ im Wert von jeweils 9,99 Euro in die Innentasche seines Mantels, um sie, ohne zu bezahlen, für sich zu behalten.

Vergehen, strafbar nach
§§ 242 Abs. 1, 248a, 73 Abs. 1, 73c StGB.

Der Geschäftsführer des Rewe-Einkaufsmarktes hat am 09.10.2023 Strafantrag gestellt. Im Übrigen besteht ein besonderes öffentliches Interesse an der Strafverfolgung.

(§ 248a StGB könnte statt in der Paragraphenkette auch hier benannt werden.)

Es kommt die Einziehung des Wertes der Taterträge in Höhe von 19,98 Euro in Betracht.

(Es ist, genau betrachtet, sauberer, die §§ 73 Abs. 1, 73c StGB an dieser Stelle zu benennen, als oben in der Paragraphenkette, denn eigentlich gibt es keine „Vergehen, strafbar nach §§ 73 Abs. 1, 73c StGB“. Die Praxis verfährt aber trotzdem häufig wie oben dargestellt. Das gleiche gilt übrigens auch für §§ 69, 69a StGB.

In der Praxis würde man aber ohnehin nach § 421 Abs. 1 Nr. 1 StPO von einer Einziehung absehen.)

Fall 2

Heinz Grabowski (…)
wird angeklagt,

am 05.01.2023
in Biedenkopf

durch dieselbe Handlung

a) zur Täuschung im Rechtsverkehr eine echte Urkunde verfälscht und gebraucht zu haben,
b) in der Absicht, sich einen rechtswidrigen Vermögensvorteil zu verschaffen, durch Vorspiegelung falscher Tatsachen versucht zu haben, einen Irrtum zu erregen und dadurch das Vermögen eines anderen zu beschädigen.

Am 05.01.2023 fuhr der Angeschuldigte mit dem Zug Nummer 23172 von Marburg nach Biedenkopf und legte im Rahmen einer Fahrausweiskontrolle um 16:58 Uhr kurz vor dem Bahnhof in Biedenkopf dem Zugbegleiter Heiko Schmidt ein zuvor von ihm durch Überschreiben der Jahreszahl „2022“ mit „2023“ manipuliertes „Jobticket“ des Kreisjobcenters Marburg-Biedenkopf vor, um diesen glauben zu machen, er verfüge über eine gültige Fahrkarte, und so den Fahrpreis nicht zahlen zu müssen. Der Kontrolleur Schmidt erkannte jedoch die Manipulation an dem Ticket und verlangte den Fahrpreis von 6,90 Euro, den der Angeschuldigte sodann auch entrichtete.

Vergehen, strafbar nach
§§ 248a, 263 Abs. 1, Abs. 2 und Abs. 4, 267 Abs. 1, 2. und 3. Var., 282, 22, 23 Abs. 1, 52, 74 Abs. 1 bis Abs. 3 StGB.

Das sichergestellte auf den Namen des Angeschuldigten lautende „Jobticket" Nr. 2138524 unterliegt der Einziehung.
(Die §§ 282, 74 Abs. 1 bis Abs. 3 StGB könnten statt in der Paragraphenkette auch hier benannt werden, siehe oben.)

Es besteht hinsichtlich des versuchten Betrugs ein besonderes öffentliches Interesse an der Strafverfolgung.
(Die §§ 248a, 263 Abs. 4 StGB könnten statt in der Paragraphenkette auch hier benannt werden.)

Fall 3

Heinz Grabowski (…)
wird angeklagt,

am 14.11.2023
in Frankfurt am Main

gemeinschaftlich mit dem gesondert verfolgten Tim Schäfer

versucht zu haben,
fremde bewegliche Sachen einem anderen in der Absicht wegzunehmen, die Sachen sich rechtswidrig zuzueignen,
wobei er bei der Tat ein gefährliches Werkzeug bei sich führte und
zur Ausführung der Tat in eine dauerhaft genutzte Privatwohnung einbrach.

Am 14.11.2023 gegen 04:10 Uhr begaben sich der Angeschuldigte und der gesondert verfolgte Tim Schäfer entsprechend dem zuvor gefassten gemeinsamen Tatplan in Frankfurt zu der im Erdgeschoss gelegenen Wohnung des Luciano Scorsese, Eulenweg 15. In der Absicht, aus der Wohnung die dort vermuteten Einnahmen des von Scorsese betriebenen Wettbüros „Kleeblatt" zu entwenden, hebelte der Angeschuldigte die Terrassentür des Wohnzimmers mit einer Brechstange auf, während der gesondert verfolgte Schäfer vor dem Haus verblieb und die Tat hinsichtlich etwaiger Störungen absicherte sowie erforderlichenfalls den Angeschuldigten warnen sollte.
Als der Angeschuldigte bei Betreten des Hauses jedoch die Alarmanlage auslöste, brachen beide ihr Tun ab und flohen.

Verbrechen, strafbar nach
§§ 242 Abs. 1, 244 Abs. 1 Nr. 1a, Nr. 3 und Abs. 4, 22, 23 Abs. 1, 25 Abs. 2, 74 Abs. 1 und Abs. 3 StGB.

Hinsichtlich des Vorwurfs der Sachbeschädigung durch Aufhebeln der Terrassentür ist die Strafverfolgung gem. § 154a Abs. 1 S. 1 Nr. 1 StPO auf den Vorwurf des versuchten schweren Wohnungseinbruchdiebstahls beschränkt worden.

Die sichergestellte Brechstange, Ass.-Nr. 2217/23, unterliegt der Einziehung.

(§ 74 Abs. 1 bis Abs. 3 StGB könnte statt in der Paragraphenkette auch hier benannt werden, siehe oben.)

Fall 4

Heinz Grabowski (…)
wird angeklagt,

am 06.12.2023
in Marburg und Biedenkopf

vorsätzlich im Straßenverkehr ein Fahrzeug geführt zu haben, obwohl er infolge des Genusses alkoholischer Getränke nicht in der Lage war, das Fahrzeug sicher zu führen.

Am 06.12.2023 gegen 23:15 Uhr fuhr der mit 1,8 Promille alkoholisierte Angeschuldigte mit seinem Pkw BMW 320i, amtliches Kennzeichen MR – MU 418, von der Kneipe „Holzwurm" in der Schwanallee in Marburg nach Biedenkopf zu seiner Wohnung. Dabei wusste er, dass er nicht mehr fahrtüchtig war.

Vergehen, strafbar nach
§§ 316 Abs. 1, 69 Abs. 1 S. 1, Abs. 2 Nr. 2, 69a Abs. 1 S. 1 StGB.

Durch diese Tat hat sich der Angeschuldigte als ungeeignet zum Führen von Kraftfahrzeugen erwiesen.

(Die §§ 69 Abs. 1 S. 1, Abs. 2 Nr. 2, 69a Abs. 1 S. 1 StGB könnten statt in der Paragraphenkette auch hier benannt werden, siehe oben.)

Fall 5

Heinz Grabowski (…)
wird angeklagt,

am 24.09.2023
in Fulda

durch zwei selbstständige Handlungen

1. und 2.

einen Menschen rechtswidrig unter Anwendung von Drohungen mit gegenwärtiger Gefahr für Leib und Leben zu einer Handlung genötigt und dadurch dem Vermögen eines anderen einen Nachteil zugefügt zu haben, um sich zu Unrecht zu bereichern,

wobei er ein Mittel bei sich führte, um den Widerstand einer anderen Person durch Drohung mit Gewalt zu verhindern,

und es bei der ersten Tat bei einem Versuch blieb.

Zu 1)
Am 24.09.2023 gegen 23:20 Uhr befand sich der Angeschuldigte in Fulda nach einem spätabendlichen Fitnessstudiobesuch auf dem Nachhauseweg. Über seine finanzielle Misere grübelnd und sodann die Esso-Tankstelle in der Pacellistraße erblickend, ersann der

Angeschuldigte den Plan, in der Tankstelle die Herausgabe der Kassengelder zu verlangen und für den Fall der Weigerung das Zünden einer in seiner Sporttasche mitgeführten Bombe anzukündigen.

In Umsetzung dieses Plans begab sich der Angeschuldigte mit angelegter Atemschutzmaske sowie mit der Sporttasche in der linken und seinem Handy als vermeintlichem Auslöser der Bombe in der rechten Hand gegen 23:25 Uhr in die Esso-Tankstelle, stellte die Sporttasche auf den Verkaufstresen, hielt das Handy hoch und äußerte „Geld her, sonst macht's bumm, da ist ne Bombe drin!"

Der Kassierer Mike Dietrich hatte jedoch bis 23:00 Uhr im selben Fitnessstudio wie der Angeschuldigte trainiert, erkannte den Angeschuldigten trotz der Schutzmaske als einen Mittrainierenden, verstand sein Verhalten als Scherz eines Sport-Kollegen und äußerte lachend: „Ja, ne Stinkbombe von dem Schweiß! Der ist gut! Haste auch Schluss gemacht im Fitti?!"

Darauf erkannte auch der Angeschuldigte in dem Kassierer einen Mittrainierenden und sah sein Vorhaben angesichts dessen Äußerung als gescheitert an. Nach einem kurzen Small-Talk verließ der Angeschuldigte die Tankstelle mit seiner Sporttasche wieder.

Zu 2)
In der Folge begab sich der Angeschuldigte um 23:56 Uhr – wiederum maskiert – mit der Sporttasche und dem Handy in die Aral-Tankstelle in der Petersberger Str. 69, behauptete gegenüber der Kassiererin Laura Herzog unter Bezugnahme auf die mitgeführte Sporttasche, er habe eine Bombe, und verlangte von ihr die Herausgabe des Bargeldes aus der Kasse, ansonsten werde er die Bombe zünden. Im Glauben hieran händigte ihm die Kassiererin aus Angst sodann den Kasseninhalt in Form von 1935 Euro in Scheinen aus. Der Angeschuldigte steckte das Geld ein und verließ die Tankstelle.

Verbrechen, strafbar nach
§§ 250 Abs. 1 Nr. 1 b), 253, 255, 22, 23 Abs. 1, 53, 73 Abs. 1, 73c StGB.

Es kommt die Einziehung des Wertes der Taterträge in Höhe von 1935 Euro in Betracht.

(Die §§ 73 Abs. 1, 73c StGB könnten statt in der Paragraphenkette auch hier benannt werden, siehe oben.)

Übung 3
Finde den richtigen konkreten Anklagesatz

Hier finden Sie fünf Varianten eines *konkreten* Anklagesatzes. Ihre Aufgabe besteht darin, Mängel aufzufinden. Es sei verraten, dass eine der Varianten fehlerfrei ist. Bitte versuchen Sie, die Fehler zu entdecken, und begründen Sie auf einem gesonderten Lösungsblatt Ihre Entscheidung kurz.

A … wird angeklagt,

am … in Z-Dorf

vorsätzlich eine andere Person körperlich misshandelt und an der Gesundheit beschädigt zu haben.

Variante 1:

Der Angeschuldigte verletzte auf der Kirmes den Festbesucher Alfons Jammer mit der Faust erheblich.

Variante 2:

Den glaubwürdigen Angaben des Geschädigten und weiterer Augenzeugen zufolge versetzte der Angeschuldigte um 0:30 Uhr im Festzelt der Kirmes in Z-Dorf dem Festbesucher Alfons Jammer, der an der Theke stand und sein Bier trank, einen gezielten Fausthieb ins Gesicht, wodurch der Geschädigte ausweislich des Attestes des Dr. med. Schmidt vom … einen Nasenbeinbruch erlitt.

Variante 3:

Der Angeschuldigte schlug um 0:30 Uhr im Festzelt der Kirmes in Z-Dorf den Festbesucher Alfons Jammer, der an der Theke stand und sein Bier trank, gezielt mit der geballten Faust ins Gesicht und brach ihm damit das Nasenbein.

Variante 4:

Der Angeschuldigte schlug – mutmaßlich mit voller Absicht – um 0:30 Uhr im Festzelt der Kirmes in Z-Dorf dem Festbesucher Alfons Jammer, der an der Theke stand und sein Bier trank, ins Gesicht, wodurch der Geschädigte einen Nasenbeinbruch erlitt.

Variante 5:

Der Angeschuldigte betrat kurz nach Mitternacht das Festzelt der Kirmes in Z-Dorf. Dort erblickte er mehrere Festbesucher, die aus dem Nachbarort Y-Hausen stammten, was ihm missfiel. Zunächst forderte er die Gäste Klaus Raabe und Siegfried Klawitter auf, das Festzelt zu verlassen, weil sie in Z-Dorf nichts zu suchen hätten; dabei hielt er den körperlich weit unterlegenen Klaus Raabe am Revers fest und schüttelte ihn kräftig. Der hinzukommende Festwirt konnte ihn jedoch zunächst beruhigen, indem er ihm ein Bier ausgab.

Nachdem der Angeschuldigte dieses ausgetrunken hatte, begab er sich erneut zu Raabe und Klawitter und versetzte Letzterem mit den Worten „Ihr seid ja immer noch hier!" einen kräftigen Stoß vor die Brust, so dass dieser gegen einen Tisch fiel und ihn zum Umstürzen brachte, wobei mehrere Gläser zu Bruch gingen. Raabe und Klawitter verließen darauf das Festzelt, weil sie weiterem Streit aus dem Wege gehen wollten.

Nunmehr ging der Angeschuldigte zu dem Gast Alfons Jammer, der an der Theke stand und friedlich sein Bier trank, und sprach ihn in aggressiver Weise mit dem Worten an: „Du bist doch auch aus Y-Hausen, oder?"

Jammer entgegnete darauf, der Angeschuldigte solle ihn gefälligst in Ruhe lassen, und wollte sich wegdrehen. In diesem Augenblick schlug ihm der Angeschuldigte gezielt mit der geballten Faust ins Gesicht. Der Geschädigte erlitt einen Nasenbeinbruch und musste ins Krankenhaus gefahren werden; er war zwei Wochen lang arbeitsunfähig.

Eine Blutprobe beim Angeschuldigten erbrachte lediglich einen BAK-Wert von höchstens 0,65 Promille zur Entnahmezeit.

<u>Vergehen</u>, strafbar nach …

Lösung

Variante 1:

Die Tat ist nicht hinreichend konkret beschrieben. Es fehlen insbesondere Angaben zur Art der Verletzungen und zu den Umständen der Tat. Da der konkrete Anklagesatz es dem Leser auch ermöglichen muss, Erkenntnisse zur Schuldform zu erlangen, ist auch die Angabe „mit der Faust" nicht ausreichend, um den Vorsatz zu beschreiben, schon gar nicht dessen Grad. Auch dürfen im konkreten Anklagesatz keine Merkmale des Gesetzeswortlauts auftauchen, ausgenommen, wenn sie zugleich dem allgemeinen Sprachgebrauch dienen: Natürlich darf bei einer Anklage wegen Wohnungseinbruchdiebstahls der Begriff „Wohnung" im Anklagesatz verwendet werden.

Variante 2:

In den konkreten Anklagesatz gehören keine Ausführungen zur Beweisbarkeit! Also sind sowohl die Angaben zu den Wahrnehmungen der Zeugen als auch zum ärztlichen Attest fehl am Platze. Dafür ist die Beweismittelliste da. Zum Beleg der Nachweisbarkeit besteht außerdem bei Bedarf Gelegenheit im wesentlichen Ergebnis der Ermittlungen. – Im Übrigen sei zu dem Ausdruck „glaubwürdige Angaben" angemerkt, dass Angaben nicht „glaubwürdig" sind, sondern „glaubhaft". „Glaubwürdig" bezieht sich auf eine Person. Als Merkposten dient Art. 1 Abs. 1 GG: „Die Würde des Menschen (= Person) ist unantastbar."

Variante 3:

Dies ist aus Sicht der Autoren die vorzugswürdige Variante. Die Tatumstände sind hinreichend konkret, aber nicht ausufernd beschrieben, auch die innere Tatseite – dolus directus ersten Grades – wird ersichtlich. Dieser Anklagesatz ist bewusst recht knapp formuliert; ob man das Geschehen noch ein wenig weiter ausführt, ist bis zu einem gewissen Punkt (vgl. Variante 5) „Geschmackssache"; zum Beispiel wäre es nicht zu beanstanden, wenn die Tatfolgen (Arbeitsunfähigkeit) noch genannt würden.

Variante 4:

Eher ein Schönheits- als ein sachlicher Fehler – aber Relativierungen wie „mutmaßlich" oder „offenbar" erwecken den Verdacht, dass der Verfasser sich seiner Sache nicht so ganz sicher ist. Mutmaßungen gehören nicht in den Anklagesatz.

Variante 5:

Der Fehler dürfte auf der Hand liegen: Dieser Anklagesatz erlaubt wegen seiner viel zu breiten und ausufernden Darstellung des Geschehens kaum die Beurteilung, was im Verhalten des Angeschuldigten nun genau die Straftat sein soll. Nicht nur eine zu knappe, sondern auch eine zu ausführliche Darstellung kann eine Anklageschrift mangels hinreichender Konkretisierung unwirksam machen und damit ein Verfahrenshindernis schaffen!

Übung 4
Das „Hinschreiben" eines Delikts

„Wie schreibe ich das in der Klausur hin?"

Der folgende Sachverhalt wäre denkbar als Tatkomplex einer Klausur:

Kriminaldirektion Wiesbaden
Kriminaldauerdienst

23.09.2023

Sachverhalt:

Die Geschädigte Valerie Oberon besuchte am Abend des 22.09.2023 in Wiesbaden das Stadtfest und lernte dort den Tatverdächtigen Steven Tauber kennen. Am frühen Morgen begab sie sich mit ihm in ihre Wohnung. Dort kam es in der Folge zu Küssen und „Kuscheln". Weitergehende sexuelle Kontakte lehnte die Geschädigte ab, was der Beschuldigte akzeptierte, sich jedoch verärgert zeigte.

Als die Geschädigte gegen 04:30 Uhr kurz das Bad aufsuchte, steckte der Beschuldigte im Wohnzimmer das Notebook der Geschädigten in einen von ihm mitgeführten Jutebeutel ein, um es als „Entschädigung" mitzunehmen. Kurz darauf gab er das Gerät jedoch zurück.

In der Folge kam es jedoch zu weiteren Taten. So beleidigte der Beschuldigte die Geschädigte und schlug ihr mehrfach mit der flachen Hand ins Gesicht, wodurch sie u.a. ein deutliches Hämatom auf der linken Wange erlitt. Hiervon wurden Lichtbilder gefertigt.

Es gelang der Geschädigten, einen Nachbarn auf die Situation aufmerksam zu machen. Dieser verständigte um 05:03 Uhr die Polizei. Der Beschuldigte bemerkte die „Kontaktaufnahme" zum Nachbarn, erwartete ein polizeiliches Eingreifen und verließ kurz darauf die Wohnung.

KOK Vogt und Unterzeichnerin trafen um 05:15 Uhr an der Wohnung der Geschädigten ein. Auf Klingeln öffnete sie und teilte mit, dass der Beschuldigte vor etwa zehn Minuten gegangen sei.

Die Einzelheiten ergeben sich aus der Vernehmung der Geschädigten.

Müller
KHKin Müller

Kriminaldirektion Wiesbaden
Kriminaldauerdienst

23.09.2023

Zeugenvernehmung

Name: Valerie Oberon

(Vom Abdruck der Personalienfeststellung und der Belehrung wird abgesehen.)

Zum Sachverhalt kann ich Folgendes berichten:

Gestern Abend war ich mit einer Freundin in Wiesbaden auf dem Stadtfest. Wir standen an einem Weinstand. Irgendwann bat mich dann ein mir bis dahin Unbekannter um Feuer für seine Zigarette und wir kamen ins Gespräch. Er stellte sich als Steven Tauber vor. Ich fand ihn sehr nett. Als ich gehen wollte, bot ich ihm an, noch auf einen Wein oder einen Kaffee mitzukommen. Wir sind dann zu meiner Wohnung gelaufen, die liegt ja in der Innenstadt. Dort haben wir im Wohnzimmer noch ein kleines Glas Wein getrunken und dann auch Kaffee und haben weitergeredet. Später haben wir uns auch geküsst und etwas „gekuschelt". Mehr wollte ich aber nicht. Steven hat dann auch nichts mehr gemacht, war aber ziemlich sauer. Seine Laune war richtig schlecht, er hatte sich wohl mehr versprochen. Ich habe uns dann noch eine Tasse Kaffee gemacht und wollte das Gespräch wieder in Gang bringen. Aber das funktionierte nicht richtig.

Ich bin dann kurz ins Bad, das war so gegen halb fünf. Als ich danach ins Wohnzimmer zurückkam, lag auf einmal ein schwarzer Jutebeutel mit etwas flachem Rechteckigem darin neben Steven auf dem Sofa. Der Beutel war vorher nicht da. Darauf aufgedruckt war der Schriftzug „Wiesbaden rockt!". Dann merkte ich, dass mein neues Notebook nicht mehr auf dem Wohnzimmertisch lag. Ich fragte ihn, was das jetzt solle, ich würde doch sehen, dass er mein Notebook in den Jutebeutel gesteckt habe. Er meinte, weil ich ja nichts von ihm wolle, werde er jetzt nach Hause gehen und das Notebook als „Entschädigung" mitnehmen. Er wolle nur noch den letzten Schluck Kaffee trinken. Ich war zunächst völlig perplex über so viel Frechheit. Dann sagte ich, er solle den Blödsinn lassen, das Notebook wieder zurückstellen und einfach gehen. Erst weigerte er sich, aber nach etwas hin und her zog er schließlich mein Notebook aus dem Jutebeutel und stellte es mit den Worten „Dann behalt das Teil eben!" wieder auf den Wohnzimmertisch.

Dann beschimpfte er mich aber als „frigide Schlampe", obwohl das ja schon für sich Blödsinn ist. Entweder „frigide" oder „Schlampe" – beides zusammen geht schlecht. Als ich ihm das sagte und meinte, die Äußerung sei nicht wirklich intelligent, rastete er aus und schlug mir sechs, sieben Mal mit der flachen Hand ins Gesicht – so quasi „Backpfeifen" – und beschimpfte mich weiter, u.a. als „hässliche Alte". Und ich hätte ein „Radiogesicht" – das habe ich gar nicht verstanden. Ich denke, das soll wohl irgendwie eine Beleidigung sein.

Einschub: Die vernehmende Beamtin erklärt der Zeugin, was mit „Radiogesicht" gemeint sein dürfte: Jemand, der ein so hässliches Gesicht hat, dass er nur beim Radio arbeiten kann.

Jetzt habe ich es verstanden. Schon peinlich, da hätte ich drauf kommen können.

Na ja, er hat dann weiter geschimpft, ich solle froh sein, wenn sich überhaupt jemand erbarme, und so Sachen. Er jedenfalls habe die Schnauze voll von mir und sei „raus", die Chance sei vorbei. Ich bekäme jetzt aber eine Tracht Prügel wegen meines frechen Mundwerks.

Da hörte ich gerade die Tür der Wohnung meines Nachbarn Herrn Heinz Weber laut zufallen. Herr Weber geht jeden Morgen um Punkt 05:00 Uhr mit seinem Hund Gassi. Wegen des Bellens des Hundes und wegen des lauten Türschlagens zu solchen Zeiten gab es schon oft Ärger zwischen uns; die Türen sind aber auch so dünn, dass man alles vom Flur in der Wohnung hört und umgekehrt … ehrlich gesagt, können wir uns nicht leiden, er ist so ein richtiger Spießer. Jetzt dachte ich aber, das wäre meine Chance, Hilfe zu bekommen. Weil ich wusste, dass Herr Weber gerade mit seinem Hund an meiner Wohnungstür vorbei in Richtung Treppenhaus gehen würde, habe ich sehr laut gesagt: „Steven, hör auf mich zu schlagen. Du hast mir schon das Notebook zurückgegeben, jetzt hör auf und geh!" Darauf hat mir Steven aber wieder eine „Backpfeife" versetzt, das tat ziemlich weh. Anscheinend hat Herr Weber alles gehört und die Polizei gerufen. Ich hatte ja gehofft, dass er sofort klingelt, zumal der ja diesen großen Hund hat … Jedenfalls hat Steven wohl kapiert, dass dieser laute Satz quasi ein an einen Nachbarn gerichteter Hilferuf war. Er hat nämlich zwei Minuten später seine Jacke angezogen, hat gesagt, er würde gehen bevor „die Cops hier aufschlagen" und ist gegangen. Zuvor hat er den Jutebeutel in seine Jacke gesteckt. Etwa zehn Minuten später haben dann Sie und Ihr Kollege geklingelt. Weil Steven ja gegangen war, mein Notebook noch da war und mir es auch irgendwie peinlich war, überhaupt auf so einen „Neandertaler" „hereingefallen" zu sein, wollte ich eigentlich selbst gar keine Polizei mehr rufen.

Frage: Wie viel hatten Sie und Herr Tauber getrunken?

Antwort: Jeder zwei kleine Glas Wein auf dem Stadtfest, so über drei Stunden. Und eins bei mir zuhause, das war so gegen halb zwei. Aber dann haben wir ja noch zwei Kaffee getrunken. Als das alles so ab halb fünf passiert ist, waren wir nüchtern.

Frage: Welche Wertgegenstände fehlen Ihnen?

Antwort: Mein Notebook hat er ja wieder hingestellt; sonst fehlt nichts. Der schwarze Jutebeutel mit dem Aufdruck „Wiesbaden rockt!" gehört mir nicht, den muss er in der Jacke gehabt haben.

Frage: Wo wohnt Herr Tauber?

Antwort: Wo er wohnt, weiß ich nicht. Aber ich weiß, dass er Torwart bei dem Fußballverein „FC Blau-Weiß Wiesbaden" ist. Das hat er mir erzählt und mir auch stolz den Internet-Auftritt des Vereins gezeigt. Auf einem Foto war er in einem Torwarttrikot abgebildet, so mit Handschuhen und so.

Frage: Stellen Sie Strafantrag?

Antwort: Nein, ich will keine Strafverfolgung. Ich will mit der Sache eigentlich nichts mehr zu tun haben. Ich will nur meine Ruhe.

Müller | Oberon

KHKin Müller | Zeuge/Zeugin

Kriminaldirektion Wiesbaden
Kriminaldauerdienst

23.09.2023

Vermerk

1. Der in seiner Wohnung aufgesuchte Zeuge Heinz Weber gab in seiner Vernehmung an, um 05:00 Uhr, als er mit seinem Hund an der Wohnungstür der Geschädigten vorbei gegangen sei, gehört zu haben, dass sie – deren Stimme er gut kenne – gesagt habe „Steven, hör auf mich zu schlagen. Du hast mir schon das Notebook zurückgegeben, jetzt hör auf und geh!" Dann habe er ein „Klatschgeräusch" gehört wie von einer festen „Backpfeife" und einen kurzen Schmerzensschrei. Er – Herr Weber – sei dann wieder in seine Wohnung und habe die Polizei gerufen. Auf Nachfrage, wie seine Beziehung zu der Geschädigten sei, sagte er, diese sei schlecht, es gebe immer wieder Streit, insbesondere weil sein Hund, aber auch er selbst angeblich zu laut seien.
2. Über den Vorstand des Vereins „FC Blau-Weiß Wiesbaden" und EMA-Recherchen konnten die Personalien des Beschuldigten und seine Wohnanschrift „Rheingaustraße 67, 65201 Wiesbaden" ermittelt werden. Auf Antrag des Bereitschaftsstaatsanwalts erließ der Bereitschaftsrichter RiAG Dr. Grau um 08:05 Uhr mündlich einen Durchsuchungsbeschluss bezogen auf Person, Wohnung und Sachen des Beschuldigten zwecks Auffindens eines schwarzen Jutebeutels mit einem „Wiesbaden rockt!"-Aufdruck.
3. Der Beschluss wurde um 08:15 Uhr vollstreckt. Als der Beschuldigte die Wohnungstür öffnete, fragte er – offensichtlich vom Klingeln geweckt und verärgert – sofort den zuvorderst stehenden – keine Uniform tragenden – KOK Vogt, noch bevor dieser ihn ansprechen und belehren konnte: „Was willst du, wer bist du? Mit der Visage wohl Erschrecker in der Geisterbahn oder Radiomoderator!?" Insoweit spielte der Beschuldigte ersichtlich auf die großflächige Gesichtsnarbe des KOK Vogt an, die daraus resultiert, dass er im Rahmen der Auflösung einer Kneipenschlägerei mit einem Bierglas attackiert worden war.
   Der Beschuldigte wurde unverzüglich ordnungsgemäß belehrt und ihm die Situation erläutert. Die sodann durchgeführte Durchsuchung führte nicht zum Auffinden eines schwarzen Jutebeutels. Der Beschuldigte wollte sich zum Tatvorwurf nicht äußern.

Müller
KHKin Müller

(Es folgen ein oder zwei weitere Tatkomplexe.)
…

Rechtsanwalt Nico Roth
Wiesbaden

19.10.2023

An die
Staatsanwaltschaft Wiesbaden

Az. 407 Js 13403/23
Besch.: Steven Tauber

Sehr geehrte Damen und Herren,

anliegend reiche ich die Akte nach erfolgter Einsichtnahme mit Dank zurück.

Nach Aktendurchsicht ist zu konstatieren, dass meinen Mandanten hinsichtlich des Notebooks nur die Aussage der Valerie Oberon „belastet". Darauf lässt sich eine Anklage jedoch nicht stützen – geschweige denn ein Urteil. Die Aussage ist schon für sich unglaubhaft und wirkt ausgedacht. Vor allem verlief die Durchsuchung negativ, was meinen Mandanten entlastet.

Auch die Aussage des Nachbarn hat letztlich nur Äußerungen der Oberon zum Gegenstand. Objektive Beweismittel liegen nicht vor.

Dass ohne Belehrung getätigte Angaben meines Mandanten unverwertbar sind, versteht sich von selbst. Im Übrigen ist ein diesbezüglicher Beweiswert auch nicht ersichtlich.

Selbst wenn ein In-den-Beutel-Stecken nachgewiesen wäre, wäre mein Mandant strafbefreiend vom Versuch zurückgetreten!

Was die weiteren Vorwürfe angeht, so …

Es wird daher beantragt, das Ermittlungsverfahren gem. § 170 Abs. 2 StPO einzustellen.

Roth

N. Roth, Rechtsanwalt

Bearbeitervermerk

Fertigen Sie zur Vorbereitung der Abschlussentscheidung der Staatsanwaltschaft Wiesbaden hinsichtlich des Beschuldigten Steven Tauber ein materiellrechtliches und prozessuales Gutachten. Eine Sachverhaltsschilderung ist nicht zu fertigen.

Es ist die Abschlussentscheidung der Staatsanwaltschaft zu entwerfen, die am 27.10.2023 ergeht. Eine Begleitverfügung ist erlassen.

…

Dies stellt einen denkbaren Tatkomplex einer Klausur sowie die typische Aufgabenstellung dar.

Hier wollen wir uns auf das materiell-rechtliche Gutachten und insoweit auf die Prüfung des Diebstahls beschränken. Es geht um das „Wie" des Durchprüfens, des Aufbaus und Ausformulierens.
Den größten Lerneffekt haben Sie, wenn Sie selbst loslegen, den Diebstahl „hinschreiben" und Ihre Lösung mit dem hier folgenden Lösungsvorschlag vergleichen.

Die **Aufgabe** lautet also: Fertigen Sie das materiellrechtliche Gutachten beschränkt auf den Vorwurf des (vollendeten) Diebstahls als „erstes Delikt" an!

Lösung

Erster Teil. Gutachten

A. Materiellrechtliches Gutachten

I. Das Geschehen in der Wohnung der Valerie Oberon (O)

1. § 242 Abs. 1[1]

Steven Tauber (T) könnte hinreichend verdächtig sein, im Wohnzimmer der Wohnung der O deren Notebook an sich genommen und in einen mitgeführten Jutebeutel gesteckt zu haben, um ihn für sich zu behalten, und dadurch einen Diebstahl gem. § 242 Abs. 1 begangen zu haben.

Hinreichender Tatverdacht (§§ 170 Abs. 1, 203 StPO) besteht, wenn nach dem gesamten Akteninhalt bei vorläufiger Tatbewertung die Verurteilung des Beschuldigten wahrscheinlicher erscheint als ein Freispruch, mithin bei überwiegender Verurteilungswahrscheinlichkeit.

a) Das im Eigentum der O stehende Notebook ist eine für T fremde bewegliche Sache.

b) T müsste hinreichend verdächtig sein, das Notebook weggenommen zu haben.

aa) Ein An-Sich-Nehmen und Einstecken in einen mitgebrachten Jutebeutel in der Wohnung der O müsste eine Wegnahme darstellen.

Wegnahme ist der Bruch fremden und die Begründung neuen Gewahrsams. Gewahrsam ist die von einem natürlichen Herrschaftswillen getragene tatsächliche Sachherrschaft, deren Reichweite sich nach der Verkehrsanschauung bestimmt. Neuer Gewahrsam wird begründet, wenn der Täter die tatsächliche Herrschaft über die Sache derart erlangt, dass er sie ohne Behinderung durch den bisherigen Gewahrsamsinhaber ausüben und dieser seinerseits nicht mehr über die Sache verfügen kann, ohne die Verfügungsmacht des Täters zu beseitigen.

Zunächst befand sich das Notebook im Gewahrsam der O. Ein Einstecken in den von T mitgebrachten Jutebeutel durch diesen könnte die Begründung neuen Gewahrsams darstellen. Dagegen könnte sprechen, dass es sich um einen etwas größeren Gegenstand handelte. Auch erfolgte das Einstecken innerhalb der Wohnung der O und damit deren Gewahrsamssphäre, und T hatte die Wohnung nicht mit dem Notebook verlassen. Daher könnte auch eine bloße Gewahrsamslockerung vorliegen.

Allerdings genügt es bei handlichen und leicht beweglichen Sachen für eine Wegnahme, wenn der Täter die Sachen in seine Kleidung oder in ein seinerseits leicht zu transportierendes Behältnis steckt und so eine Gewahrsamsenklave schafft. Die Verkehrsauffassung ordnet auch das mitgebrachte Behältnis samt Inhalt dem Täter zu.

Das Verlassen des Herrschaftsbereichs des Geschädigten ist also keine Voraussetzung für die Vollendung der Wegnahme; ein gesicherter Gewahrsam ist nicht erforderlich.

Danach begründet das Einstecken des relativ handlichen Notebooks in den mitgebrachten Jutebeutel neuen Gewahrsam durch Schaffung einer Gewahrsamsenklave.

1 §§ ohne Gesetzesangabe sind solche des StGB.

Auch der Umstand, dass O die Umrisse ihres Notebooks in dem Jutebeutel erkennen konnte, ändert hieran nichts. Diebstahl ist keine heimliche Tat, denn die Beobachtung ändert nichts daran, dass die Sache in die Sphäre des T gelangt ist. Zudem erfolgte der Gewahrsamsübergang hier zuvor unbeobachtet.

bb) Dem T müsste dieses Verhalten mit überwiegender Wahrscheinlichkeit nachzuweisen sein.

T hat zum Tatvorwurf geschwiegen.

O hat jedoch ausgesagt, T sei, als sie weitergehende Intimitäten abgelehnt habe, verärgert gewesen. Sie sei in der Folge kurz im Bad gewesen und als sie wieder ins Wohnzimmer zurückgekommen sei, habe auf einmal ein schwarzer Jutebeutel mit etwas flachem Rechteckigem darin neben T auf dem Sofa gelegen. Ihr Notebook habe nicht mehr auf dem Wohnzimmertisch gestanden. T habe geäußert, er werde das Notebook als „Entschädigung" mitnehmen. Nach Diskussion habe T das Notebook wieder herausgegeben.

Die Aussage der O ist glaubhaft. So spricht etwa die in sich widersprüchliche Wendung „frigide Schlampe" und der Ausdruck „Radiogesicht" als originelle Details für ein echtes Erleben, zumal O einräumte, „Radiogesicht" nicht verstanden zu haben, was ihr später peinlich war. Ein um eine widerspruchsfreie Darstellung bemühter Lügner wird jedoch kaum ein Detail erfinden, das er nicht versteht, und sein Unverständnis auch noch einräumen.

Zudem wird die Aussage der O – die durch deren Vernehmung gem. §§ 48 ff., 69 StPO einzuführen ist – gestützt durch die Angaben des Zeugen Heinz Weber (W), der bekundet hat, er habe, als er mit seinem Hund an der Wohnungstür der O vorbei gegangen sei, die Äußerung „Steven, hör auf mich zu schlagen. Du hast mir schon das Notebook zurückgegeben, jetzt hör auf und geh!" gehört und dann ein „Klatschen" „wie von einer Backpfeife" und einen kurzen Schmerzensschrei.

Dass O bereits zu diesem frühen Zeitpunkt – während T noch in ihrer Wohnung war – eine falsche Verdächtigung vorbereitend den W durch eine aus der Luft gegriffene Behauptung nebst „Klatschgeräusch" und Schmerzensschrei instrumentalisiert haben könnte, erscheint ausgeschlossen, zumal sie keine Strafverfolgung wünscht.

Die Aussage des W ist auch glaubhaft. Gerade der Umstand, dass es zwischen O und W bereits mehrmals zu Nachbarschaftsstreit gekommen ist, spricht gegen eine Gefälligkeitsaussage des W zugunsten der O. Im Übrigen ist nicht ersichtlich, dass W Interesse am Ausgang des Verfahrens hätte.

Gegen die Glaubhaftigkeit der Aussage der O spricht auch nicht der Umstand, dass im Rahmen der Durchsuchung bei T kein schwarzer Jutebeutel mit „Wiesbaden rockt!"-Aufdruck aufgefunden wurde. T ging davon aus, dass die Polizei informiert worden war, so dass für ihn Anlass bestand, nicht nur zeitnah den Tatort zu verlassen, sondern auch den Jutebeutel als Beweismittel beiseitezuschaffen bzw. „loszuwerden".

Zudem wird die Aussage der O gestützt durch die Äußerung des T beim Türöffnen. Die an KOK Vogt gerichtete, auf dessen großflächige Gesichtsnarbe anspielende Äußerung, „mit der Visage" sei er „wohl Erschrecker auf der Geisterbahn oder Radiomoderator" weist eine deutliche Parallele zu der von der Geschädigten berichteten „Radiogesicht"-Äußerung auf. Die Äußerung des T an der Tür belegt mithin, dass die Bezeichnung als „Radiogesicht" und damit ein sehr spezieller, origineller Ausdruck zu seinem Vokabular und Sprachgebrauch gehört.

Diese an der Tür getätigte Äußerung kann durch Vernehmung des KOK Vogt oder der KHKin Müller in eine Hauptverhandlung eingeführt werden, es sei denn, die Äußerung wäre wegen Fehlens einer vorhergehenden Belehrung über Schweige- und Verteidigerkonsultationsrecht gem. §§ 163a Abs. 4, 136 Abs. 1 S. 2 StPO unverwertbar. Die aus jenen Normen folgende Belehrungspflicht setzt u.a. eine Vernehmung voraus. Eine Vernehmung erfordert, dass der Vernehmende der Auskunftsperson in amtlicher Funktion gegenübertritt und in dieser Eigenschaft von ihr Auskunft verlangt. Die Beamten hatten dem T, als dieser die Tür öffnete, noch keine Frage gestellt oder ihn sonst zur Auskunft aufgefordert. Vielmehr hat sich T aus freien Stücken spontan geäußert, bevor eine Belehrung erfolgen oder eine Frage gestellt werden konnte. Mangels Auskunftsverlangens fehlte es zu diesem Zeitpunkt an einer Vernehmung, so dass insoweit keine Pflicht zur Belehrung bestand und mithin hinsichtlich dieser Spontanäußerung kein Verstoß gegen § 136 Abs. 1 S. 2 StPO vorliegt. Also ist diese Äußerung verwertbar und kann durch Vernehmung der Beamten eingeführt und im Rahmen der Beweiswürdigung berücksichtigt werden.

Gestützt wird die Aussage der O überdies durch die gefertigten und gem. § 86 StPO in Augenschein zu nehmenden Lichtbilder, die ein Hämatom auf der linken Wange belegen, was für die von O geschilderten Schläge spricht.

In der Gesamtschau der Aussagen der O und des W sowie der Spontanäußerung des T erscheint es daher als mit überwiegender Wahrscheinlichkeit nachweisbar, dass T das Notebook in einen von ihm mitgebrachten Jutebeutel eingesteckt hat.

Mithin ist T hinreichend verdächtig, das Notebook weggenommen zu haben.

c) T handelte vorsätzlich und mit Zueignungsabsicht. Dass T das Notebook wieder herausgegeben hat, spricht insbesondere nicht für einen Rückführungswillen bereits bei Wegnahme; vielmehr sollte das Notebook als „Entschädigung" dienen.

d) Auch war die erstrebte Zueignung mangels entsprechenden Anspruchs rechtswidrig und T wusste dies auch.

e) T handelte rechtswidrig und schuldhaft.

Mithin ist T hinreichend verdächtig, mittels Einsteckens des Notebooks in seinen Jutebeutel einen vollendeten Diebstahl gem. § 242 Abs. 1 begangen zu haben; die Rückgabe an O stellt sich daher nicht als strafbefreiender Rücktritt vom Versuch gem. § 24 dar, sondern ist nur im Rahmen der Strafzumessung als Nachtatverhalten und Schadenswiedergutmachung gem. § 46 Abs. 2 S. 2 strafmildernd zu berücksichtigen.

2. § 223 Abs. 1

…

Anmerkungen:

1. Natürlich ist mit entsprechender Argumentation ebenso gut die Ablehnung der Gewahrsamsbegründung vertretbar; die Rechtsprechung würde jedoch – wie hier zugrunde gelegt – eine Wegnahme bejahen (vgl. den Jutebeutel-Notebook-Fall des BGH 3 StR 373/14). Die Punkte gibt es dafür, dass man das Problem sieht und diskutiert.

Zur Klarstellung: Dass etwa ein Einstecken von Zigaretten in die Hosentasche im Supermarkt eine Wegnahme unter dem Gesichtspunkt der Gewahrsamsenklave darstellt, ist (da unproblematisch) in ein, zwei Sätzen darzulegen. Näher zu thematisieren ist ggf. der Nachweis.

2. Worte wie „zweifellos", „eindeutig", „auf jeden Fall" oder „offensichtlich" sind im Gutachten tabu. Auch das Wort „unproblematisch" ist eigentlich überflüssig. Dass etwas „unproblematisch" ist, ergibt sich aus der Kürze der Darstellung.

3. Eine Formulierung wie „T dürfte also hinreichend verdächtig sein, das Notebook weggenommen zu haben", wie sie sich in Prüfervermerken findet, sollte im Gutachten vermieden werden. Dürfte-Formulierungen sollen im Prüfervermerk dessen Unverbindlichkeit ausdrücken. Der Prüfling soll sich aber entscheiden.

4. So lange Deliktsobersätze wie bei dem Diebstahl des Notebooks sind natürlich in einer Klausur nicht bei jedem Delikt möglich, aber auch nicht nötig. Denn bei „unstrittigem" oder zuvor nachgewiesenem Verhalten können „indem"-Konstruktionen genutzt werden. Möglich sind auch Bezugnahmen („Dasselbe Verhalten könnte …"). Oder man benennt das zu prüfende Verhalten nicht, wenn es aus der Tatkomplexbildung oder vorherigen Deliktsprüfungen klar ist.

5. Möglich wäre auch, zunächst räuberischen Diebstahl oder Raub anzuprüfen und kurz mangels Besitzerhaltungsabsicht bzw. Finalität der Gewalt für die Wegnahme abzulehnen. Jedenfalls eine spätere Prüfung erscheint „zur Abrundung" gut möglich.

6. Ob man bei der Beweiswürdigung zur Wegnahme wie hier auch auf das Hämatom im Gesicht eingeht (oder erst bei der Prüfung der Körperverletzung), ist „Geschmacksfrage". Dafür spricht, dass die Angaben der Geschädigten in Gänze zu würdigen sind, auch wenn es hier nur um den Teilaspekt der Wegnahme geht.

7. Zum Ende des Gutachtens hin lässt sich mit der „insbesondere"-Technik Zeit sparen: Man prüft nicht sämtliche Merkmale, sondern befasst sich bewusst nur mit dem Merkmal, das der „Knackpunkt" oder noch am ehesten problematisch ist.

Übung 5
Prüfe die Verwertbarkeit (Handymörder I)

Polizeipräsidium Kassel

Kommissariat 11

11.03.2023

Vermerk

Heute gegen 11:30 Uhr erreichte mich EKHK Graf auf meinem Diensthandy. Ich führte gerade eine Observationsmaßnahme im Rotlichtmilieu in einem Fall von Schutzgelderpressung durch.

Er erteilte mir den Auftrag, die Vorführung des im Rahmen einer Personenkontrolle auf dem Bahnhofsvorplatz am heutigen Morgen festgenommenen Benedikt Littmann bei dem AG Kassel zu veranlassen, damit der Haftrichter ihm den bestehenden Haftbefehl vom 03.03.2023 verkünden könne. Der eigentliche Sachbearbeiter KHK Wagner sei im Urlaub. Ich brach darauf die ohnehin bislang fruchtlose Observation ab und fuhr ins Präsidium zurück.

In den Räumen des K11 wollte ich mich zunächst kurz in mein Büro begeben, das ganz am Ende des Flurs mit den Vernehmungszimmern liegt.

Auf dem Weg dorthin traf ich – wie sich später herausstellte – auf den vor einem Vernehmungszimmer sitzenden Benedikt Littmann. Mir war dieser bisher nur privat unter seinem Spitznamen „Limbo" bekannt. Limbo arbeitet in der Bar „Metropolis", und da gibt er auch manchmal eine kleine Tanzeinlage zum Besten. Ich bin dort auch ab und zu Gast, daher kenne ich ihn, aber eben nur unter „Limbo". Dass es sich bei ihm um den Beschuldigten handelte, wusste ich nicht; diesen wähnte ich vielmehr in den Gewahrsamszellen einsitzend und auf „seine" Vorführung wartend. Ich ging davon aus, dass „Limbo" gegebenenfalls als Zeuge oder Geschädigter in eine Sache verwickelt sei. Deshalb sprach ich ihn an und fragte, was er denn hier mache.

Er sagte, bei ihm sei „game over". Er habe sich vor einigen Wochen mal wieder richtig heftig mit seiner Freundin, der Angie, gestritten, weil die immer am Handy gehangen und mit irgendwelchen Typen gechattet habe. Dann sei es über ihn gekommen, er habe ein längeres Handyladekabel genommen und sie damit von hinten erdrosselt, als sie auf der Couch auf dem Bauch liegend wieder mit dem Handy rumgemacht habe. Dann habe er sie umgedreht, ihr „das verdammte Handy" in den Mund gesteckt und ihre Wohnung verlassen.

Ich war durch die Angaben des Beschuldigten völlig perplex, das hätte ich ihm nie zugetraut. Ich habe ihn sodann umgehend über seine Rechte belehrt. Der Beschuldigte zeigte sich erstaunt, dass ich Polizeibeamter bin. Dies wusste er offenbar bisher noch nicht. Erkennen konnte er dies nicht. Ich kam ja gerade von der Observation zurück und trug zum Gesprächszeitpunkt legere Freizeitkleidung mit einem Kapuzenpulli („Hoodie"). Als Kriminalbeamter trage ich ohnehin keine Uniform.

Sodann erklärte der Beschuldigte, er werde jetzt keine Angaben mehr machen und wolle erst mit seiner Rechtsanwältin sprechen.

Schließlich stellte sich heraus, dass ihm soeben ermöglicht werden sollte, seine Rechtsanwältin anzurufen, und KOK Lacour im Nebenbüro kurz deren Telefonnummer im Internet recherchierte; deshalb hatte man dem Beschuldigten auch die Handfesseln abgenommen. Auf meine Nachfrage erklärte KOK Lacour, er habe den Beschuldigten nicht belehrt, eine Vernehmung sei ja nicht beabsichtigt gewesen.

Rücksprache mit den Kollegen der Schutzpolizei ergab, dass die Festnahme um 10:40 Uhr im Rahmen einer allgemeinen Personenkontrolle und des Abgleichs mit der Fahndungsdatenbank erfolgt sei. Die Festnahme sei auch formal ordnungsgemäß erfolgt.

Zabel

Zabel, KOK

Begutachten Sie, ob die Äußerung des Benedikt Littmann (L) verwertbar ist.

Lösung: Verwertbarkeit der Äußerung

L hat sich gegenüber KOK Zabel (Z) dahin geständig eingelassen, er habe seine Freundin von hinten mittels eines Handyladekabels erdrosselt.

Diese Äußerung wäre jedoch unverwertbar, wenn ein Beweisverwertungsverbot greifen würde.

1. Ein Verwertungsverbot könnte sich daraus ergeben, dass Z den L zuvor nicht als Beschuldigten i.S.d. §§ 163a Abs. 4 S. 2, 136 StPO belehrt hatte, insbesondere nicht über sein Schweige- und Verteidigerkonsultationsrecht.

Jene Belehrungspflicht nach **§ 136 Abs. 1 S. 2 StPO** ist keine bloße Ordnungsvorschrift, sondern sichert den Kerngehalt des von Art. 6 EMRK garantierten fairen Verfahrens und der Selbstbelastungsfreiheit und betrifft damit die Grundlagen der verfahrensrechtlichen Stellung des Beschuldigten, so dass der Verstoß für den Fall eines über sein Schweigerecht in Unkenntnis befindlichen Beschuldigten ein Verwertungsverbot begründet.

Fraglich ist jedoch, ob ein Verstoß gegen die Belehrungspflicht des § 136 Abs. 1 S. 2 StPO vorliegt. Dies setzt voraus, dass Z den Beschuldigten L **vernommen** hat. Eine Vernehmung setzt voraus, dass der Vernehmende der Auskunftsperson in amtlicher Funktion gegenübertritt und in dieser Eigenschaft von ihm Auskunft verlangt.

a) An einer Vernehmung könnte es bereits deshalb fehlen, wenn und soweit Z von dem L keine Auskunft verlangt hat, sondern dieser sich **spontan aus freien Stücken** geäußert haben sollte. Z hat gefragt, was L denn auf der Dienststelle mache, und darauf hat sich L geständig geäußert bzw. „eingelassen". Somit hat sich L nicht völlig spontan geäußert. Ob gleichwohl von einer Spontanäußerung auszugehen ist, etwa weil die Frage in keinem konkreten Bezug zu einem strafrechtlichen Vorwurf stand, erscheint zweifelhaft.

Die Frage kann aber dahinstehen, wenn es aus einem anderen Grund an einer Vernehmung fehlt.

b) So könnte der Polizeibeamte Z dem L nicht in amtlicher Funktion gegenüber getreten sein bzw. er nicht in dieser Eigenschaft gefragt haben.

Zwar war Z im Dienst und zudem beauftragt, die Vorführung des L zu veranlassen.

Jedoch wusste Z zum Zeitpunkt des Antreffens des L nicht, dass es sich bei L um den vorzuführenden Beschuldigten L handelte. Vielmehr kannte er den L nur privat unter dessen Spitznamen „Limbo", wusste also nicht, dass der von ihm Angesprochene der L war.

Zwar ging Z davon aus, dass L als Zeuge oder Geschädigter auf der Dienststelle war. Jedoch war seine Befragung auch keine informelle Zeugenvernehmung. Eine Zeugenvernehmung hätte überhaupt nur dann sinnvoll durchgeführt werden können, wenn Z gewusst hätte, welches Verfahren betroffen ist und er den Beschuldigten, den Vorwurf sowie den bisherigen Ermittlungsstand gekannt hätte.

Z trat dem L mithin nicht in seiner amtlichen Funktion als Polizeibeamter gegenüber, sondern vielmehr als (neugieriger) Privater, der den L kannte. Dass die dienstliche Tätigkeit des Z Hintergrund für das Zusammentreffen war, ändert daran nichts.

Daher lag mangels Gegenübertretens in amtlicher Eigenschaft keine Vernehmung vor, mithin kein Verstoß gegen § 136 Abs. 1 S. 2 StPO.

c) Überdies wäre zu überlegen, hier selbst bei einem Verstoß ausnahmsweise ein Verwertungsverbot abzulehnen. Denn L war rund eine Stunde zuvor im Rahmen der laut Sachverhalt auch formal ordnungsgemäß durchgeführten Festnahme gemäß § 114b Abs. 2 S. 1 Nr. 2 und Nr. 4 StPO über sein Schweigerecht und Verteidigerkonsultationsrecht belehrt worden. Daher ist davon auszugehen, dass er seine Rechte kannte.

Dass ihm aus seiner Sicht kein Polizist gegenüberstand, ihm so gesehen die Kenntnis seiner Rechte nicht half bzw. quasi „ins Leere ging", betrifft eher die sich ohnehin stellende Frage, ob § 136 Abs. 1 S. 2 StPO insoweit analog anzuwenden ist:

2. So lag möglicherweise eine vernehmungsähnliche Situation mit vergleichbarer Schutzbedürftigkeit des L vor, die eine **analoge Anwendung des § 136 Abs. 1 S. 2 StPO** rechtfertigt. Eine Analogie setzt eine planwidrige Regelungslücke und eine vergleichbare Interessenlage voraus. Sinn und Zweck der Belehrung über das Schweigerecht gem. § 136 Abs. 1 S. 2 StPO ist der Schutz des Beschuldigten vor der irrigen Annahme, er sei bei einem amtlichen Auskunftsverlangen bzw. gegenüber „staatlichen Autoritäten" zur Aussage verpflichtet. Tritt dem Beschuldigten aber eine tatsächliche oder wie hier vermeintliche Privatperson gegenüber, kann der Beschuldigte nicht über eine Aussagepflicht gegenüber amtlichen Stellen irren. Er weiß, dass er gegenüber dem „Privaten" sich nicht äußern muss. L äußerte sich freiwillig gegenüber Z, den er für eine Privatperson hielt, und bevor sich dieser als Polizeibeamter zu erkennen gab. Eine einer Vernehmung ähnliche Drucksituation lag mithin nicht vor.

Dafür spricht auch der Vergleich zu dem verdeckten Ermittler gem. § 110a Abs. 2 S. 1 StPO. Der verdeckte Ermittler ist zwar Strafverfolgungsorgan, jedoch legt er diese Eigenschaft dem Beschuldigten gegenüber bewusst nicht offen, sondern agiert unter einer Legende mit der Folge, dass der Beschuldigte glaubt, einer Privatperson gegenüber zu stehen. Dem Einsatz eines verdeckten Ermittlers ist ein gewisses Täuschungsmoment als Teil der kriminalistischen List mithin immanent. Diesbezüglich ist von der Rechtsprechung anerkannt, dass keine Belehrungspflicht besteht – eben weil keine Vernehmung vorliegt – und die Angaben verwertbar sind.

Dann greift bei dem vorliegenden „Ansprechen", bei der die Zugehörigkeit zur Polizei nicht bewusst bzw. gezielt verschleiert wurde, erst recht keine Belehrungspflicht und die Angaben sind verwertbar. Die Nachfrage des Z sollte L nicht bewusst zu Angaben zur Sache unter Umgehung des Schweigerechts veranlassen.

Mithin scheidet eine analoge Anwendung des § 136 Abs. 1 S. 2 StPO aus.

3. Auch liegt kein Verstoß gegen den **nemo-tenetur-Grundsatz** vor. Dieser schützt insoweit nur die Freiheit des Beschuldigten, selbst darüber zu befinden, ob er an der Aufklärung des Sachverhalts aktiv mitwirken will oder nicht, verbietet also lediglich eine zwangsweise Mitwirkung.

4. Da die Befragung nicht bewusst oder gezielt zwecks Umgehung einer Belehrung amtlich veranlasst wurde, scheidet auch ein Verstoß gegen die Grundsätze eines fairen Verfahrens aus.

Mithin sind die von L gegenüber Z getätigten geständigen Angaben verwertbar und können im Wege der zeugenschaftlichen Vernehmung des Z in die Hauptverhandlung eingeführt werden; auch § 254 Abs. 1 StPO sperrt dies nicht.

(A.A. mit entsprechender Argumentation vertretbar)

Übung 6
Fertige das prozessuale Gutachten (Handymörder II)

Benedikt Littmann (L) aus Übung 5 (bitte den Sachverhalt nochmals lesen) hat seine Freundin Angie erdrosselt. Ergebnis des materiell-rechtlichen Gutachtens ist, dass L hinreichend verdächtig ist, Angie heimtückisch getötet zu haben (§ 211 StGB).

L war nach der Tat aus Angies Wohnung geflohen, hatte in seiner Wohnung das Wichtigste zusammengerafft und war „untergetaucht".

Auch im „Metropolis", in dem er als Barkeeper arbeitete, war er unentschuldigt nicht mehr erschienen, so dass ihm der Betreiber mittlerweile gekündigt hat.

Der am 03.03.2023 auf Antrag der StA erlassene und nach der Festnahme ohne Änderungen am Nachmittag des 11.03.2023 verkündete Haftbefehl war u.a. darauf gestützt, dass L „flüchtig" sei.

Inhaftiert wurde er in der JVA Kassel I.

Verteidigt wird er von Rechtsanwältin Meier als Wahlverteidigerin.

In der Presse wurde bislang nur allgemein darüber berichtet, dass eine Frau erdrosselt worden sei. Die konkrete Auffindesituation – ein Handyladekabel um den Hals und das Handy im Mund – wurde der Presse nicht mitgeteilt.

Im Bundeszentralregisterauszug des Beschuldigten findet sich eine Eintragung:

19.04.2019: AG Marburg, Az. 50 Ls 2 Js 8219/18, Einfuhr von Betäubungsmitteln in nicht geringer Menge, 2 Jahre Freiheitsstrafe, Aussetzung der Vollstreckung zur Bewährung, Bewährungszeit 5 Jahre.

Fertigen Sie das prozessuale Gutachten an.

Lösung: Prozessrechtliches Gutachten

I. Anklageerhebung und zuständiges Gericht

Soweit hinreichender Tatverdacht besteht, ist gem. § 170 Abs. 1 StPO Anklage zu erheben.

Sachlich zuständig ist das Landgericht – Große Strafkammer als Schwurgericht –,

da Mord angeklagt wird, § 74 Abs. 1, Abs. 2 S. 1 Nr. 3 GVG,

und zwar örtlich das für den Tatort zuständige Landgericht – Schwurgericht – Kassel, § 7 Abs. 1 StPO, § 9 StGB.

II. Antrag auf Pflichtverteidigerbeiordnung

Zwar liegt gem. § 140 Abs. 1 Nr. 1, 2 und 5 StPO ein Fall notwendiger Verteidigung vor. L hat aber bereits eine Verteidigerin, und ein Antrag auf Beiordnung unter gleichzeitiger Niederlegung des Wahlmandats für diesen Fall liegt (noch) nicht vor.

Also ist nichts zu veranlassen.

III. Haftfortdauer

Zu klären ist, ob die Voraussetzungen des Haftbefehls gem. §§ 112 f. StPO vorliegen mit der Folge, dass mit Anklageerhebung Haftfortdauer zu beantragen ist, über die das Gericht mit Eröffnung des Hauptverfahrens entscheidet, § 207 Abs. 4 StPO. Sonst wäre (vor Anklageerhebung gegenüber dem Amtsgericht) die Aufhebung des Haftbefehls zu beantragen und bei der JVA die sofortige Freilassung zu veranlassen, § 120 Abs. 3 StPO.

Ein Haftbefehl setzt gem. § 112 Abs. 1 StPO dringenden Tatverdacht und mindestens einen Haftgrund voraus, ferner darf die Untersuchungshaft nicht unverhältnismäßig sein. Überdies bedarf es im Ermittlungsverfahren gem. § 125 Abs. 1 StPO eines Antrags der Staatsanwaltschaft; ein solcher wurde gestellt.

1. L müsste des Mordes dringend verdächtig sein. Dringender Tatverdacht liegt vor, wenn – aufgrund verwertbarer Beweise – die Wahrscheinlichkeit groß ist, dass der Beschuldigte Täter oder Teilnehmer einer verfolgbaren Straftat ist. L hat die Tat gegenüber KOK Zabel eingeräumt. Seine verwertbare Äußerung ist glaubhaft, insbesondere benannte er das Handykabel als Drosselungswerkzeug und das in den Mund gesteckte Handy als Nachtatverhalten und damit Details der Tatbegehung, die aufgrund der Auffindesituation gesichert sind und die in der Presse nicht veröffentlicht wurden und deshalb nur dem Täter bekannt sein können (Täterwissen). Im Lichte dessen besteht auch die hohe Wahrscheinlichkeit, dass L den Mord begangen hat, mithin dringender Tatverdacht.

(Eine komplett neue Beweiswürdigung ist in der Klausur bei der U-Haft-Frage weder veranlasst noch zeitlich möglich. Die Ausführungen könnten auch noch knapper ausfallen. Wichtig ist, dass deutlich wird, dass in Anknüpfung an die im materiell-rechtlichen Gutachten erfolgte Beweiswürdigung auch die hohe Wahrscheinlichkeit besteht oder nicht besteht. M.a.W. muss der Unterschied zwischen hinreichendem und dringendem Tatverdacht deutlich werden.)

2. Zwar ist L infolge seiner Inhaftierung nunmehr nicht mehr flüchtig. Allerdings könnten als Haftgründe Fluchtgefahr und Schwerkriminalität vorliegen.

a) Zunächst könnte Fluchtgefahr i.S.d. § 112 Abs. 2 Nr. 2 StPO bestehen. Fluchtgefahr liegt vor, wenn die Würdigung der Umstände des Falles es wahrscheinlicher macht, dass sich der Beschuldigte dem Strafverfahren entziehen, als dass er sich ihm zur Verfügung halten wird.

Angesichts der gem. § 211 Abs. 1 StGB drohenden lebenslangen Freiheitsstrafe besteht ein sehr großer Fluchtanreiz, zumal überdies der Widerruf der zur Bewährung ausgesetzten Strafe droht.

Demgegenüber bestehen keine hinreichend fluchthemmenden örtlichen, beruflichen oder sozialen/familiären Bindungen: L hatte seine Wohnung verlassen, war seit der Tat untergetaucht und hatte versucht, sich dem Verfahren zu entziehen. Sein Job wurde ihm gekündigt. Er hat seine Freundin getötet, so dass keine Beziehung mehr besteht. In der Gesamtschau besteht die große Gefahr, dass sich L (wieder) dem Verfahren entziehen würde, mithin Fluchtgefahr.

b) Daneben besteht auch der Haftgrund der Schwerkriminalität gem. § 112 Abs. 3 StPO in verfassungskonformer Auslegung: In den Fällen der Schwerkriminalität des § 112 Abs. 3 StPO ist ein Haftgrund nicht entbehrlich, sondern der Maßstab verschiebt sich dergestalt, dass zu fragen ist, ob Flucht-, Verdunkelungs- oder Wiederholungsgefahr auszuschließen ist. Hier ist Fluchtgefahr erst recht nicht auszuschließen.

3. Mit Blick auf den Tatvorwurf ist der weitere Vollzug von Untersuchungshaft auch nicht unverhältnismäßig (§ 112 Abs. 1 S. 2 StPO), insbesondere sind Verstöße gegen den vor allem in Haftsachen geltenden Beschleunigungsgrundsatz nicht ersichtlich.

Auch liegen die Voraussetzungen einer Außervollzugsetzung nach § 116 Abs. 1 StPO nicht vor.

Mithin liegen die Voraussetzungen der Untersuchungshaft weiter vor; allerdings ist der Haftbefehl hinsichtlich der Haftgründe neu zu fassen.

IV. Benachrichtigungen über die Anklageerhebung

1. Gem. § 114d Abs. 2 S. 2 StPO sind der Haftrichter am AG Kassel und die JVA Kassel I über die Anklageerhebung zu benachrichtigen – letztere durch Übersendung einer Kopie der Anklage –, damit beide wissen, dass nunmehr gemäß § 126 Abs. 2 StPO das Schwurgericht als Hauptsachegericht für die Haftkontrolle (u.a. Briefkontrolle, Besucherlaubnisse) zuständig ist.

2. Weiter ist gemäß Nr. 13 Abs. 1 Nr. 1 MiStra dem AG Marburg aufgrund der in dem Verfahren Az. 50 Ls 2 Js 8219/18 laufenden Bewährung die Anklageerhebung mitzuteilen, namentlich gemäß Nr. 6 Abs. 4, 9 Abs. 1 MiStra durch Übersendung einer Kopie der Anklageschrift, damit dort das hiesige Verfahren bekannt ist und zu gegebener Zeit – nach Rechtskraft des Urteils oder einem glaubhaften richterlichen Geständnis – über den Widerruf der Strafaussetzung zur Bewährung (§ 56f Abs. 1 S. 1 Nr. 1 StGB) entschieden werden kann.

V. Wiedervorlagefrist

Mit Blick auf den in Haftsachen geltenden Beschleunigungsgrundsatz ist eine kurze Wiedervorlagefrist von einem Monat als Präzisfrist zu notieren, um den Fortgang im Auge behalten und ggf. auf die Verfahrensförderung hinwirken zu können.

Merkhilfe zum prozessualen Gutachten

„Eine Teil-Einstellung macht Gericht und Anwalt froh,

und den Häftling nach Mitteilung vorläufig ebenso."

- Einstellung?
- Zuständiges Gericht?
- Verteidigerbeiordnung beantragen?
- U-Haft: Fortdauer oder Haftbefehl beantragen bzw. Aufhebung und Freilassung veranlassen?
- Vorläufige Entziehung der Fahrerlaubnis beantragen?
- Mitteilungen?

Übung 7
Fertige die Begleitverfügung (Handymörder III)

Fertigen Sie auf Basis des prozessualen Gutachtens aus der vorherigen Übung die Begleitverfügung zu der Anklage an, die in dem Verfahren 119 Js 81478/23 am 17.05.2023 ergeht. Zuständig ist Staatsanwältin Scarelli.

Lösung

Staatsanwaltschaft Kassel Kassel, 17.05.2023

119 Js 81478/23

Haft! Sofort!

Verfügung

1. Die Ermittlungen sind abgeschlossen.

2. Vermerk:

Die Voraussetzungen der Fortdauer der Untersuchungshaft liegen vor. …

3. Kopie des BZR und von Bl. … d.A. zu den Handakten fertigen.

4. Acht beglaubigte Kopien der Anklageschrift fertigen.

5. Kopie der Anklageschrift zu den Handakten.

6. Mitteilung der Anklageerhebung

a) gem. § 114d Abs. 2 S. 2, 1. Var. StPO durch Übersendung einer Kopie der Anklageschrift an die JVA Kassel I,

b) gem. § 114d Abs. 2 S. 2, 2. Var. StPO an den Haftrichter am AG Kassel wegen Übergangs der Haftkontrolle auf das LG Kassel – Schwurgericht – gem. § 126 Abs. 2 S. 1 StPO,

c) gem. Ziff. 13 Abs. 1 Nr. 1 MiStra durch Übersendung einer Kopie der Anklageschrift an das AG Marburg zu Az. 50 Ls 2 Js 8219/18.

7. Wv. am 16.06.2023 genau (Fortgang? Haftsache!).

8. U.m.A.

dem Landgericht

– Schwurgericht –

in Kassel

übersandt unter Bezugnahme auf anliegende Anklageschrift und

mit dem Antrag, den Haftbefehl hinsichtlich der nunmehr vorliegenden Haftgründe der Fluchtgefahr und Schwerkriminalität neu zu fassen. Der inhaftierte Beschuldigte ist nicht mehr flüchtig.

Unterschrift

Scarelli,
Staatsanwältin

Erwähnt sei, dass in der Praxis der Haftbefehl wegen des Austauschs der Haftgründe vorliegend kaum neu gefasst (und dann neu verkündet) werden würde. Dies würde jedoch spätestens nachgeholt, wenn eine Haftprüfung durch das Oberlandesgericht ansteht bzw. eine Haftbeschwerde erfolgt …

Übung 8
Fakt oder Fake?

Ermittlungsverfahren und Anklage

Hier gilt es genau zu überlegen: Fakt, Fake oder vielleicht Halbwahrheit? Es kann auf jedes Wort ankommen. Ein Blick ins Gesetz erleichtert (oft) die Rechtsfindung!

1. Hinreichender Tatverdacht setzt voraus, dass eine Verurteilung hoch wahrscheinlich ist.
2. Aus einem Gutachten: „T ist hinreichend verdächtig, eine schwere räuberische Erpressung gemäß §§ 253, 255, 250 Abs. 2 Nr. 1 StGB in Tatmehrheit mit Wohnungseinbruchdiebstahl gemäß § 244 Abs. 1 Nr. 3, Abs. 4 StGB in Tatmehrheit mit gefährlichem Eingriff in den Straßenverkehr gemäß §§ 315b Abs. 1 Nr. 3, Abs. 3, 315 Abs. 3 Nr. 1a StGB begangen zu haben." Gehen Sie davon aus, dass die Normen korrekt sind.
3. Ein Verstoß gegen die Belehrungspflicht nach § 136 Abs. 1 S. 2 StPO begründet stets ein Verwertungsverbot.
4. Im Strafverfahren besteht kein Bankgeheimnis.
5. Eine inländische kirchliche oder islamische Heirat begründet § 52 StPO, jedenfalls im Sinne einer Verlobung.
6. Die Verlobte des anderweitig Verheirateten hat kein Zeugnisverweigerungsrecht.
7. Die Schwiegermutter wird man auch nach der Scheidung nicht los.
8. Rettungssanitäter haben ein Zeugnisverweigerungsrecht.
9. Die Angehörigen i.S.d. § 11 Abs. 1 Nr. 1 StGB und die in § 52 StPO genannten Personen sind identisch.
10. Wenn die Ehefrau gegen ihren Ehemann im Ermittlungsverfahren gegenüber einem Polizeibeamten aussagt, dieser jedoch die Belehrung vergisst, bleibt die Aussage auch dann unverwertbar, wenn die Ehefrau vor der Hauptverhandlung verstirbt.
11. Wenn die Ehefrau vor Gericht das Zeugnis verweigert, ist es möglich, die Person als Zeugen zu hören, die die Ehefrau im Ermittlungsverfahren vernommen hat.
12. Wenn der Staatsanwalt bei dem Richter (telefonisch) den Durchsuchungsantrag gestellt und den Sachverhalt geschildert hat, der Richter also befasst ist, scheidet die Annahme von Gefahr im Verzug grundsätzlich aus.
13. „Die Aussage des A ist glaubwürdig, denn sie wird gestützt durch …"
14. Wenn hinsichtlich eines Delikts nach Ausschöpfung aller Ermittlungsmöglichkeiten kein hinreichender Tatverdacht besteht, ist das Verfahren insoweit gem. § 170 Abs. 2 StPO einzustellen.
15. Für Raub in einem minder schweren Fall (§ 249 Abs. 2 StGB) kann der Strafrichter zuständig sein.

16. Für Erpressung i.S.d. § 253 Abs. 1, Abs. 2, Abs. 4 StGB kann der Strafrichter zuständig sein.
17. Anklage-Konkretisierung für § 52 Abs. 3 Nr. 1 WaffenG: „Am 12.12.2020 führte der Angeschuldigte in Frankfurt einen Schlagring mit sich."
18. Alibi-Zeugen, deren Angaben aus Sicht des Staatsanwalts unglaubhaft sind, werden in der Beweismittelliste der Anklageschrift nicht benannt.
19. Wenn versuchter Prozessbetrug in Tateinheit mit Urkundenfälschung durch Vorlegen eines Anerkenntnisses mit einer gefälschten Unterschrift angeklagt wird, ist das Anerkenntnis in der Beweismittelliste zweimal aufzuführen.
20. Aus einer Anklage: „Es wird beantragt, die Hauptverhandlung zu eröffnen."
21. Wenn der anzuklagende Beschuldigte in U-Haft ist, taucht dies in der Anklage nur im Antrag auf Haftfortdauer auf.
22. „In dubio pro reo" gilt auch bei der Klausurkorrektur. Was der Prüfer nicht lesen kann, kann er nicht anstreichen. Eine charakterstarke Handschrift für Eingeweihte ist daher das A und O. Auch gilt es zwecks Umweltschutzes Seiten zu sparen. Am besten kommt ein Fließtext ohne Gliederungsziffern und Absätze an, dafür gespickt mit Querverweisen. Damit hat man sich das Wohlwollen gesichert!

Lösungen

1. Nein, hinreichender Tatverdacht setzt keine „hohe Wahrscheinlichkeit“ der Verurteilung voraus. Richtig ist:

Hinreichender Tatverdacht besteht, wenn nach dem gesamten Akteninhalt bei vorläufiger Tatbewertung eine Verurteilung wahrscheinlicher erscheint als ein Freispruch, mithin bei überwiegender Verurteilungswahrscheinlichkeit.

Mathematisch ausgedrückt: > 50 % für Verurteilung. Das sagt oder schreibt man natürlich nicht!

Dagegen setzt der Verdachtsgrad des dringenden Tatverdachts eine „hohe Wahrscheinlichkeit“ voraus:

Dringender Tatverdacht liegt vor, wenn die Wahrscheinlichkeit groß ist, dass der Beschuldigte Täter oder Teilnehmer einer verfolgbaren Straftat ist. Dabei sind natürlich auch Beweisverwertungsverbote zu beachten, auch wenn das in der Definition nicht zum Ausdruck kommt. Deshalb ist es genauer, wenn man formuliert: Dringender Tatverdacht liegt vor, wenn – *aufgrund verwertbarer Beweise* – die Wahrscheinlichkeit groß ist, dass der Beschuldigte Täter oder Teilnehmer einer verfolgbaren Straftat ist.

Dringender Tatverdacht ist u.a. Voraussetzung für einen Haftbefehl (§ 112 Abs. 1 S. 1 StPO) und für die vorläufige Entziehung der Fahrerlaubnis (§ 111a StPO, der an § 69 StGB anknüpft).

2. Die Deliktsbezeichnungen sind nicht ganz zutreffend.

In der Terminologie des BGH heißt es richtig: „T ist hinreichend verdächtig, eine *besonders* schwere räuberische Erpressung gemäß §§ 253, 255, 250 Abs. 2 Nr. 1 StGB in Tatmehrheit mit *schwerem* Wohnungseinbruchdiebstahl gemäß § 244 Abs. 1 Nr. 3, Abs. 4 StGB in Tatmehrheit mit *schwerem* gefährlichen Eingriff in den Straßenverkehr gemäß §§ 315b Abs. 1 Nr. 3, Abs. 3, 315 Abs. 3 Nr. 1a StGB begangen zu haben.“

3. Statt „stets“ muss es „grundsätzlich“ heißen:

Ein Verstoß gegen die Belehrungspflicht nach § 136 Abs. 1 S. 2 StPO begründet *grundsätzlich* ein Verwertungsverbot, denn das Schweigerecht und das Verteidigerkonsultationsrecht sind für den Beschuldigten als Verfahrenssubjekt konstitutiv und die Belehrung sichert diese verfahrensrechtlichen Grundlagen.

Ausnahmen, also kein Verwertungsverbot:
- Bei Kenntnis der Rechte, denn dann ist die Belehrung nur eine Formalität.
- Wenn ein Mitbeschuldigter betroffen ist, denn dann gilt die Rechtskreistheorie.

Zur Widerspruchslösung: Es ist ein Widerspruch des verteidigten Angeklagten in der Hauptverhandlung bis zum Zeitpunkt des § 257 StPO erforderlich, d.h. der Widerspruch muss spätestens unmittelbar nach der Beweiserhebung erfolgen.

Beachte aber: Im Ermittlungsverfahren und im Zwischenverfahren findet die Widerspruchslösung keine Anwendung. Denn ein Verwertungsverbot entsteht bereits durch den Gesetzesverstoß und nicht erst durch einen Verwertungswiderspruch.

4. Richtig, im Strafverfahren besteht kein Bankgeheimnis.

Denn ein Bankgeheimnis wird in § 53 StPO nicht genannt und eine analoge Anwendung verbietet sich mangels planwidriger Regelungslücke. Die Banken bzw. deren Mitarbeiter sind zur Auskunft verpflichtet.

5. Nein, eine inländische kirchliche oder islamische Heirat begründet kein Zeugnisverweigerungsrecht bzw. nur dann, wenn darin eine Verlobung steckt:

Eine Heirat in Deutschland nur kirchlich oder nach islamischem Recht ist keine „Ehe" i.S.d. § 52 Abs. 1 Nr. 2 StPO, denn eine in Deutschland vorgenommene Eheschließung ist gemäß Art. 13 Abs. 4 S. 1 EGBGB nur gültig, wenn sie in der hier vorgeschriebenen Form geschlossen wird, also beim Standesamt.

Eine Heirat nur kirchlich oder nach islamischem Recht kann auch nicht ohne weiteres als konkludente Verlobung i.S.d. § 52 Abs. 1 Nr. 1 StPO verstanden werden, sondern nur dann, wenn man sich verspricht, zukünftig die Ehe einzugehen, d.h. zum Standesamt zu gehen.

6. Richtig, die Verlobte des (ggf. noch) anderweitig Verheirateten hat kein Zeugnisverweigerungsrecht.

Denn eine Verlobung ist sittenwidrig, wenn einer der beiden noch verheiratet ist (oder verlobt – wobei hier aber die Lösung der anderen Verlobung in Betracht kommt).

7. Richtig, die Schwiegermutter wird man auch nach der Scheidung nicht los.

Nach dem Wortlaut des § 11 Abs. 1 Nr. 1a StGB bleibt die Schwiegermutter im StGB „Angehörige", auch wenn die Ehe geschieden wird. Wenn der Ex-Schwiegersohn sie bestiehlt, ist also nach § 247 StGB ein Strafantrag erforderlich.

Entsprechendes gilt für die StPO gemäß Art. 51 EGBGB, § 1590 Abs. 2 BGB. Sie hat als in gerader Linie Verschwägerte gem. § 52 Abs. 1 Nr. 3 StPO ein Zeugnisverweigerungsrecht gegenüber ihrem Ex-Schwiegersohn und behält dies also auch, wenn die Ehe geschieden wird (vgl. auch den Wortlaut des § 52 StPO: „wer mit dem Beschuldigten in gerader Linie … verschwägert … ist oder *war*").

8. Dies ist nicht richtig. Vielmehr gilt:

Rettungssanitäter haben ein Zeugnisverweigerungsrecht nur dann, wenn bei dem Einsatz ein Notarzt dabei war (h.M.).

Denn nur dann haben sie als Hilfspersonen des Arztes ein Zeugnisverweigerungsrecht nach § 53a StPO; sie selbst werden in § 53 StPO nicht genannt.

Sie machen sich dann auch nicht gem. § 203 Abs. 1 Nr. 1 StGB strafbar. Denn die Pflicht, als Zeuge vor Gericht auszusagen, geht nach h.M. der berufsrechtlichen Schweigepflicht vor, es sei denn, es besteht eben ein Zeugnisverweigerungsrecht nach den §§ 53, 53a StPO.

9. Dies ist nicht ganz richtig. Vielmehr gilt:

Die Angehörigen i.S.d. § 11 Abs. 1 Nr. 1 StGB und die in § 52 StPO genannten Personen sind zwar weitgehend, aber nicht völlig identisch.

Wenn der Beschuldigte seine Tante (also die Schwester seiner Mutter oder seines Vaters) bestiehlt, dann hat die Tante als in der Seitenlinie im dritten Grad Verwandte zwar ein Zeugnisverweigerungsrecht gemäß § 52 Abs. 1 Nr. 3 StPO, sie ist aber keine Angehörige i.S.d. § 11 Abs. 1 Nr. 1 StGB, so dass kein Familiendiebstahl gem. § 247 StGB vorliegt, also kein Strafantrag erforderlich ist.

10. Nein. Vielmehr gilt:

Der Zeugnisverweigerungsberechtigte ist bei der polizeilichen Vernehmung gemäß §§ 163 Abs. 3 S. 2, 52 Abs. 3 S. 1 StPO zu belehren.

Eine unterlassene Belehrung begründet grundsätzlich ein Verwertungsverbot.

Anders ist es aber, wenn der Zeuge vor der Hauptverhandlung verstirbt. Dann darf dessen Aussage durch Protokollverlesung gemäß § 251 Abs. 1 Nr. 3 StPO oder Vernehmung des Verhörsbeamten eingeführt werden. Dies folgt aus der Ratio des § 52 StPO:

Das Zeugnisverweigerungsrecht des § 52 StPO trägt der für den Zeugen entstehenden Zwangslage Rechnung, entweder den mit ihm verwandten Beschuldigten belasten oder die Unwahrheit sagen zu müssen.

Bei einem Zeugen, der vor der Hauptverhandlung verstirbt, kann das Angehörigenverhältnis zum Beschuldigten jedoch in keinem Fall mehr zu einem Pflichtenwiderstreit führen. Die berechtigte Forderung der Allgemeinheit nach wahrheitsgemäßer Aufklärung von Straftaten, die auch dem § 251 Abs. 1 Nr. 3 StPO zu Grunde liegt, braucht nicht weiter zurückzutreten, als es die schutzwürdigen Interessen des zur Zeugnisverweigerung berechtigten Zeugen verlangen. Daraus, dass bei dem Zeugen ein Pflichtenwiderstreit bestand und gegen die Belehrungspflicht verstoßen wurde, kann der Beschuldigte also keine Rechte herleiten.

11. Nein. Vielmehr gilt:

Wenn die Ehefrau vor Gericht das Zeugnis verweigert, ist es grundsätzlich *nicht* möglich, die Person als Zeugen zu hören, die die Ehefrau im Ermittlungsverfahren vernommen hat.

Denn insoweit ergibt sich aus § 252 StPO ein Beweisverwertungsverbot.

§ 252 StPO normiert nicht nur ein Verlesungsverbot, sondern wird über den Wortlaut hinaus als allgemeines Verwertungsverbot verstanden. Der Zeuge soll entscheiden, ob seine frühere, vielleicht unbedachte oder voreilige Aussage zum Gegenstand der Beweisaufnahme wird.

Dieses allgemeine Verwertungsverbot sperrt grundsätzlich insbesondere auch die Vernehmung der Vernehmungsperson, wenn es sich nicht um einen Richter handelt, der die Ehefrau als Zeugin unter Beachtung der §§ 52 Abs. 3 S. 1, 168c StPO vernommen hat – insoweit nimmt die Rechtsprechung eine Ausnahme von § 252 StPO an.

12. Richtig, wenn der Staatsanwalt bei dem Richter (telefonisch) den Durchsuchungsantrag gestellt und den Sachverhalt geschildert hat, der Richter also befasst ist, scheidet die Annahme von Gefahr im Verzug grundsätzlich aus.

Eine Ausnahme besteht nur, wenn sich nach Befassung neue Umstände ergeben, die die Annahme von Gefahr im Verzug tragen. Dann lebt die Eilkompetenz der Staatsanwaltschaft wieder auf.

13. Nein, eine Aussage ist nicht „glaubwürdig“, sondern „glaubhaft“.

„Glaubwürdig“ bezieht sich auf eine Person. Merkhilfe: „Die *Würde des Menschen* ist unantastbar.“

Wenn es um den Beschuldigten geht, spricht man auch nicht von seiner „Aussage“, sondern von seiner „Einlassung“.

14. Dies trifft so nicht zu. Vielmehr gilt:

Wenn hinsichtlich eines Delikts nach Ausschöpfung aller Ermittlungsmöglichkeiten kein hinreichender Tatverdacht besteht, ist das Verfahren insoweit gemäß § 170 Abs. 2 StPO *nur dann* einzustellen, *wenn die prozessuale Tat auch nicht unter einem anderen Gesichtspunkt angeklagt wird.*

Oder anders ausgedrückt: Nur dann, wenn bei einer prozessualen Tat unter keinem Gesichtspunkt hinreichender Tatverdacht besteht, hat eine Einstellung gemäß § 170 Abs. 2 StPO zu erfolgen.

Beispiel: Hinsichtlich des Messerstichs besteht kein hinreichender Tatverdacht bezüglich eines versuchten Totschlags, sei es mangels Tötungsvorsatz, sei es wegen Rücktritts. Wenn die prozessuale Tat unter dem Gesichtspunkt der gefährlichen Körperverletzung angeklagt wird, hat keine Einstellung gemäß § 170 Abs. 2 StPO zu erfolgen. Anders wiederum, wenn hinsichtlich der gefährlichen Körperverletzung Notwehr gem. § 32 StGB greift.

Kurz: Keine Teileinstellung innerhalb einer prozessualen Tat!

15. Nein. Vielmehr gilt:

Für Raub in einem minder schweren Fall (§ 249 Abs. 2 StGB) ist *nie* der Strafrichter zuständig.

Denn der Strafrichter ist gemäß § 25 GVG nur für Vergehen i.S.d. § 12 Abs. 2 StGB zuständig.

Raub in einem minder schweren Fall gemäß § 249 Abs. 2 StGB ist trotz der Mindeststrafe von nur sechs Monaten aber ein Verbrechen i.S.d. § 12 Abs. 1 StGB, weil minder schwere und besonders schwere Fälle bei der Einteilung gemäß § 12 Abs. 3 StGB außer Betracht bleiben.

16. Richtig, für Erpressung i.S.d. § 253 Abs. 1, Abs. 2, Abs. 4 StGB kann der Strafrichter zuständig sein:

Da gemäß § 12 Abs. 3 StGB besonders schwere Fälle bei der Einteilung in Verbrechen und Vergehen außer Betracht bleiben, ist auch Erpressung in einem besonders schweren Fall nach § 253 Abs. 1, Abs. 4 StGB trotz der Mindeststrafe von einem Jahr ein Vergehen. Denn der Grundtatbestand der Erpressung gemäß § 253 Abs. 1 StGB ist ein Vergehen.

Deshalb ist der Strafrichter zuständig gemäß § 25 Nr. 2 GVG, wenn eine höhere Strafe als Freiheitsstrafe von zwei Jahren nicht zu erwarten ist.

17. Die Anklage ist bei dieser Konkretisierung unwirksam, weil die Umgrenzungsfunktion nicht gewahrt ist:

Die Anklageschrift hat nach § 200 Abs. 1 S. 1 StPO die Tat sowie Zeit und Ort so genau zu bezeichnen, dass die Identität des geschichtlichen Vorgangs klargestellt und erkennbar wird, welche bestimmte Tat gemeint ist.

Jede einzelne Tat muss sich als historisches Ereignis von anderen gleichartigen strafbaren Handlungen des Angeschuldigten unterscheiden lassen.

Die Schilderung muss umso konkreter sein, je größer die Möglichkeit ist, dass er verwechselbare weitere Straftaten gleicher Art verübt hat.

Die Konkretisierung „Am 12.12.2020 führte der Angeschuldigte in Frankfurt einen Schlagring mit sich." reicht nicht aus, um die Tat zu umgrenzen. Denn hier wird die wenig spezifisch beschriebene Tathandlung („Mitsichführen") weder durch nähere Angaben zum Tatort noch durch solche zur Tatzeit konkretisiert bzw. individualisiert. Die Konkretisierung beschränkt sich auf die Mitteilung des Namens einer Großstadt und eines Datums.

Es ist also nicht nur die Informationsfunktion der Anklage betroffen, sondern sie wird ihrer Umgrenzungsfunktion nicht gerecht, was zur Unwirksamkeit führt. Es besteht ein Verfahrenshindernis.

18. Nein. Auch Alibi-Zeugen, deren Angaben aus Sicht des Staatsanwalts unglaubhaft sind, sind in der Beweismittelliste der Anklageschrift zu benennen.

Denn in der Beweismittelliste sind alle Beweismittel zu benennen, die das Gericht in die Hauptverhandlung erheben bzw. einführen muss, um ordnungsgemäß über die Schuld- und Straffrage entscheiden zu können (§ 261 StPO). Das Gericht muss grundsätzlich auch nach Aktenlage unglaubhafte Angaben von Alibi-Zeugen einführen, eben um über deren Glaubhaftigkeit im Urteil entscheiden zu können – wobei es in evidenten Fällen sicherlich Ausnahmen gibt.

19. Richtig, wenn versuchter Prozessbetrug in Tateinheit mit Urkundenfälschung durch Vorlegen eines Anerkenntnisses mit einer gefälschten Unterschrift angeklagt wird, ist das Anerkenntnis in der Beweismittelliste zweimal aufzuführen:

Nämlich einmal als Urkunde und einmal als Augenscheinsobjekt.

Denn für den versuchten Betrug muss der gedankliche Inhalt des Anerkenntnisses in die Hauptverhandlung eingeführt, also das Anerkenntnis verlesen werden. Und für die Urkundenfälschung muss die gefälschte Unterschrift in Augenschein genommen werden.

20. Diese Formulierung ist nicht zutreffend, „Hauptverhandlung" ist falsch:

Richtig: „Es wird beantragt, das *Hauptverfahren* zu eröffnen."

Und um nicht in einer Klausur „anzuecken", sollte jedenfalls dort etwa ergänzt werden (obwohl dies an sich überflüssig ist, weil es sich aus dem Anklagekopf ergibt): „Es wird beantragt, das Hauptverfahren *vor dem Amtsgericht – Schöffengericht – Wiesbaden* zu eröffnen."

21. Nein. Vielmehr gilt:

Wenn sich der Beschuldigte in U-Haft befindet, sind in der Anklageschrift folgende vier Punkte zu ergänzen:

a) Haftvermerk im Kopf der Anklageschrift rechts oben: „Haft!"

b) Darunter Haftprüfungsfrist „Haftprüfungstermin gem. § 121 StPO am …"

(Alternativ kann dies auch nach den Haftdaten erfolgen.)

c) Haftdaten zwischen den Personalien des Beschuldigten und dem Verteidiger:

z.B. „ – in dieser Sache vorläufig festgenommen am … und aufgrund des Haftbefehls des Amtsgerichts … vom … (Az. …) seit dem … in Untersuchungshaft in der Justizvollzugsanstalt … –"

d) Antrag auf Haftfortdauer nach dem Antrag auf Eröffnung des Hauptverfahrens.

22. Nein. Vielmehr trifft natürlich das Gegenteil zu. Auch Prüfer sind Menschen!

Übung 9
Der staatsanwaltliche Sitzungsdienst

Vorbemerkung

Dieser Abschnitt bildet hessische Verhältnisse ab, wobei auch innerhalb des Bundeslandes von Behörde zu Behörde unterschiedliche Gepflogenheiten bestehen können. Falls in der Behörde, der Sie zugewiesen sind, gravierende Abweichungen vorliegen, wären die Autoren für eine Rückmeldung unter der im Vorwort angegebenen E-Mail-Adresse dankbar, damit der Abschnitt in den Folgeauflagen ergänzt werden kann.

Erstmals eigene Verantwortung!

Der erste eigenverantwortliche Einsatz als Sitzungsvertreter der Staatsanwaltschaft vor dem Strafrichter des Amtsgerichts ist wahrscheinlich einer der aufregenderen Momente des Referendariats. Zum ersten Mal darf man nicht nur zuarbeiten oder daneben sitzen, sondern übernimmt eine prozessuale Rolle mit eigenen Kompetenzen und Aufgaben, und der doppelte Boden der Anwesenheit des Ausbilders ist diesmal nicht eingezogen. Selbstverständlich ist man da aufgeregt und hofft auf einen blamagefreien Verlauf. Aber Sie können einigermaßen entspannt sein: Man wird Sie nur in Sitzungen einteilen, die anfängergeeignet sind, und die allermeisten Richter nehmen im Termin Rücksicht auf Ihre mangelnde Routine. Schließlich haben schon Generationen vor Ihnen diese Aufgabe gemeistert, und nicht wenige Referendare melden sich freiwillig für überobligatorische Sitzungsdienste, weil es erstens ein hervorragendes Training für die meisten juristischen Berufe ist und zweitens am Ende doch irgendwie Spaß macht.

Vor der Sitzung

Nach einer gewissen „Schonzeit" von wenigen Wochen müssen Sie mit Ihrer ersten Einteilung rechnen. Es wäre unglücklich, wenn Sie bis dahin noch an keiner Strafverhandlung vor dem Amtsgericht teilgenommen hätten, weil Ihr Ausbilder vielleicht gerade in einem Großverfahren vor dem Landgericht gebunden ist und Sie dorthin mitnimmt. Bitten Sie in solchen Fällen Dezernenten, auch solche des amtsanwaltschaftlichen Dienstes (die meisten Sachen, die Sie zu verhandeln haben, werden ohnehin aus diesem Bereich kommen), Sie einmal in Verhandlungen vor dem Strafrichter mitzunehmen. Oder setzen Sie sich zumindest einen oder zwei Vormittage als Zuschauer in einen Gerichtssaal, um Ablauf und Gepflogenheiten einer Verhandlung kennenzulernen.

Wie Sie an Ihre Sitzungshandakten und an die Robe kommen, hat man Ihnen in der Einführungsarbeitsgemeinschaft mitgeteilt. In der Regel bekommen Sie die Handakten etwa eine Woche vor dem Termin; die Robe besorgen Sie sich erst einen oder zwei Tage vorher, um keine Knappheit zu verursachen. Natürlich besprechen Sie Ihre Fälle vor dem Termin mit Ihrem Ausbilder, der Ihnen auch einen Hinweis geben wird, was Sie – nach Aktenlage! – beantragen sollten. Naturgemäß haben Sie besonders, was Strafzumessung betrifft, bestenfalls sehr geringe Erfahrung. Auch deshalb wird Ihr Ausbilder mit Ihnen naheliegende Verläufe der Hauptverhandlung und deren Auswirkungen auf das „Ergebnis" durchsprechen. Dass nicht jedes theoretisch denkbare Szenario besprochen werden kann, versteht sich von selbst.

Bei der Vorbereitung gibt es, solange sich die elektronische Akte noch nicht durchgesetzt hat, allerdings ein Problem: Die Sachakten (Hauptakten) befinden sich ja bei Gericht und stehen Ihnen daher nicht zur Verfügung. Daher werden spätestens mit Anklageerhebung die sogenannten Handakten (auch: *Retent* von lat. *retenere* = zurückhalten) angelegt, die den Gewahrsam der Staatsanwaltschaft so gut wie nie verlassen. Wenn Sie Glück haben, hat der Dezernent mit Anklageerhebung kollegialerweise dafür gesorgt, dass von den wichtigsten Schriftstücken aus der Sachakte, also insbesondere polizeilichen Vermerken und Aussageprotokollen oder anwaltlichen Einlassungen, Kopien zu den Handakten genommen werden oder sogar ein Aktendoppel existiert. Falls Sie aber feststellen sollten, dass Ihre Sitzungshandakten ziemlich dünn sind und vielleicht nur den Auszug aus der Namensdatei (in vielen Bundesländern: *MESTA*) und die Anklageschrift bzw. den Strafbefehl enthalten, was natürlich keine sachgerechte Vorbereitung erlaubt, haben Sie, sofern das Gericht sich nahe genug an Ihrem Ausbildungs- oder Wohnort befindet, die Möglichkeit, bei der dortigen Geschäftsstelle („Serviceeinheit") nachzufragen, ob Sie sich die Sachakten einmal für ein paar Stunden ausleihen dürfen. Nehmen Sie am besten die Handakten als „Ausweis" mit. Falls auch das nicht möglich ist und Sie sich einmal nicht in wünschenswerter Weise vorbereiten können, bleibt Ihnen noch der Trost des § 261 StPO: Das Gericht darf sein Urteil nur aus dem Inbegriff der Hauptverhandlung, also nur aus dem schöpfen, was zum Gegenstand der Hauptverhandlung gemacht wurde, und dasselbe gilt auch für den Antrag der Staatsanwaltschaft. Wesentlich für einen sachgerechten Antrag ist natürlich, ob der Angeklagte Vorstrafen hat, welche dies sind („einschlägig"?) und wie lange sie zurückliegen (hohe „Rückfallgeschwindigkeit"?). Diese Informationen finden Sie in einem auf „Ihren" Angeklagten bezogenen Auszug des Bundeszentralregisters. Wenn Ihre Handakten ein solches „BZR" nicht enthalten oder wenn es nicht aktuell ist (sehr wichtig, da ein veralteter Auszug tilgungsreife Eintragungen enthalten kann, die gemäß § 51 Abs. 1 BZRG unverwertbar sind!), sollten Sie es von Ihrem Ausbilder elektronisch anfordern oder ausdrucken lassen.

Zum Sitzungsdienst nehmen Sie natürlich die Robe und die beiden gängigen Praxiskommentare mit; daneben ist auch eine strafrechtliche Gesetzessammlung für den Fall nützlich, dass einmal das Nebenstrafrecht relevant wird.

Zur Kleiderordnung: Diese ist jeweils per Landeserlass geregelt. Es werden weder ein Gesellschaftsanzug noch das „kleine Schwarze" verlangt. Von den Herren wird das Tragen einer Krawatte (oder eines „Querbinders", einer Fliege, sofern Sie zum Individualismus neigen) zu einem weißen oder in gedeckten Farben gehaltenen Hemd erwartet. Mit einer weißen Krawatte, z.B. im Bastelgeschäft für kleines Geld erhältlich, können Sie nichts falsch machen. Lustige Aufdrucke werden dem Ernst eines Strafverfahrens nicht gerecht. Damen greifen gern zu einer Bluse mit weißem Halstuch.

Sie dürfen ausschließlich in Strafrichtersachen (§§ 24, 25 GVG) eingeteilt werden. Eine Sitzungsvertretung beim Jugendrichter ist leider seit einer Änderung des JGG (§ 36 Abs. 2 S. 3) ausgeschlossen. An einem Sitzungstag müssen Sie je nach Umfang der einzelnen Sachen mit einer bis ca. 5 Verhandlungen rechnen.

Was Sie in der Regel nicht dürfen:

Prozesserklärungen abgeben, die das Verfahren endgültig beenden. Dazu zählen insbesondere Zustimmungen zu den Opportunitätseinstellungen §§ 153 Abs. 2, 153a Abs. 2,

154 Abs. 2 StPO, denn diese können einen Strafklageverbrauch herbeiführen und sind nur in Ausnahmefällen anfechtbar. Gerade weil Ihre gesetzliche „Vollmacht" des § 144 GVG, die Sie in der Hauptverhandlung besitzen, nach außen hin unbeschränkbar ist, sollten Sie vorsichtig sein. Wenn Ihnen in der Sitzung der Richter eine Einstellung gem. § 153 Abs. 2 oder § 153a Abs. 2 StPO „vorschlägt" und Sie dies auch als sachgerecht erachten, müssen Sie um eine Pause bitten – wobei Sie nicht sagen sollten, dass Sie telefonieren wollen, das weiß der Richter – und Ihren Ausbilder oder einen anderen Staats- oder Amtsanwalt anrufen, um dessen Zustimmung zu erfragen. Anders ist es natürlich, wenn das Einstellungsszenario bereits zuvor besprochen wurde und Ihr Ausbilder für diesen Fall seine Zustimmung erteilt hat. Wenn Sie als Sitzungsvertreter die Einstellung nicht für sachgerecht halten, dann brauchen Sie natürlich auch nicht anzurufen, sondern beantworten die Anfrage des Richters dergestalt, dass eine Einstellung nicht in Betracht komme und benennen den Grund (etwa: angesichts der Vorstrafen).

Zum Ablauf der Hauptverhandlung und dem Schlussvortrag siehe Übung 10.

Nachdem die letzte Sitzung geschlossen ist, ist der Tag für Sie noch nicht ganz zu Ende: Da sich bei der Staatsanwaltschaft einige Personen für das Ergebnis Ihrer Bemühungen interessieren, müssen Sie in der Handakte (z.B. auf dem hinteren Aktendeckel) noch einen Sitzungsvermerk sowie eine kleine Verfügung entwerfen, die in der Regel nur die Anordnung enthält, jenen Personen nacheinander die Handakten zur Kenntnisnahme vorzulegen. Dies sind oft der Behördenleiter (LOStA oder BL), der jeweilige Abteilungsleiter (AL) und der Dezernent (Dez.). Hier gibt es aber Unterschiede von Behörde zu Behörde; insbesondere bei großen Staatsanwaltschaften werden häufig abweichende Regelungen bestehen. Fragen Sie Ihren Ausbilder.

Für diesen Sitzungsvermerk dürfte in Ihrer Handakte ein zweispaltiger Vordruck enthalten sein, in dessen linker Spalte Sie eintragen, welchen Antrag Sie gestellt haben, und rechts daneben, wie das Gericht entschieden hat. Außerdem ggf. eine Erläuterung von Besonderheiten, wie zum Beispiel ein Freispruch: Hier möchten die Leser Ihres Vermerks gern wissen, warum das Gericht entgegen der zugelassenen Anklage freigesprochen hat, bzw. warum Sie selbst Freispruch beantragt haben. Oder, sehr oft vorkommend, welche Maßnahmen getroffen wurden, um eines nicht erschienenen Angeklagten habhaft zu werden. Wenn Sie (natürlich nur nach Rücksprache, siehe oben!) einer Einstellung zugestimmt haben, vermerken Sie auch, welcher Staats- oder Amtsanwalt Ihnen hierfür „grünes Licht" gegeben hat.

Im Folgenden finden Sie einige Beispiele, wie der Sitzungsvermerk „verfügungs-technisch" aussehen könnte. Diese Beispiele werden eher auf kleinere Staatsanwaltschaften zutreffen.

Sitzungsvermerk Einstellung	
Antrag	**Entscheidung**
Nach telefonisch eingeholter Zustimmung durch Herrn Oberamtsanwalt Schulz auf Anregung des Gerichts:	Einstellung nach § 153a Abs. 2 StPO gegen Zahlung einer Geldauflage von 900,- Euro binnen 6 Monaten an Kinderkrebshilfe e.V.
	Vfg.
	1.) Frau LOStA'in 2.) Herrn AL III 3.) Frau Dezernentin
	(Datum)
	Julia Schmidt (Referendarin bei StA Dr. Schneider)

Sitzungsvermerk Freispruch auf Antrag	
Antrag	**Entscheidung**
Freispruch aus tatsächlichen Gründen. Vermerk: Der Angeklagte hat sich nicht zur Sache eingelassen. Seine Ehefrau hat nunmehr die Aussage verweigert. Der maßgebliche Belastungszeuge Zobel konnte den Angeklagten nicht sicher identifizieren.	Nach Antrag
	Vfg.
	1.) Frau LOStA'in 2.) Herrn AL III 3.) Frau Dezernentin
	(Datum)
	Julia Schmidt (Referendarin bei StA Dr. Schneider)

Sitzungsvermerk Gesamtfreiheitsstrafe mit Haft	
Antrag	**Entscheidung**
Tat 1: 8 Monate Tat 2: 6 Monate: Gesamtstrafe 11 Monate Aussetzung zur Bewährung 3 Jahre Bewährungszeit Bestellung e. Bewährungshelfers 80 Stunden Arbeitsauflage	100 Stunden Arbeitsauflage, im Übrigen nach Antrag
Aufhebung des Haftbefehls	Nach Antrag
	Vfg.
	1.) Frau LOStA'in 2.) Herrn AL III 3.) Haftliste 4.) Frau Dezernentin
	(Datum)
	Julia Schmidt (Referendarin bei StA Dr. Schneider)

Sitzungsvermerk Geldstrafe + Maßregel	
Antrag	**Entscheidung**
60 TS je 25 Euro	45 TS je 25 Euro
Entziehung der Fahrerlaubnis Einziehung des Führerscheins Sperrfrist 1 Jahr	Sperrfrist 10 Monate, im Übrigen nach Antrag
	Vfg.
	1.) Frau LOStA'in 2.) Herrn AL III 3.) Frau Dezernentin
	(Datum)
	Julia Schmidt (Referendarin bei StA Dr. Schneider)

Übung 10
Schlussvortrag – Finde die Mängel

Frau Vorsitzende, Herr Verteidiger!

Nach dem Ergebnis der heutigen Hauptverhandlung ist die Staatsanwaltschaft davon überzeugt, dass der Angeschuldigte die Unwahrheit gesagt hat, indem er behauptet hat, dass er beim Vorfall vom 29. Juli 20… zur Tatzeit gar nicht am Tatort gewesen sei, sondern im städtischen Schwimmbad. Es handelt sich um eine reine Schutzbehauptung! In Wahrheit hat er sich um diese Zeit im Edeka-Markt in der Bahnhofstraße aufgehalten und eine Flasche Schnaps im Wert von 28,85 Euro geklaut, wahrscheinlich, um sie später zu Geld zu machen und dieses für den Kauf von Drogen zu verwenden. Diebstahl ist der Bruch fremden, nicht notwendig tätereigenen Gewahrsams. Gewahrsam meint die tatsächliche Sachherrschaft. Nach der Enklaventheorie ist der Diebstahl in Fällen wie dem vorliegenden vollendet und nicht nur versucht. Gewerbsmäßigkeit wird dem Angeschuldigten aber nicht nachzuweisen sein, weil ihm nicht zu beweisen ist, dass er die Flasche verkaufen wollte. Die Zeugen Schmitz und Möller sind völlig glaubwürdig. Ihre Aussagen sind glaubhaft und widerspruchsfrei und lassen keine Belastungstendenzen erkennen. Die verwertbaren Aufzeichnungen des Handys des Zeugen Möller, der die Szene zwecks Veröffentlichung in seinem YouTube-Kanal gefilmt hat, bestätigen dies. Also ist der Angeschuldigte des Diebstahls überführt.

Hinsichtlich des Vorfalls am 31. Juli ist der Angeschuldigte geständig. Hier liegt daher eine Trunkenheitsfahrt vor, weil er im Straßenverkehr ein Kraftfahrzeug geführt hat, obwohl als Entnahmewert eine Blutalkoholkonzentration von 1,33 Promille festgestellt wurde.

Bei der Strafzumessung ist im ersten Fall strafmildernd zu berücksichtigen, dass die Tatbeute, nachdem der Angeschuldigte sie nach Verlassen des Marktes auf der Flucht weggeworfen hat, wieder an den Eigentümer zurückgelangt ist. Auf der anderen Seite wirken sich strafschärfend das dreiste Lügen des Angeschuldigten und seine Vorstrafen aus. Wegen der zahlreichen Vorstrafen kann es bei einer Geldstrafe nicht mehr bewenden. Geldstrafen haben den Angeschuldigten bisher nicht zur Besinnung gebracht. Ich beantrage eine Gesamtfreiheitsstrafe von fünf Monaten für drei Jahre auf Bewährung, um dem Angeschuldigten noch eine letzte Chance zu geben. Außerdem beantrage ich, dem Angeschuldigten den Führerschein für ein Jahr zu entziehen.

Vielen Dank!

Aufgabe:

Sie werden, wie wir hoffen, bemerkt haben, dass es sich um kein besonders gutes Plädoyer handelt.

Versuchen Sie, die Mängel herauszufinden. Notieren Sie diese auf einem gesonderten Blatt oder streichen Sie sie direkt im Buch an. Schauen Sie erst danach auf die Lösungshinweise. Machen Sie es anschließend besser und formulieren einen schöneren Schlussvortrag!

Lösungshinweise

1. Zu Beginn fehlt es dem Vortrag an Struktur. Er wird mit dem Ergebnis der Beweiswürdigung eröffnet; danach gehen rechtliche und tatsächliche Betrachtung bunt durcheinander.

   Zur Erinnerung – richtig ist folgender Aufbau:

   - Anrede (man darf auch den Verteidiger anreden; Höflichkeit ist auch ihm gegenüber erlaubt);
   - Darstellung des Sachverhalts, wie er sich aus Sicht der Staatsanwaltschaft nach Abschluss der Beweisaufnahme ergeben hat, und zwar äußere *und innere* Tatseite. In seiner Struktur gleicht die Sachverhaltsdarstellung daher einem konkreten Anklagesatz oder den Feststellungen zur Sache eines Strafurteils.
     Achtung: Beweiswürdigung gehört noch nicht hierher, wobei sich in der Praxis hier durchaus einzelne Aspekte finden, etwa um das Nachtatverhalten darzustellen (vgl. die Benennung des für die Subsumtion des Diebstahls irrelevanten Ladendetektivs im nachfolgenden Musterplädoyer).
     („Was hat der Angeklagte getan?“)
   - Beweiswürdigung, wozu ggf. auch die (in der Praxis seltenen!) Fragen prozessualer Verwertbarkeit gehören. Hier sind alle in der Hauptverhandlung (und nur dort!) gewonnenen Erkenntnisse zu würdigen.
     („Wie komme ich zu dieser Überzeugung?“)
   - Rechtliche Würdigung, d.h. materiellrechtliche Subsumtion. Hierzu können auch Verfahrensvoraussetzungen wie z.B. ein form- und fristgerecht gestellter Strafantrag gehören, der auch schon in der Sachverhaltsdarstellung erwähnt werden sollte. Konkurrenzen nicht vergessen!
     („Welche Straftatbestände hat der Angeklagte erfüllt“?)
   - Zumessung und Nebenfolgen wie Entziehung der Fahrerlaubnis, Fahrverbot, Einziehung.
     („Wie ist er dafür zur Rechenschaft zu ziehen?“)
   - Kosten: In der Regel unproblematisch zu Lasten des Angeklagten, aber ggf. die notwendigen Auslagen des Nebenklägers nicht vergessen.

2. Ab Eröffnung des Hauptverfahrens haben wir es nicht mehr mit einem Angeschuldigten zu tun, sondern mit einem Angeklagten, § 157 StPO.

3. Äußerungen wie „wahrscheinlich, um sie später zu Geld zu machen...“ kann man sich sparen. Wenn es nicht bewiesen ist, ist es irrelevant.

4. Der Begriff „Schutzbehauptung“ ist für sich genommen eine Leerfloskel und kann keine Begründung ersetzen. Wenn man ihn überhaupt verwendet, muss man darlegen, *warum* man die Behauptung für unwahr hält. Diese Ansicht scheint sich im Beispielsfall auf die Aussagen der beiden Zeugen und die Videoaufzeichnung zu stützen, aber leider wird der Inhalt dieser Beweismittel verschwiegen. Auch findet keinerlei Würdigung im eigentlichen Sinn statt; der beliebte Satz mit den „glaubhaften und widerspruchsfreien Aussagen ohne Belastungstendenzen“ ist wiederum nur eine Floskel. Meist werden sich in den Aussagen konkrete Gesichtspunkte finden, auf die man eine solche Wertung stützen kann (z.B. neutrale Stellung des Zeugen; unumwunde-

nes Einräumen von Erinnerungslücken oder eigenem Fehlverhalten; gute Beobachtungsposition; Darstellung von Details, die man üblicherweise nicht erfindet). Auch zur Verwertbarkeit der Videoaufzeichnung hätte hier Stellung genommen werden müssen. Hierzu sei angemerkt, dass eine Auseinandersetzung mit diesem Thema, wie sie in dem folgenden Musterplädoyer übungshalber dargestellt ist, in der Praxis äußerst selten geboten sein wird.

5. Bei der Subsumtion fehlen komplett die Strafnormen. Dafür werden sinnlos Definitionen hingeworfen, ohne dass sie dann für die Subsumtion verwertet werden. Zudem sind die Definitionen unvollständig. Es ist auch nicht akzeptabel, juristischen Laien Begriffe wie „Enklaventheorie" unerläutert an den Kopf zu werfen – der Angeklagte ist die Hauptperson der Veranstaltung und soll den Vortrag, der am Ende seine Bestrafung fordert, verstehen können! Andererseits sollten auch keine allzu umgangssprachlichen Begriffe wie „klauen" verwendet werden. Die Erwähnung der Gewerbsmäßigkeit (Diebstahl im besonders schweren Fall, § 243 Abs. 1 S. 2 Nr. 3 StGB) ist völlig überflüssig; hierzu gibt es überhaupt keine Anhaltspunkte, ohnehin stünde § 243 Abs. 2 StGB im Wege. Der Strafantrag wird dagegen nicht erwähnt. Fehlerhaft ist es auch, bei §§ 316, 315c Abs. 1 Nr. 1a StGB bei der Subsumtion den BAK-Wert zur *Entnahme*zeit zugrundezulegen; auch in Anklageschriften ein häufig anzutreffender Fehler. Subsumtionsrelevant ist der (allerdings außer im Fall des Nachtrunks niemals niedrigere) *Tatzeit*-Wert.

6. Ganz misslungen sind die Ausführungen zu den Rechtsfolgen. Hier die Fehlerliste:

   - „Dreistes Lügen" strafschärfend zu berücksichtigen ist eine TODSÜNDE der Strafzumessung! Man kann sich zwar darüber streiten, ob es, wie man andererseits immer wieder hört, das „gute Recht" des Angeklagten ist, zu lügen – außer jedem Zweifel steht aber, dass es nicht strafschärfend gewertet werden kann. Seltene Ausnahme: Rechtsfeindliche Verteidigung, die zum Beispiel vorliegt, wenn die Tat einer völlig unbeteiligten Person in die Schuhe geschoben werden soll. Auch ist die Wortwahl „dreist" fragwürdig und klingt nach Stimmungsmache. Das geht sachlicher.

   - Wenn man Vorstrafen zum Anlass nimmt, statt einer möglichen Geldstrafe eine Freiheitsstrafe zu fordern, sollte das näher begründet werden, etwa durch „Einschlägigkeit" dieser Vorstrafen, durch rasche Folge neuer Straffälligkeit nach Verurteilungen („Rückfallgeschwindigkeit"), durch Handeln unter laufender Bewährung usw.

   - Die Ausführungen zur konkreten Strafe sind viel zu pauschal und unstrukturiert. Sie haben in einer sinnvollen Reihenfolge zu stehen.
     Zunächst: Da zwei tatmehrheitlich begangene Taten abzuurteilen sind, ist auch für jede Tat eine gesonderte Zumessung vorzunehmen, und dabei ist *jeweils* die Strafart – Geld- oder Freiheitsstrafe – zu benennen. Im Beispielsfall könnte dies eine Freiheitsstrafe von vier Monaten für den Diebstahl und eine Geldstrafe von 60 Tagessätzen je 20 Euro für das Straßenverkehrsdelikt sein. An dieser Stelle ist noch nichts zur Bewährung auszuführen! Beachten Sie, dass Sie auch dann, wenn die Geldstrafe sodann bei der Gesamtstrafenbildung in der Gesamtfreiheitsstrafe aufgeht, etwas zur Höhe des Tagessatzes sagen müssen. Sofern eine Freiheitsstrafe unter sechs Monaten beantragt wird, ist außerdem zu den Voraussetzungen des § 47 Abs. 1 StGB Stellung zu nehmen.

Der nächste Schritt ist nun die Gesamtstrafenbildung. Sollten Sie hier unsicher sein, arbeiten Sie bitte nochmal die entsprechenden Übungen durch – das Thema ist in Praxis (und Examen!) äußerst wichtig! In unserem Fall würde man nach den üblichen Regeln eine Gesamtfreiheitsstrafe von fünf Monaten beantragen. *Erst jetzt* nehmen Sie zur Frage der Aussetzung zur Bewährung Stellung. Warum? Solange Sie die Höhe der Gesamtstrafe nicht kennen, kennen Sie auch nicht die Voraussetzungen einer Aussetzung nach § 56 StGB.

- Fehlerhaft ist auch die Begründung für die Aussetzung zur Bewährung. Die positive Kriminalprognose fordert eine *begründete Erwartung* für künftige Straflosigkeit. „In dubio" gilt hier nicht! Das Bestreben, dem Angeklagten eine „letzte Chance" einzuräumen, wäre ein Gnadenakt, keine Subsumtion unter § 56 Abs. 1 StGB.
- Schließlich ist der Antrag zur Maßregel der §§ 69, 69a StGB nicht sauber formuliert. Der Führerschein wird nicht entzogen, sondern die Fahrerlaubnis. Der Führerschein, also das körperliche Dokument, wird *ein*gezogen. Und das Ganze auch nicht „für ein Jahr", sondern endgültig. Das Jahr (oder jede andere zulässige Frist nach § 69a StGB) beschreibt die Sperrfrist, nach der der Angeklagte bei der Fahrerlaubnisbehörde eine neue Fahrerlaubnis beantragen darf.

Schlussvortrag – Musterplädoyer

Es folgt der Vorschlag eines Musterplädoyers, wobei die Ausführungen in der Praxis insbesondere bei der Subsumtion der §§ 242, 316 StGB auch durchaus knapper ausfallen könnten.

Frau Vorsitzende, Herr Verteidiger!

Nach dem Ergebnis der Hauptverhandlung steht aus Sicht der Staatsanwaltschaft folgender Sachverhalt fest:

Zunächst zum Vorfall am 29. Juli 20...

Gegen 10:15 Uhr betrat der Angeklagte den Edeka-Markt in der Bahnhofstraße in ...

Im Verkaufsbereich der Spirituosen blickte er sich um, glaubte sich unbeobachtet, ergriff eine Flasche hochwertigen Gin zum Verkaufspreis von 28,85 Euro und steckte sie in seine Jackentasche ein. Dabei hatte er vor, das Geschäft zu verlassen, ohne den Gin, den er entweder für sich verwenden oder gewinnbringend veräußern wollte, zu bezahlen. Der Angeklagte verließ den Laden sodann und konnte vor dem Zeugen Schmitz, der ihn stellen wollte, flüchten. Auf der Flucht warf er die Flasche, die ihn behinderte, in einen Vorgarten, wo der Zeuge Schmitz sie unversehrt bergen konnte. Der Geschäftsführer des Edeka-Marktes hat noch am selben Tag gegenüber den die Tat aufnehmenden Beamten schriftlich mit Unterschrift Strafantrag gestellt.

Zwei Tage später um 21:30 Uhr befuhr der Angeklagte mit seinem Pkw VW Golf, amtliches Kennzeichen ... die Frankfurter Straße stadtauswärts. Bei Fahrtantritt betrug die Blutalkoholkonzentration 1,33 Promille. Der Angeklagte hatte sich am Abend in der Gaststätte „Bier-Börse" mit Freunden getroffen und Bier und Schnaps in unbekannter Menge getrunken, hielt sich bei Fahrtantritt aber noch für fahrsicher.

Den Vorfall im Edeka-Markt bestreitet der Angeklagte. Er behauptet, er habe sich an diesem Tag von 9 bis 15 Uhr im Schwimmbad befunden, konnte dies aber weder durch eine Eintrittskarte oder ähnliches noch durch Zeugenaussagen belegen. Seine Einlassung wird widerlegt durch die in der Hauptverhandlung erhobenen Beweise. Der Ladendetektiv Schmitz hat ihn zunächst über die Videoüberwachung und sodann bei dem Versuch, ihn zu stellen, aus der Nähe gesehen und in der Hauptverhandlung bekundet, er habe sein Gesicht genau wiedererkannt. Auch stimmten Alter und Statur überein. Schließlich erinnere er sich an die auffällige bis auf den Hals reichende mehrfarbige Gesichtstätowierung des Angeklagten. Auch der Zeuge Möller, dem der Angeklagte mehrere Sekunden lang unmittelbar gegenüberstand, hat diese Auffälligkeit beschrieben und überdies den Angeklagten als „so gut wie sicher“ wiedererkannt. Die Tat wurde durch den Ladendetektiv Schmitz sowie durch den sich zufällig nähernden Kunden Möller beobachtet. Der Zeuge Möller kam zufällig hinzu und hat keinerlei Interesse am Ausgang des Verfahrens, was seine Glaubwürdigkeit stützt. Auch die vom Zeugen Möller mit dem Handy gefertigten und in der Hauptverhandlung in Augenschein genommenen Aufzeichnungen sprechen für die Täterschaft des Angeklagten. Er ist zwar infolge der schlechten Aufnahmequalität nicht genau zu erkennen, aber seine Statur und sein Äußeres entsprechen denen der abgebildeten Person, und der Bewegungsablauf ist so wie vom Zeugen Möller beschrieben. Auch sind die Aufzeichnungen prozessual verwertbar. Zwar lag keine der Bedingungen des Art. 6 Abs. 1 der Datenschutz-Grundverordnung vor, so dass die Aufzeichnungen, die der Zeuge Möller, wie er erklärt hat, in dem von ihm betriebenen YouTube-Kanal zu veröffentlichen gedachte, rechtswidrig waren und das Persönlichkeitsrecht des Angeklagten verletzt haben. Hieraus erfolgt aber kein Beweisverwertungsverbot. Die gebotene Rechtsgüterabwägung geht zugunsten der Verwertbarkeit aus. Betroffen ist lediglich die Sozialsphäre des Angeklagten, also der Bereich, in dem ohnehin jedermann mit der Beobachtung durch Dritte oder rechtmäßigen Videoaufzeichnungen durch Überwachungskameras rechnen muss. In einer derartigen Konstellation kommt eine Unverwertbarkeit nur ausnahmsweise in Betracht.

Aus einer Gesamtbetrachtung der erhobenen Beweise resultiert daher, dass der Angeklagte in diesem Punkt im Sinne des Anklagevorwurfs überführt ist.

Hinsichtlich des Vorwurfs der Trunkenheitsfahrt ist der Angeklagte geständig. Danach hat er sich nach dem Genuss von Bier und Schnaps ans Steuer gesetzt, obwohl er um 22:15 Uhr bei der im Zuge der Verkehrskontrolle erfolgten Blutentnahme eine Blutalkoholkonzentration von mindestens 1,33 Promille aufwies, was sich aus dem verlesenen Gutachten des gerichtsmedizinischen Instituts ergibt. Dieser Wert entspricht auch dem Tatzeitwert, weil eine Rückrechnung auf einen höheren Wert nur zulässig ist, wenn das Trinkende länger als zwei Stunden zurückliegt. Das ist aber nicht der Fall. Seine Einlassung, er habe sich für fahrtüchtig gehalten, ist dem Angeklagten trotz der relativ hohen Alkoholisierung nicht zu widerlegen, zumal er den Alkohol über einen längeren Zeitraum hinweg konsumiert hat.

In rechtlicher Hinsicht ist Folgendes auszuführen:

Der Angeklagte hat sich eines Diebstahls nach § 242 StGB schuldig gemacht. Der Inhaber des Edeka-Marktes hat den nach § 248a StGB grundsätzlich erforderlichen Strafantrag form- und fristgerecht gestellt.

Durch das Einstecken in seine Jackentasche hat der Angeklagte den Gewahrsam des Personals an der Flasche gebrochen, diese also weggenommen. Das ist bei kleineren Gegenständen, die man in der Kleidung verbergen kann, schon mit dem Einstecken der Fall, weil der Berechtigte dann kaum noch die Möglichkeit hat, auf sie zuzugreifen. Im Übrigen wäre der Gewahrsam spätestens mit dem Verlassen des Marktes gebrochen gewesen, so dass die Tat zumindest deshalb vollendet ist und sich die Frage eines Rücktritts vom Versuch nicht stellt. Dass die übrigen Tatbestandsmerkmale des Diebstahls, insbesondere auch die Absicht der rechtswidrigen Zueignung, vorliegen, bedarf keiner weiteren Begründung.

Im zweiten Fall ist der Angeklagte einer fahrlässigen Trunkenheit im Verkehr nach § 316 Abs. 1, 2 StGB schuldig. Die Fahrunsicherheit im Sinne dieser Vorschrift ist ab einem Blutalkoholwert von 1,1 Promille gegeben; dies ist der Grenzwert zur absoluten Fahruntüchtigkeit, bei der es nicht mehr auf Fahrfehler oder Ähnliches ankommt. Weil dieser Wert überschritten ist, hat der Angeklagte im öffentlichen Straßenverkehr ein Kraftfahrzeug geführt, obwohl er nicht mehr in der Lage war, dieses sicher zu führen. Er hat auch fahrlässig gehandelt, denn bei auch nur geringem Nachdenken hätte ihm klar sein müssen, dass er nach dem Genuss einer derartigen Menge an Alkohol nicht mehr sicher Auto fahren konnte.

Wie ist der Angeklagte für seine Taten zur Rechenschaft zu ziehen?

Die Strafdrohung für Diebstahl lautet auf Geldstrafe oder Freiheitsstrafe bis zu fünf Jahren. Im ersten Fall ist strafmildernd der relativ geringe Wert der Beute heranzuziehen sowie der Umstand, dass diese wieder unversehrt an ihren Eigentümer zurückgelangt ist. Strafschärfend sind dagegen die zahlreichen Vorstrafen wegen Eigentums- und Vermögensdelikten zu berücksichtigen, die in relativ rascher Folge bis in die jüngere Vergangenheit verhängt wurden; allein in den letzten fünf Jahren vier Verurteilungen zu Geldstrafen zwischen 30 und 120 Tagessätzen, dreimal wegen Diebstahls und einmal wegen Betruges. Die letzte Strafe wurde gerade einmal zwei Monate vor den hier begangenen Taten verhängt. Nach dem soeben Ausgeführten werden Geldstrafen vermutlich keine nachhaltige Wirkung erzielen. Erforderlich, aber angesichts des geringen Werts der Beute auch ausreichend erscheint eine Freiheitsstrafe von vier Monaten, die gemäß § 47 Abs. 1 StGB zur Einwirkung auf den mehrfach vorbestraften Angeklagten auch in Form einer Freiheitsstrafe zu verhängen ist.

Die Trunkenheitsfahrt ist dagegen mit einer Geldstrafe hinreichend geahndet, da die letzte Vorstrafe wegen eines alkoholbedingten Straßenverkehrsdelikts schon dreieinhalb Jahre zurückliegt. Wegen dieser Vorstrafe hat die Geldstrafe eher entsprechend empfindlich auszufallen. Insoweit halte ich eine Strafe von 60 Tagessätzen für angemessen. Der Angeklagte hat angegeben, derzeit als Gelegenheitsarbeiter 600 Euro im Monat zur freien Verfügung zu haben. Hieraus ergibt sich eine Tagessatzhöhe von 20 Euro.

Aus den beiden Einzelstrafen ist nach §§ 53, 54 StGB eine Gesamtstrafe zu bilden, was durch Erhöhung der Einsatzstrafe, hier der Freiheitsstrafe von vier Monaten, geschieht, wobei die Summe der Strafen nicht erreicht werden darf. Eine Erhöhung um die Hälfte der Geldstrafe, das heißt um 30 Tagessätze, erscheint geboten, um das Unrecht beider Taten insgesamt angemessen zu erfassen. Diese 30 Tagessätze entsprechen einem Monat Freiheitsstrafe. Hieraus resultiert eine Gesamtfreiheitsstrafe von fünf Monaten. Zur Frage, ob die Aussetzung der Freiheitsstrafe zur Bewährung geboten ist, ist § 56 Abs. 1 StGB heranzuziehen. Es kommt darauf an, ob eine begründete Erwartung besteht, dass der Angeklagte unter dem Druck eines möglichen Bewährungswiderrufs künftig von der Begehung von Straftaten Abstand nehmen wird. Hiergegen sprechen die erheblichen

Vorstrafen. Diese reichen jedoch für sich nicht aus, um eine negative Kriminalprognose zu begründen, da diese sich nicht allein auf Erkenntnisse aus der Vergangenheit stützen darf. Der Angeklagte hat angegeben, er habe sich verlobt und beabsichtige zu heiraten; auch habe er eine feste Arbeitsstelle als Kassierer in einer Tankstelle in Aussicht. Er habe bis vor einigen Monaten am Wochenende Amphetamine konsumiert, dies aber freiwillig aufgegeben, weil er bemerkt habe, dass es ihm nicht gut tue. Diese Angaben werden durch die Aussage seiner Verlobten, der Zeugin Thiele, gestützt, die ausgeführt hat, dass sie Drogen nicht dulde und der Angeklagte seit Monaten clean sei. Auch habe sie den Angeklagten zum Vorstellungsgespräch bei dem Tankstelleninhaber, den sie persönlich kenne, begleitet und ein gutes Wort für ihn eingelegt. Vor diesem Hintergrund ist mit hinreichender Wahrscheinlichkeit zu erwarten, dass der Angeklagte genügend sozial gefestigt ist, um keine weiteren Straftaten mehr zu begehen, zumal er zum ersten Mal zu einer Freiheitsstrafe verurteilt wird, sofern das Gericht meinem Antrag folgt. Ich beantrage daher die Aussetzung der Vollstreckung der Freiheitsstrafe zur Bewährung, und zwar für die Dauer von drei Jahren. Dem Angeklagten sollte darüber hinaus eine in angemessenen Raten an eine gemeinnützige Einrichtung zahlbare Geldauflage in Höhe von 1200 Euro aufgegeben werden.

Schließlich hat sich der Angeklagte als ungeeignet zum Führen von Kraftfahrzeugen im Sinne der §§ 69, 69a StGB erwiesen. § 316 StGB ist eine Katalogtat nach § 69 Abs. 2 StGB, und es ist nichts ersichtlich, was die Regelwirkung entkräften könnte. Ihm ist daher gemäß § 69 StGB die Fahrerlaubnis zu entziehen, sein Führerschein ist einzuziehen und eine Sperrfrist, die ich auf 1 Jahr festzusetzen beantrage, ist zu verhängen.

Abschließend beantrage ich daher,

den Angeklagten zu einer Gesamtfreiheitsstrafe von fünf Monaten, deren Vollstreckung für drei Jahre zur Bewährung auszusetzen ist, zu verurteilen, ihm eine Bewährungsauflage in Form einer Zahlung von 1200 Euro zu erteilen. Außerdem beantrage ich, dem Angeklagten die Fahrerlaubnis zu entziehen, seinen Führerschein einzuziehen und der Verwaltungsbehörde für die Dauer eines Jahres zu untersagen, dem Angeklagten eine neue Fahrerlaubnis zu erteilen. Die Kosten des Verfahrens beantrage ich dem Angeklagten aufzuerlegen.

Vielen Dank!

Übung 11
Bilde die Urteilsformel

Sie sind als Strafrichter(in) in einer Strafsache gegen den 24jährigen Kevin H. nach der Beweisaufnahme von folgendem der Anklage entsprechenden Tathergang überzeugt und beabsichtigen, eine zehnmonatige Bewährungsstrafe sowie eine Maßregel nach §§ 69, 69a StGB zu verhängen:

Der Angeklagte Kevin H. brach nachts in Absprache mit seinem 19jährigen Kumpel Leon K. das Lenkerschloss eines in Fulda am Straßenrand geparkten Motorrollers im Wert von 1200 Euro auf und schloss die Zündung kurz. Leon K., der die Idee gehabt hatte, stand Schmiere und reichte das Werkzeug an. Beide wollten das Fahrzeug als gemeinsamen Besitz für sich behalten. Während der Aktion stieß Kevin H. aus Unachtsamkeit den Roller um, der auf den Fuß von Leon K. fiel und eine Fraktur des Mittelfußes verursachte. Es gelang ihnen aber, den Roller zu entwenden.

Am nächsten Morgen setzte sich Kevin H., der bis tief in die Nacht gezecht und Restalkohol von 1,2 Promille BAK hatte, aber nicht recht hierüber nachdachte, auf den Roller und verlor auf der Landstraße die Kontrolle über das Fahrzeug. Dieses wurde gegen einen Baum geschleudert und hat nur noch Schrottwert. Kevin H. wurde leicht verletzt. Der Baum ist nicht beschädigt.

Das Verfahren gegen Leon H. wird gesondert vor dem Jugendrichter verhandelt.

Die Staatsanwaltschaft hat wegen der Verletzung Leon K.s das besondere öffentliche Interesse an einer Strafverfolgung bejaht und die Sachbeschädigung am Lenkerschloss nach § 154a Abs. 1 StPO ausgeschieden.

Bitte formulieren Sie den Urteilstenor.

Lösung

Der Angeklagte wird wegen Diebstahls[1] in Tateinheit[2] mit fahrlässiger Körperverletzung und[3] wegen fahrlässiger[4] Trunkenheit im Verkehr zu einer Gesamtfreiheitsstrafe[5] von zehn Monaten verurteilt, deren Vollstreckung[6] zur Bewährung ausgesetzt wird.

Dem Angeklagten wird die Fahrerlaubnis entzogen. Sein Führerschein wird eingezogen. Die Verwaltungsbehörde darf ihm vor Ablauf *[z.B. eines Jahres]* keine neue Fahrerlaubnis erteilen[7].

Der Angeklagte hat die Kosten des Verfahrens[8] zu tragen.

Leseempfehlung: BGH 4 StR 447/85 = NJW 1986, 1116-1117

[1] Nach der „reinen Lehre" des BGH ist der besonders schwere Fall des Diebstahls nicht mit zu tenorieren, da nur Zumessungsregel. Die Praxis macht es allerdings zum Teil noch anders. Entsprechendes gilt für die Begehungsform „gemeinschaftlich".

[2] Wahlweise auch: „tateinheitlich".

[3] Wahlweise auch: „sowie".

[4] Denken Sie daran, bei Delikten, die in unterschiedlichen Schuldformen begangen werden können (Vorsatz, Leichtfertigkeit, Fahrlässigkeit), die Schuldform kenntlich zu machen.

[5] Dass es sich um eine *Gesamt*strafe handelt, ist auszusprechen. Nicht jedoch die Einzelstrafen.

[6] Beachten Sie, dass *die Vollstreckung* ausgesetzt wird, nicht die Strafe. Wenn es keine Aussetzung zur Bewährung gibt, ist hierzu nichts zu tenorieren! Auch Bewährungszeit sowie Auflagen und Weisungen kommen nicht in den Urteilstenor, sondern in einen gesonderten Beschluss nach § 268a StPO.

[7] Tenorieren Sie bei der häufig vorkommenden Maßregel nach §§ 69, 69a StGB stets sauber den dreiteiligen Rechtsfolgenausspruch und achten Sie auf die richtige Terminologie: *Ent*ziehung der Fahrerlaubnis, *Ein*ziehung des Führerscheins, Sperrfrist.

[8] In der Praxis wird häufig noch zusätzlich tenoriert „...und seine notwendigen Auslagen...". Das ist aber überflüssig (solange kein Teilfreispruch bzw. keine Teileinstellung erfolgt), denn seine notwendigen Auslagen, insbesondere das Wahlverteidigerhonorar, trägt der Angeklagte so oder so.

Übung 12
Gesamtstrafenbildung

Sie sind Strafrichter(in) am Amtsgericht Y-Stadt.

Ihr Angeklagter hat sich jeweils wegen mehrerer tatmehrheitlich begangener Straftaten schuldig gemacht. Sie müssen daher gemäß §§ 53, 54 StGB eine Gesamtstrafe bilden.

Von der (nur bei einer geringen Zahl zusammenfassender Strafen anwendbaren) Faustregel:

„Man nehme die höchste der verwirkten Einzelstrafe (‚Einsatzstrafe'), lasse sie bestehen und addiere von jeder weiteren Strafe die Hälfte dazu"

haben Sie wahrscheinlich schon gehört. Sie ist auch in der Regel sinnvoll. Vergessen Sie sie aber für den Augenblick. Wir wollen am Gesetz arbeiten und für jeden Fall die Spanne ausrechnen, in der sich Ihre Gesamtstrafe zulässigerweise bewegen darf. Lebenslange Freiheitsstrafen lassen wir dabei einmal außer Betracht.

Für die Untergrenze Ihrer Gesamtstrafe ist das Wort „Erhöhung" in § 54 Abs. 1 S. 2 StGB sehr wichtig. Die Einsatzstrafe muss also zwingend erhöht werden, und zwar mindestens um den kleinsten zulässigen Schritt. Um diesen bestimmen zu können, benötigen Sie §§ 39, 40 Abs. 1 StGB.

Die zulässige Obergrenze ergibt sich aus § 54 Abs. 2 S. 1 StGB: Die schlichte Addition der Einzelstrafen bis zur vollen Summe ist verboten. Um diese Grenze zu errechnen, müssen Sie also zunächst alle Einzelstrafen aufaddieren und dann wieder mindestens um den kleinsten zulässigen Schritt zurückgehen. So ermitteln Sie die Spanne, innerhalb derer Ihre Gesamtstrafe liegen darf.

Beachten Sie auch die Regel des § 53 Abs. 2 StGB für das Zusammentreffen von Freiheits- und Geldstrafe: Grundsätzlich ist dann die Geldstrafe in eine Freiheitsstrafe umzuwandeln (1 Monat entspricht dabei 30 Tagessätzen, § 54 Abs. 3 StGB). Ausnahmsweise darf man aber bei dieser Konstellation (und ausschließlich bei dieser!) alternativ von der Gesamtstrafenbildung absehen, § 53 Abs. 2 S. 2 StGB.

Wenn Sie das Prinzip verstanden haben, geht es jetzt an die Arbeit. Bitte berechnen Sie Unter- und Obergrenze.

1. Tat 1: 80 Tagessätze, Tat 2: 30 Tagessätze.
2. Tat 1: Freiheitsstrafe 6 Monate, Tat 2: Freiheitsstrafe 4 Monate.
3. Tat 1: Freiheitsstrafe 6 Monate, Tat 2: Geldstrafe 120 Tagessätze.
4. Tat 1: Freiheitsstrafe 1 Jahr, Tat 2: Freiheitsstrafe 6 Monate.
5. Tat 1: Freiheitsstrafe 1 Jahr, Tat 2: Freiheitsstrafe 2 Monate.
6. Tat 1: Freiheitsstrafe 1 Jahr, Tat 2: Geldstrafe 30 Tagessätze.
7. Tat 1: Freiheitsstrafe 8 Monate, Tat 2: Verwarnung mit Strafvorbehalt (§ 59 StGB) mit Vorbehaltsstrafe 120 Tagessätze.
8. Tat 1: Freiheitsstrafe 6 Monate, Tat 2: Geldstrafe 240 Tagessätze.
9. Tat 1: Geldstrafe 60 Tagessätze, Tat 2: Geldstrafe 40 Tagessätze, Tat 3: Geldstrafe 30 Tagessätze.
10. Tat 1: Freiheitsstrafe 8 Monate, Tat 2: Freiheitsstrafe 6 Monate, Tat 3: Freiheitsstrafe 6 Monate, Taten 4 bis 27: jeweils Geldstrafen 15 Tagessätze.

Lösungen

1. Mindestens 81 Tagessätze, höchstens 109 Tagessätze (nach Praxis-Faustregel 95 Tagessätze).
   Hinweis: § 40 Abs. 1 StGB besagt nur, dass die verhängte *Mindeststrafe* einer Geldstrafe 5 Tagessätze betragen muss – oberhalb dieser Grenze darf mit einzelnen Tagessätzen gerechnet werden.
2. Mindestens 6 Monate 1 Woche, höchstens 9 Monate 3 Wochen (nach Praxis-Faustregel 8 Monate).
3. wie 2.; alternativ Absehen von Gesamtstrafenbildung gemäß § 53 Abs. 2 S. 2 StGB.
4. Mindestens 1 Jahr 1 Monat (§ 39 Hs. 2 StGB!), höchstens 1 Jahr 5 Monate (nach Praxis-Faustregel 1 Jahr 3 Monate).
5. 1 Jahr 1 Monat: Hier geht nichts anderes! Jeder andere Wert würde entweder die Voraussetzung der Erhöhung nicht erfüllen oder die Summe erreichen.
6. Als Gesamtstrafenbildung eigentlich wegen Kollision mit § 39 Hs. 2 StGB unlösbar – die Rechtsprechung würde aber hier unter Verstoß gegen diese Norm 1 Jahr 1 Woche bis 1 Jahr 3 Wochen zulassen. Nähere Erläuterung folgt in Übung 13. Alternative und rechtlich saubere Lösung: § 53 Abs. 2 S. 2 StGB.
7. Die (seltene) Verwarnung mit Strafvorbehalt steht bei der Gesamtstrafenbildung mit einer „echten" Strafe einer Geldstrafe gleich, § 59c Abs. 1 StGB. Also: Mindestens 8 Monate 1 Woche, höchstens 11 Monate 3 Wochen (nach Praxis-Faustregel 10 Monate).
8. Mindestens 6 Monate 1 Woche, höchstens 1 Jahr 1 Monat.
   Vorsicht Falle: Die 240 Tagessätze sind zwar die höhere Strafe, aber nicht die schwerere. Die Freiheitsstrafe ist gegenüber der Geldstrafe immer die härtere Strafart – also sind hier die 6 Monate die Einsatzstrafe, nicht die sich aus der Umrechnung der 240 Tagessätzen ergebenden 8 Monate; vgl. § 54 Abs. 1 S. 2, 2. Hs. StGB (nach Praxis-Faustregel 10 Monate).
9. Mindestens 61 Tagessätze, höchstens 129 Tagessätze. Sie sehen: Die Einsatzstrafe muss nur überhaupt erhöht werden und nicht etwa für jede weitere Einzelstrafe nochmals (nach Praxis-Faustregel 95 Tagessätze).
10. Mindestens 8 Monate 1 Woche, höchstens 2 Jahre 7 Monate (24 x 15 Tagessätze entsprechen 1 Jahr).
    Die Praxis-Faustregel funktioniert bei einer solchen Vielzahl von Taten nicht mehr; man käme zu unangemessen hohen Gesamtstrafen.

Übung 13
Nachträgliche Gesamtstrafenbildung

Verfahrenssituation: Sie sind Vorsitzende(r) eines Schöffengerichts am Amtsgericht N-Stadt und sind am 11.01.2023 aufgrund einer Hauptverhandlung gegen den Angeklagten gemeinsam mit den Schöffen zu der Überzeugung gelangt, der Angeklagte sei eines Diebstahls schuldig. Tatzeit war der 20.11.2022. Es liegen jedoch noch weitere rechtskräftige und unerledigte Strafen (also weder vollständig vollstreckt noch erlassen) vor.

Aufgabe:

- Sind die Strafen aus jenen Verurteilungen nach § 55 StGB gesamtstrafenfähig?
- Wenn ja: Wie könnte Ihre Entscheidung aussehen? Bilden Sie hierzu den Rahmen der neuen Strafe (Ober- und Untergrenze). Können Sie Bewährung geben?
- Zusatzaufgabe (optional): Bitte formulieren Sie jeweils den Tenor (ohne Kostenentscheidung).

Fall 1 (mit drei Abwandlungen b-d):

a) Es liegt ein rechtskräftiges und nicht vollstrecktes Urteil des Landgerichts A-Stadt vom 15.12.2022 vor. Die Tatzeit war der 05.06.2022, verhängt wurde eine Einzelstrafe von 2 Jahren mit Bewährung. Sie wollen eine Freiheitsstrafe von 4 Monaten mit Bewährung verhängen.
b) Wie a), Sie wollen jedoch eine Geldstrafe von 120 Tagessätzen je 10 Euro verhängen.
c) Wie a), Sie wollen aber eine Freiheitsstrafe von 1 Monat mit Bewährung verhängen.
d) Wie a), das Urteil des Landgerichts A-Stadt hat jedoch nicht auf eine *Einzel*strafe von 2 Jahren erkannt, sondern auf eine *Gesamt*freiheitsstrafe von 2 Jahren, bestehend aus Einzelstrafen von einem Jahr und 6 Monaten (Tatzeit 05.06.2022) und einem Jahr (Tatzeit 13.07.2022).

Zusatzfrage: Vielleicht kommt Ihnen das eine oder andere Ergebnis zu dieser Aufgabe merkwürdig vor. Wie würde die Praxis das Dilemma lösen? Denken Sie nicht nur innerhalb des StGB!

Fall 2 (mit zwei Abwandlungen b-c):

a) Es liegt ein rechtskräftiger Strafbefehl des Amtsgerichts C-Stadt vom 17.07.2021 vor. Tatzeit war der 22.04.2021. Der Angeklagte wurde zu einer Geldstrafe von 30 Tagessätzen je 30 Euro verurteilt. Des Weiteren ein rechtskräftiges Urteil des Amtsgerichts D-Stadt vom 30.09.2022, Tatzeit 27.12.2020, 8 Monate mit Bewährung.
b) Wie a), jedoch im Urteil des Amtsgerichts D-Stadt Tatzeit 01.05.2022.
c) Wie a), jedoch im Urteil des Amtsgerichts N-Stadt (Ihr eigenes Verfahren) Tatzeit 03.03.2021.

Fall 3:

Es liegt ein rechtskräftiges Urteil des Amtsgerichts E-Feld vom 23.11.2022 vor, mit dem zwei tatmehrheitlich begangene Taten abgeurteilt wurden. Es wurden Einzelstrafen von 100 Tagessätzen (Tatzeit 19.10.2018) und 40 Tagessätzen (Tatzeit 13.05.2022) verhängt, aus denen eine Gesamtgeldstrafe von 120 Tagessätzen je 10 Euro gebildet wurde. Des Weiteren liegt ein rechtskräftiger Strafbefehl des Amtsgerichts F-Stadt vom 01.06.2020 (Tatzeit 13.01.2020) vor, durch den eine Geldstrafe von 20 Tagessätzen je 10 Euro verhängt wurde.

Tipp: Falls Sie nicht weiterkommen, zeichnen Sie sich einen Zeitstrahl auf und tragen die Tat- und Urteilszeitpunkte chronologisch ein. Dann können Sie leicht erkennen, ob eine Gesamtstrafenkonstellation (Tat-Tat-Urteil-Urteil) vorliegt.

Lösungen

Fall 1

Für alle Fallvarianten gilt folgende chronologische Abfolge:

Wir haben es also hier mit einem Fall des § 55 StGB zu tun. Nehmen Sie das Gesetz zur Hand und versuchen Sie, zu subsumieren. Zugegeben, der Wortlaut der Norm ist ein wenig sperrig. Anschaulicher kann man es sich vor Augen führen, wenn man fragt, ob bei der ersten von mehreren Verurteilungen die übrigen Taten – rein von der zeitlichen Abfolge her gesehen – hätten mit abgeurteilt werden können. Das ist hier der Fall: Das Urteil des Landgerichts A-Stadt (U1) ist am 15.12.2022 ergangen. Die beiden Taten wurden am 05.06.2022 und am 20.11.2022 begangen. Folglich hätte das Landgericht A-Stadt (theoretisch) beide Taten aburteilen können, und Ihr Verfahren wäre gar nicht entstanden.

Sie sehen: § 55 StGB trägt einem Gerechtigkeitsgedanken Rechnung. Der Angeklagte soll nicht durch den Zufall, dass mehrere Taten in unterschiedlichen Hauptverhandlungen abgeurteilt werden, um den Vorteil der Gesamtstrafenbildung nach §§ 53, 54 StGB gebracht werden.

Nun zu den einzelnen Fallvarianten:

a) Die Einsatzstrafe (so nennt man die schwerste bzw. die höchste der zusammenzuführenden Einzelstrafen) beträgt hier zwei Jahre und ist gemäß § 54 Abs. 1 S. 2 StGB zu erhöhen, und zwar mindestens um den kleinsten zulässigen Schritt. Der beträgt bei längeren Freiheitsstrafen gemäß § 39 Hs. 2 StGB einen Monat. Damit haben Sie die untere Grenze Ihrer neu zu bildenden Gesamtstrafe errechnet: zwei Jahre und einen Monat. Die Obergrenze wird durch § 54 Abs. 2 S. 1 StGB definiert – die Gesamtstrafe darf die Summe der Einzelstrafen nicht erreichen. Die Summe würde zwei Jahre und vier Monate betragen. Sie müssen also mindestens den kleinsten zulässigen Schritt (wiederum einen Monat) darunter bleiben, dürfen also höchstens eine Gesamtstrafe von zwei Jahren und drei Monaten verhängen. Ihre Spanne liegt daher zwischen zwei Jahren und einem Monat und zwei Jahren und drei Monaten. In der Praxis würde man in der Regel zwei Jahre und zwei Monate verhängen.
Sofern Sie an diesem (zwingend richtigen!) Ergebnis etwas stört, spricht dies für Ihr gutes Judiz. Wir kommen darauf zurück.

b) Wenn Geldstrafe auf Freiheitsstrafe trifft, ist sie gemäß § 54 Abs. 3 StGB bei der Gesamtstrafenbildung im Maßstab 30 Tagessätze = 1 Monat in Freiheitsstrafe umzurechnen. Die 120 Tagessätze entsprechen also vier Monaten. Also dieselbe Lösung wie in der Variante a)? Grundsätzlich ja! Allerdings gibt es für den Fall, dass Geldstrafe auf Freiheitsstrafe trifft, die Ausnahmeregelung in § 53 Abs. 2 S. 2 StGB: Das Gericht *kann* hier die Geldstrafe gesondert neben der Freiheitsstrafe bestehen lassen, also von der Anwendung des § 55 StGB absehen. Die Lösungsmöglichkeiten lauten daher: Entweder wie zu a), oder die Strafen bleiben als Einzelstrafen nebeneinander stehen.

c) Diese Variante sollte Sie ernstlich ins Grübeln gebracht haben, denn sie ist eigentlich nicht lösbar, ohne gegen das Gesetz zu verstoßen. Haben Sie den Konflikt wiedererkannt? Es gab ihn schon in *Übung 12*. Sie müssen die Einsatzstrafe von zwei Jahren erhöhen, und zwar, wie oben gesehen, gemäß § 39 Hs. 2 StGB um mindestens einen Monat. Damit hätten Sie aber schon die Summe der Einzelstrafen erreicht, was Ihnen wiederum § 54 Abs. 2 S. 1 StGB verbietet. § 53 Abs. 2 S. 2 StGB ist hier auch kein Ausweg, denn diese Norm ist ja nur anwendbar, wenn Freiheitsstrafe auf Geldstrafe trifft; in allen anderen Fällen ist die Gesamtstrafenbildung zwingend vorzunehmen. Sie kommen also aus der Nummer nicht heraus, ohne entweder die Regeln der Gesamtstrafenbildung (§§ 53-55 StGB) zu verletzen oder entgegen § 39 Hs. 2 StGB die Freiheitsstrafe in Wochen zu stückeln. Der BGH löst den Konflikt, indem er einen Verstoß gegen die weniger gewichtige Norm, nämlich § 39 StGB, der eher auf bloße Praktikabilität abzielt, zulässt. Daher würde Ihr Rahmen für die neue Gesamtstrafe – entgegen der Vorschrift des § 39 Hs. 2 StGB – lauten: zwischen zwei Jahren und einer Woche und zwei Jahren und drei Wochen.

d) Gibt es überhaupt einen Unterschied zur Variante a)? Wenn Sie den Rahmen für die Gesamtstrafe präzise errechnet haben, kennen Sie die Antwort: Ja! Gesamtstrafen lassen sich nämlich niemals aus anderen Gesamtstrafen bilden, sondern immer nur aus Einzelstrafen. Das heißt: Sie müssen, bildlich gesprochen, die Hülle des Gesamtstrafenpakets des Landgerichts A-Stadt (2 Jahre) aufschnüren und wegwerfen, so dass Sie es nur noch mit dem Inhalt, den beiden Einzelstrafen, zu tun haben. An dieser Stelle erkennen Sie, nebenbei bemerkt, wie sehr die nachträgliche Gesamtstrafenbildung in die Rechtskraft früherer Urteile eingreift. Nun haben Sie es mit einer ganz neuen Einzelstrafensituation zu tun: Ihre Einsatzstrafe beträgt nunmehr eben nicht 2 Jahre, sondern 1 Jahr und 6 Monate; hinzu kommen 1 Jahr (die zweite Einzelstrafe aus dem alten Urteil) sowie Ihre 4 Monate. Errechnen wir nun anhand der §§ 39, 54 StGB den Rahmen der neu zu bildenden Gesamtstrafe: 1 Jahr und 6 Monate müssen um mindestens 1 Monat erhöht werden, dürfen aber die Summe von 2 Jahren und 10 Monaten nicht erreichen: Daraus resultiert eine Spanne zwischen 1 Jahr und 7 Monaten und 2 Jahren und 9 Monaten. Wir stellen erstaunt fest, dass wir unter Einbeziehung unserer 4 Monate (rechnerisch) sogar *unter* der Strafe des Landgerichts A-Stadt bleiben dürften. Ob das unter anderen Gesichtspunkten rechtlich in Ordnung wäre, lassen wir einmal dahinstehen – möglich (und auch schon praktiziert) wäre es aber jedenfalls, die „alte" Strafe trotz Einbeziehung einer weiteren Strafe unverändert zu lassen.

Zur Zusatzfrage: Ihnen ist sicherlich aufgefallen, dass die eigentlich für den Angeklagten vorteilhafte nachträgliche Gesamtstrafenbildung für unseren Beispielsangeklagten jedenfalls in den Varianten a) und c) ausnahmsweise einen massiven Nachteil mit sich bringt, nämlich – infolge des zwingenden Überschreitens der Zweijahresgrenze des § 56 Abs. 2 StGB – den Wegfall der Aussetzung zur Bewährung. Und dies, obwohl beide Gerichte dem Angeklagten eine positive Prognose bescheinigt haben und ihm eigentlich die Strafhaft ersparen wollten. In der Praxis gäbe es nur zwei Möglichkeiten, dieses Ziel zu erreichen: Entweder eine Aussetzung der Vollstreckung der Strafe im Gnadenwege durch das Justizministerium oder – und das wäre sicherlich für den Praktiker die nächstliegende Lösung – über den prozessualen Weg, nämlich die Einstellung Ihres Verfahrens nach § 154 Abs. 2 StPO, was natürlich einen entsprechenden Antrag der Staatsanwaltschaft voraussetzt.

Fall 2

Variante a):

T1	T2	U2	U1	T3	U3
27.12.20	22.04.21	17.07.21	30.09.22	20.11.22	11.01.23

Hier sehen Sie die Gesamtstrafenkonstellation Tat-Tat-Urteil-Urteil nur bei den ersten beiden Urteilen. Dass es sich bei der Verurteilung durch das Amtsgericht C-Stadt um einen Strafbefehl handelt, spielt dabei keine Rolle; hier zählt das Datum des Erlasses. Mit diesem Strafbefehl hätten also die beiden ersten Taten T1 und T2 abgeurteilt werden können. Weder in U1 noch in U2 hätte aber „Ihre" Tat T3 abgeurteilt werden können, die ja noch gar nicht begangen war, also besteht insoweit keine Gesamtstrafenfähigkeit. Das heißt für Sie: Ihr Urteil U3 bezieht sich allein auf T3; die nachträgliche Gesamtstrafe für T1 und T2 ist durch die Amtsgerichte C-Stadt und D-Stadt im Beschlussverfahren nach § 460 StPO vorzunehmen; die konkrete Zuständigkeit ist in § 462a Abs. 3 StPO geregelt.

Variante b):

T1	U1	| T2	U2	| T3	U3
22.04.21	17.07.21	01.05.22	30.09.22	20.11.22	11.01.23

Keines der Gerichte hätte eine andere Tat mit aburteilen können – wir haben es durchweg mit der Konstellation Tat-Urteil-Tat-Urteil zu tun. Also keine Gesamtstrafenbildung.

Variante c):

T1	T2	T3	| U3	U1	U2
27.12.20	03.03.21	22.04.21	17.07.21	30.09.22	11.01.23

Im Rahmen der Verurteilung U3 vom 17.07.2021 hätten alle drei Taten abgeurteilt werden können: Alle drei Strafen sind somit gesamtstrafenfähig. Die Untergrenze der Gesamtstrafe liegt bei 8 Monaten 1 Woche, die Obergrenze bei 1 Jahr.

Fall 3

T1a	T2	U2	| T1b	T3	| U1	U3
19.10.18	13.01.20	01.06.20	13.05.22	20.11.22	23.11.22	11.01.23

Hier wird es ein wenig komplizierter, weil das Amtsgericht E-Feld auf eine *Gesamt*strafe wegen zweier tatmehrheitlich begangener Taten erkannt hat, und, wie Sie wissen, dürfen

Gesamtstrafen nur aus Einzelstrafen gebildet werden. Sofern die Voraussetzungen einer nachträglichen Gesamtstrafenbildung vorliegen, müssen Sie daher die alte Gesamtstrafe auflösen und die dort enthaltenen Einzelstrafen (hier als 1a und 1b bezeichnet) einzeln betrachten. Damit ergibt sich das obige Bild: T1a und T2 hätten bereits durch U2 abgeurteilt werden können. U2 hätte aber natürlich nicht über die in der Zukunft liegenden Taten T1b und T3 entscheiden können. Die Gesamtstrafenfähigkeit erstreckt sich also insoweit nur auf T1a und T2. Nun hätte das Amtsgericht F-Stadt mit U1 am 23.11.2022 aber die Taten T1b und T3 aburteilen können. Auch diese beiden Taten sind daher gesamtstrafenfähig, jedoch nicht alle vier Taten untereinander. Folglich müssen zwei gesonderte Gesamtstrafen gebildet werden – einmal für T1a und T2 und einmal für T1b und T3. Die Untergrenze der letztgenannten Gesamtstrafe liegt bei 4 Monaten 1 Woche, deren Obergrenze bei 5 Monaten 1 Woche.

Zu der Bezeichnung und Nummerierung der Taten und Urteile beim Auftragen auf den Zeitstrahl sei noch angemerkt, dass die hier gewählte Art – Bezeichnung der ersten Tat als T1 und des korresponierten Urteils als U1 usw. – nicht zwingend ist.

Man könnte auch die Nummerierung anhand der Urteile vornehmen, also das zeitlich erste Urteil als U1 bezeichnen und die korrespondierende Tat als T1, auch wenn zeitlich davor noch eine andere Tat liegt (deren Aburteilung aber später erfolgt). Wenn im ersten Urteil U1 drei Taten abgeurteilt worden wären, würde man diese dann T1a, T1b und T1c bezeichnen.

Welches „System" Sie nutzen, ist dabei ohne Belang. Wichtig ist nur, dass man sich die beiden unterschiedlichen Arten der Bezeichnung klar macht und sich nicht verwirren lässt.

Urteilsformeln (ohne Kostentenor)

Fall 1

a) *Der Angeklagte wird wegen Diebstahls unter Einbeziehung der Strafe aus dem Urteil des Landgerichts A-Stadt vom … (Az. …) zu einer Gesamtfreiheitsstrafe von … verurteilt.*

b) Wie a); alternativ § 53 Abs. 2 S. 2 StGB:
Der Angeklagte wird wegen Diebstahls zu einer Freiheitsstrafe von vier Monaten verurteilt, deren Vollstreckung zur Bewährung ausgesetzt wird.
(Hier muss in den Gründen ausgeführt werden, dass und warum von einer Einbeziehung der Strafe aus dem Urteil des Landgerichts A-Stadt abgesehen wird.)

c) wie a)

d) *Der Angeklagte wird wegen Diebstahls unter Einbeziehung der Strafen aus dem Urteil des Landgerichts A-Stadt vom … (Az. …) und unter Auflösung der darin gebildeten Gesamtstrafe zu einer Gesamtfreiheitsstrafe von … verurteilt.* – Nunmehr sind 2 Jahre mit Bewährung möglich: … *Die Vollstreckung der Strafe wird zur Bewährung ausgesetzt.*

Fall 2

a) *Der Angeklagte wird wegen Diebstahls zu einer Freiheitsstrafe von vier Monaten verurteilt, deren Vollstreckung zur Bewährung ausgesetzt wird.*
(Keine Gesamtstrafenfähigkeit der eigenen Sache, nachträgliche Gesamtstrafenbildung bezüglich der beiden anderen Verurteilungen im Beschlussweg gem. § 460 StPO durch das Amtsgericht D-Stadt.)

b) Wie a (überhaupt keine Gesamtstrafenfähigkeit)

c) *Der Angeklagte wird wegen Diebstahls unter Einbeziehung der Strafe aus dem Urteil des Amtsgerichts D-Stadt vom ... (Az. ...) und der Strafe aus dem Strafbefehl des Amtsgerichts C-Stadt vom ... (Az....) zu einer Gesamtfreiheitsstrafe von ... verurteilt, deren Vollstreckung zur Bewährung ausgesetzt wird.*

Fall 3

Der Angeklagte wird wegen Diebstahls unter Einbeziehung der Geldstrafe von 40 Tagessätzen aus dem Urteil des Amtsgerichts E-Feld vom ..., Az. ..., und Auflösung der dort gebildeten Gesamtstrafe zu einer Gesamtfreiheitsstrafe von ... verurteilt, deren Vollstreckung zur Bewährung ausgesetzt wird.

Die Höhe der einbezogenen Strafe ist normalerweise nicht zu tenorieren. Hier ist es ausnahmsweise erforderlich, da sonst nicht deutlich wird, welche von den beiden Einzelstrafen des früheren Urteils wo einbezogen wurde.

Die beiden anderen nach Auflösung der Gesamtfreiheitsstrafe verbleibenden Einzelstrafen sind untereinander ebenfalls gesamtstrafenfähig. Hierfür sind aber nicht Sie zuständig, da Ihr Urteil keine dieser beiden Strafen berührt, sondern das Amtsgericht E-Feld im Beschlussverfahren nach § 460 StPO.

Übung 14
Fehlerhaftes Urteil

Finden Sie die Fehler in den Formalien und im Tenor!

1 KLs 24 Js 50/23

Landesgericht Frankfurt am Main

Im Namen des Volkes

Urteil

In der Strafsache gegen

1. den kaufmännischen Angestellten **Marvin Kühn**, geb. am 08.12.1990 in Frankfurt am Main, wohnhaft Florastraße 22, 60487 Frankfurt am Main, ledig, Deutscher, Verteidigerin: Rechtsanwältin Silke Burstein, Heinestraße 21, 60313 Frankfurt,
2. den Versicherungsmakler **Leon Grau**, geb. am 22.11.1991 in Offenbach, wohnhaft Starkenburgring 21a, 63128 Dietzenbach, ledig, Deutscher, Verteidiger: Rechtsanwalt Erik Spelterwasser, Radestraße 9, 60313 Frankfurt,

wegen des Verdachts des Diebstahls u.a.

hat das Landgericht Frankfurt am Main

in der Hauptverhandlung vom 01.07.2023,

an der teilgenommen haben:

Richter am Landgericht von Ausfern als Vorsitzender,

Richterin am Landgericht Dr. Horowitz als beisitzende Richterin,

Gewerkschaftssekretär Hannes Dingel als Schöffe,

Pensionärin Heidrun Knacker als Schöffin,

Justizhauptsekretärin Appel als Protokollführerin,

die Angeklagten,

für Recht erkannt:

Der Angeklagte zu 1.) wird wegen eines Vergehens des schweren Diebstahls rechtlich zusammentreffend mit einem Vergehen der Sachbeschädigung in Tatmehrheit mit einem Vergehen des Fahrens ohne Führerschein zu einer Freiheitsstrafe von zwanzig Monaten verurteilt, die aus Einzelstrafen von neunzehn Monaten und 60 Tagessätzen gebildet wurde. Die Strafe wird zur Bewährung ausgesetzt. Der Angeklagte hat die Kosten des Verfahrens zu tragen.

Der Angeklagte zu 2.) wird aus Mangel an Beweisen freigesprochen. Die Kosten des Verfahrens werden der Staatskasse auferlegt.

Angewendete Vorschriften: …

Entscheidungsgründe:

…

v. Ausfern	Horowitz	Dingel	Knacker
von Ausfern	Horowitz	Dingel	Knacker

Lösung

1 KLs 24 Js 50/23

Landesgericht[1] Frankfurt am Main

Im Namen des Volkes

Urteil

In der Strafsache gegen

1. den kaufmännischen Angestellten **Marvin Kühn**, geb. am 08.12.1990 in Frankfurt am Main, wohnhaft Florastraße 22, 60487 Frankfurt am Main, ledig, Deutscher, Verteidigerin: Rechtsanwältin Silke Burstein, Heinestraße 21, 60313 Frankfurt,[2]
2. den Versicherungsmakler **Leon Grau**, geb. am 22.11.1991 in Offenbach, wohnhaft Starkenburgring 21a, 63128 Dietzenbach, ledig, Deutscher, Verteidiger: Rechtsanwalt Erik Spelterwasser, Radestraße 9, 60313 Frankfurt,

wegen des Verdachts[3] des Diebstahls u.a.

hat das Landgericht[4] Frankfurt am Main

in der Hauptverhandlung[5] vom 01.07.2023,

an der teilgenommen haben:

Richter am Landgericht[6] von Ausfern als Vorsitzender,
Richterin am Landgericht Dr. Horowitz als beisitzende Richterin,
Gewerkschaftssekretär Hannes Dingel als Schöffe,
Pensionärin Heidrun Knacker als Schöffin,

Justizhauptsekretärin Appel als Protokollführerin[7],

die Angeklagten[8],

für Recht erkannt:

Der Angeklagte zu 1.)[9] wird wegen eines Vergehens[10] des schweren Diebstahls[11] rechtlich zusammentreffend[12] mit einem Vergehen der Sachbeschädigung in Tatmehrheit mit einem Vergehen des Fahrens ohne Führerschein[13] zu einer Freiheitsstrafe[14] von zwanzig Monaten[15] verurteilt, die aus Einzelstrafen von neunzehn Monaten und 60 Tagessätzen[16] gebildet wurde. Die Strafe[17] wird zur Bewährung ausgesetzt. Der Angeklagte hat die Kosten des Verfahrens zu tragen[18].

Der Angeklagte zu 2.) wird aus Mangel an Beweisen[19] freigesprochen. Die Kosten des Verfahrens[20] werden der Staatskasse auferlegt.

Angewendete Vorschriften: …

Entscheidungsgründe:[21]

…

v. Ausfern	Horowitz	Dingel[22]	Knacker
von Ausfern	Horowitz	Dingel	Knacker

[1] Es heißt *Land*gericht, nicht Landesgericht.

[2] Die Verteidiger gehören – anders als bei der Anklageschrift – nicht hierher, sondern nur in die Teilnehmerliste.

[3] Im Zeitpunkt der Urteilsfindung geht es nicht mehr um einen Verdacht. Also nur: „wegen Diebstahls u.a."

[4] Hier fehlt der Spruchkörper, also „Landgericht – 2. Große Strafkammer – Frankfurt am Main".

[5] Auch gebräuchlich: „in der Sitzung".

[6] Das ist kein Fehler. Zwar tragen Kammervorsitzende planmäßig die Dienstbezeichnung „Vorsitzender Richter am Landgericht", aber z.B. in Vertretungsfällen führen durchaus auch *Richter am Landgericht* den Vorsitz.

[7] Die korrekte Bezeichnung lautet „Urkundsbeamtin der Geschäftsstelle".

[8] Die Angeklagten sind hier nicht zu nennen. Dagegen fehlt der Staatsanwalt (etwa „Staatsanwalt Meier als Beamter der Staatsanwaltschaft"), und zwar nach der Benennung der Berufsrichter und Schöffen. Überdies fehlen die Verteidiger (siehe oben).

[9] Anders als im Zivilrechtsstreit besteht kein Anlass, die Namen der Beteiligten durch Zahlen zu ersetzen. Das ist nur eine Fehlerquelle, die die Gefahr von Verwechslungen in den Gründen eröffnet. Also: „Der Angeklagte Kühn ...".

[10] Die Deliktskategorien „Vergehen" oder „Verbrechen" gehören – wenn dies auch in Bayern noch verbreitet sein dürfte – nicht in den Tenor.

[11] Die korrekte Deliktsbezeichnung lautet „Diebstahl im besonders schweren Fall". Allerdings gehört auch die Bezeichnung als „besonders schwerer Fall" nicht in den Tenor, dort heißt es schlicht „Diebstahl".

[12] Auch diese Form der Darstellung der Konkurrenzen findet man mitunter in Bayern – der BGH bevorzugt die Bezeichnung „und" oder „sowie" für Tatmehrheit und „in Tateinheit mit ..." (wahlweise: „tateinheitlich mit ...") für Tateinheit.

[13] Hier wurden die Begriffe „Fahrerlaubnis" und „Führerschein" miteinander verwechselt. Zudem fehlt die Bezeichnung der Schuldform als „fahrlässig", wenn das Gericht diese Begehungsweise (vgl. § 21 Abs. 2 Nr. 1 StVG) verurteilen wollte. Sollte dagegen die vorsätzliche Begehungsweise (vgl. § 21 Abs. 1 Nr. 1 StVG) verurteilt werden, ist der Zusatz „vorsätzlich" nicht zwingend erforderlich, wenn auch in der Praxis zur Klarstellung weitgehend üblich.

[14] Hier ist zu tenorieren: „*Gesamt*freiheitsstrafe". Ein häufiger Fehler in Klausuren.

[15] Freiheitsstrafen sind nach Jahren und Monaten bzw. Monaten und Wochen zu bemessen, § 39 StGB. Hier also: „einem Jahr und acht Monaten".

[16] Die Einzelstrafen gehören nicht in den Tenor, sondern ausschließlich in die Urteilsgründe.

[17] Ausgesetzt wird die *Vollstreckung* der Strafe.

[18] Das ist soweit richtig. Die in der Praxis häufig anzutreffende Ergänzung „...und seine notwendigen Auslagen ..." ist im Fall einer Verurteilung überflüssig, denn diese muss er mit oder ohne diesen Ausspruch selbst tragen. Anders beim Freispruch, siehe unten!

Da es sich hier um zwei Angeklagte handelt, wäre aber noch zu ergänzen: „soweit sie ihn betreffen".

[19] Freisprüche „erster oder zweiter Klasse" gibt es schon lange nicht mehr. Der Tenor lautet schlicht „… wird freigesprochen".

[20] Hier müssen nun die notwendigen Auslagen ausdrücklich auch der Staatskasse auferlegt werden, da der Freigesprochene ja einen Titel auf Erstattung seiner Auslagen (insbesondere der Wahlverteidigerkosten) haben muss.

[21] Das ist zivilprozessuale Terminologie. Das Strafurteil hat einfach „*Gründe*".

[22] Das Urteil ist nur von den Berufsrichtern zu unterschreiben, § 275 Abs. 2 StPO.

Übung 15
Fakt oder Fake? – Urteil

Hier gilt es genau zu überlegen. Fakt, Fake oder vielleicht Halbwahrheit? Es kann auf jedes Wort ankommen. Ein Blick ins Gesetz erleichtert (oft) die Rechtsfindung!

1. Überzeugung i.S.d. § 261 StPO verlangt absolute, das Gegenteil denknotwendig ausschließende Gewissheit.
2. Das Gericht muss dem Angeklagten alles glauben, was es ihm nicht widerlegen kann.
3. „In dubio pro reo" greift, wenn das Gericht Zweifel haben müsste.
4. „In dubio pro reo" ist auf jedes Indiz anzuwenden, und nicht erst bei einer späteren Gesamtwürdigung, wenn Zweifel verbleiben.
5. Der Strafrichter darf drei Jahre Freiheitsstrafe gegen den Dieb verhängen, etwa wenn sich erst in der Hauptverhandlung herausstellt, dass das Diebesgut erheblich größer ist, der Angeklagte vorbestraft ist und er einen Schlagring dabei hatte (§ 244 Abs. 1 Nr. 1a StGB).
6. „Der Angeklagte wird wegen Trunkenheit im Verkehr sowie mittäterschaftlichen Diebstahls in einem besonders schweren Fall unter Einbeziehung des Urteils des Amtsgerichts Münster vom 13.08.2023, Az. 58 Ds 419 Js 15384/22, zu einer Freiheitsstrafe von 10 Monaten verurteilt. Die Strafe wird zur Bewährung ausgesetzt. Die Bewährungszeit wird auf drei Jahre festgesetzt. Der Angeklagte trägt die Kosten des Verfahrens und seine notwenigen Auslagen." Verurteilt wurde u.a. wegen § 316 Abs. 2 StGB.
7. „Die Fahrerlaubnis des Angeklagten wird eingezogen. Sein Führerschein wird entzogen."
8. G wird angeklagt, dem Haupttäter H bei dessen Brandstiftung (§ 306 StGB) durch Beschaffung von Benzin Beihilfe geleistet zu haben. In der Hauptverhandlung wird dem G zwar nachgewiesen, dass er von der beabsichtigten Brandstiftung durch H wusste, nicht aber, dass er hierfür Benzin besorgt oder sonst Beihilfe geleistet hätte. Deshalb ist er freizusprechen.

Lösungen

1. Nein. Überzeugung i.S.d. § 261 StPO verlangt keine absolute, das Gegenteil denknotwendig ausschließende Gewissheit.
   Es genügt vielmehr ein nach der Lebenserfahrung ausreichendes Maß an Sicherheit, das vernünftige und nicht bloß auf denktheoretische Möglichkeiten gegründete Zweifel nicht zulässt.
   Zweifel, welche sich als bloße Vermutungen ohne gesicherte Tatsachengrundlagen erweisen, sind theoretischer Natur in diesem Sinn. Was völlig abseits liegt, darf und muss außer Betracht bleiben.

2. Nein. Vielmehr gilt:
   An die Bewertung der Einlassung eines Angeklagten sind die gleichen Anforderungen zu stellen wie an die Beurteilung von Beweismitteln. Das Tatgericht hat sich seine Überzeugung von der Richtigkeit oder Unrichtigkeit der Einlassung des Angeklagten deshalb aufgrund einer Gesamtwürdigung des Ergebnisses der Beweisaufnahme zu bilden. Dabei sind entlastende Angaben des Angeklagten nicht schon deshalb als unwiderlegbar hinzunehmen, weil es für das Gegenteil keine unmittelbaren Beweise gibt. Es ist weder im Hinblick auf den Zweifelssatz noch sonst geboten, zugunsten des Angeklagten von Annahmen auszugehen, für deren Vorliegen das Beweisergebnis keine konkreten tatsächlichen Anhaltspunkte erbracht hat.

3. Nein. Vielmehr gilt:
   Der Zweifelsgrundsatz schreibt dem Gericht vor, wie es zu verfahren hat, wenn es sich über eine entscheidungserhebliche Tatsache keine Gewissheit verschaffen kann. Er sagt dagegen nichts über die Maßstäbe, nach denen der Richter eine Tatsache für gewiss halten darf.
   Also liegt eine Verletzung von „in dubio pro reo“ nur vor, wenn das Gericht verurteilt, obwohl es tatsächlich zweifelt. Nicht aber, wenn das Gericht eigentlich Zweifel haben müsste.

4. Nein. Vielmehr ist das Gegenteil richtig:
   Der Zweifelssatz ist nicht auf einzelne Beweiselemente bzw. Indizien, sondern erst bei der abschließenden Gewinnung der Überzeugung aufgrund der gesamten Beweissituation anzuwenden.

5. Ja, der Strafrichter darf eine Freiheitsstrafe von drei Jahren verhängen.
   Denn auch der Strafrichter hat die volle Strafgewalt des Amtsgerichts von vier Jahren Freiheitsstrafe, § 24 Abs. 2 GVG.
   Von der für die Zuständigkeit relevanten Straferwartung ist also die Strafgewalt in der Hauptverhandlung zu unterscheiden.

6. In diesem Tenor haben sich neun Fehler eingeschlichen:

   a) Das schwerste (tatmehrheitliche bzw. tateinheitliche) Delikt sollte an den Anfang gestellt werden. Also kommt der Diebstahl nach vorne vor die Trunkenheit im Verkehr.

   b) „Mittäterschaft“ gehört nicht in den Tenor.

   c) Der „besonders schwere Fall“ gehört nicht in den Tenor.

d) Bei der Trunkenheit im Verkehr fehlt die Schuldform „Fahrlässigkeit", also „fahrlässige" Trunkenheit im Verkehr.

e) Tatmehrheit führt zu einer „Gesamt"-Freiheitsstrafe.

f) Einbezogen wird nicht das Urteil, sondern die Strafe aus dem Urteil.

g) Bei „Die Strafe wird zur Bewährung ausgesetzt." fehlt am Anfang „Die Vollstreckung" der Strafe.

h) Die Festsetzung der Dauer der Bewährungszeit gehört nicht in den Tenor, sondern zusammen mit Auflagen und Weisungen in den Bewährungsbeschluss (der in der Klausur in aller Regel erlassen ist).

i) Dass der Angeklagte *bei Verurteilung* seine notwendigen Auslagen trägt, versteht sich von selbst und gehört nicht in den Tenor.

Richtig lautet der Tenor also: „Der Angeklagte wird wegen Diebstahls sowie fahrlässiger Trunkenheit im Verkehr unter Einbeziehung der Strafe aus dem Urteil des Amtsgerichts Münster vom 13.08.2023, Az. 58 Ds 419 Js 15384/22, zu einer Gesamtfreiheitsstrafe von 10 Monaten verurteilt. Die Vollstreckung der Strafe wird zur Bewährung ausgesetzt. Der Angeklagte trägt die Kosten des Verfahrens."

Ist in der Vorverurteilung auf eine Gesamtstrafe erkannt, so muss diese aufgelöst werden: „... unter Einbeziehung der Strafen aus dem Urteil des Amtsgerichts Münster vom 13.08.2023, Az. 58 Ds 419 Js 15384/22, und unter Auflösung der darin gebildeten Gesamtgeldstrafe zu einer Gesamtfreiheitsstrafe von 10 Monaten verurteilt."

7. Richtigerweise wird umgekehrt die Fahrerlaubnis, also das Recht, „entzogen" und der Führerschein, also der Gegenstand, „eingezogen".
Außerdem fehlt die Sperrfrist als dritte Stufe des „Dreistufenausspruchs".
Richtig lautet der Tenor: „Dem Angeklagten wird die Fahrerlaubnis entzogen. Sein Führerschein wird eingezogen. Die Verwaltungsbehörde wird angewiesen, vor Ablauf von 10 Monaten nach Rechtskraft keine neue Fahrerlaubnis zu erteilen."

8. Nein. Bei einem Freispruch würde das Gericht gegen seine Kognitionspflicht verstoßen, die sich auf die gesamte prozessuale Tat i.S.d. § 264 StPO bezieht. Das Gericht muss nämlich eine Verurteilung wegen Nichtanzeige einer geplanten Straftat nach § 138 Abs. 1 Nr. 8 StGB prüfen: § 138 StGB wird nicht dadurch ausgeschlossen, dass der Verdacht der Beteiligung an einer Katalogtat fortbesteht. In der angeklagten Beteiligung an einer Katalogtat des § 138 StGB ist zugleich – i.S. prozessualer Tatidentität – der Vorwurf enthalten, die beabsichtigte Begehung dieses Delikts nicht angezeigt zu haben. Bevor das Gericht G wegen § 138 StGB verurteilen kann, muss es jedoch gemäß § 265 Abs. 1 StPO einen rechtlichen Hinweis erteilen, der auch die Tatsachen benennen muss, auf die sich der neue Vorwurf stützt, um eine Überraschungsentscheidung zu verhindern und eine sachgerechte Verteidigung zu ermöglichen.

Übung 16
Finde die Fehler im Protokoll

Hinweis: In folgender Fotokopie eines Hauptverhandlungsprotokolls sind 13 Fehler entweder bei den Formalien der Protokollierung oder in Form von Verfahrensfehlern versteckt.

Protokoll über die öffentliche Hauptverhandlung vor

dem Landgericht – 2. Große Strafkammer – in Osnabrück vom …

2 KLs 21 Js 22203/xx

Dauer der Hauptverhandlung: 8:30 bis 13:00 Uhr

Gegenwärtig:

Vorsitzender Richter am Landgericht Schmitt,
Richterin am Landgericht Dr. Schneider,
Lehrerin Gundula Schmidt-Wessel als Schöffin,
Angestellter Gunther Arndt als Schöffe,
Staatsanwältin Dr. Siegel als Vertreterin der Staatsanwaltschaft,
Justizangestellte Wagner als Urkundsbeamtin der Geschäftsstelle.

In der Strafsache gegen Kühn, Marvin, … und Grau, Leon, … wegen schweren Raubes

Bei Aufruf der Sache erschienen:

die Angeklagten,

als Verteidiger RAe Winkelmann und Hellmann, Osnabrück;

als Zeugen:

Marius Haeberlein,

Joachim Metzger.

Die Zeugen wurden gemäß § 57 StPO belehrt.

Die Zeugen verließen den Sitzungssaal.

Zur Person vernommen, erklärte der Angeklagte Kühn: …

Zur Person vernommen, erklärte der Angeklagte Grau: …

Die Vertreterin der Staatsanwaltschaft verlas die Anklageschrift.

Es wurde festgestellt, dass durch Beschluss vom … die Anklage zugelassen und die Hauptverhandlung vor dem Landgericht – 2. Große Strafkammer – Osnabrück eröffnet wurde. Weiter wurde festgestellt, dass Erörterungen nach §§ 202a, 212 StPO nicht stattgefunden haben.

Die Angeklagten wurden darauf hingewiesen, dass es ihnen freistehe, sich zur Anklage zu äußern oder nicht zur Sache auszusagen.

Der Angeklagte Kühn erklärte: Ich bin zur Äußerung bereit.

Der Angeklagte Grau erklärte: Ich bin zur Äußerung bereit.

Der Angeklagte Kühn äußerte sich zur Sache.

Der Angeklagte Grau äußerte sich zur Sache.

Sodann wurde der Zeuge Marius Haeberlein in den Sitzungssaal gerufen und wie folgt vernommen:

Zur Person:

Ich heiße Marius Haeberlein, von Beruf Auszubildender, werde übermorgen 18 Jahre alt und wohne in Osnabrück. Ich bin mit den Angeklagten nicht verwandt und nicht verschwägert.

Der Zeuge sagte zur Sache aus.

Rechtsanwalt Winkelmann beantragte, den Zeugen zu vereidigen.

Nach Beratung am Richtertisch:

Beschlossen und verkündet: Der Zeuge Haeberlein soll vereidigt werden.

Der Zeuge erklärte, er wolle die Eidesformel in religiöser Form leisten.

Der Zeuge wurde vereidigt und um 10:42 Uhr in allseitigem Einverständnis entlassen.

Sodann wurde der Zeuge Joachim Metzger in den Sitzungssaal gerufen und wie folgt vernommen:

Zur Person:

Ich heiße Joachim Metzger, von Beruf Angestellter, bin 41 Jahre alt und wohne in Osnabrück. Ich bin mit den Angeklagten nicht verwandt und nicht verschwägert.

Der Zeuge sagte zur Sache aus.

Der Zeuge wurde in allseitigem Einverständnis um 11:00 Uhr unvereidigt entlassen.

Sodann wurde der auf 11:00 Uhr geladene und zwischenzeitlich erschienene Zeuge POK Simon in den Sitzungssaal gerufen und wie folgt vernommen:

Zur Person:

Ich heiße Jens Simon, von Beruf Polizeibeamter, bin 27 Jahre alt, zu laden über das Polizeipräsidium Osnabrück, … Ich bin mit den Angeklagten nicht verwandt und nicht verschwägert.

Rechtsanwalt Hellmann widersprach der Vernehmung des Zeugen.

Der Vorsitzende erklärte, der Zeuge solle vernommen werden.

Rechtsanwalt Hellmann beantragte eine Unterbrechung der Hauptverhandlung.

Der Vorsitzende erklärte, die Verhandlung werde derzeit nicht unterbrochen.

Rechtsanwalt Hellmann protestierte gegen diese Entscheidung.

Der Zeuge Simon sagte zur Sache aus und wurde sodann in allseitigem Einverständnis um 11:32 Uhr unvereidigt entlassen.

Mit Zustimmung der Sitzungsvertreterin der Staatsanwaltschaft, beider Angeklagter sowie ihrer Verteidiger wurde auf Anordnung des Vorsitzenden gemäß § 251 Abs. 1 Nr. 1 StPO das polizeiliche Protokoll der Vernehmung des Zeugen Carlo Weiß (Bl.138-140 d.A.) verlesen.

Die sichergestellte Spielzeugpistole wurde in Augenschein genommen.

Der Bundeszentralregisterauszug des Angeklagten Kühn vom … wurde verlesen und zum Gegenstand der Hauptverhandlung gemacht.

Der Bundeszentralregisterauszug des Angeklagten Grau vom … wurde verlesen und zum Gegenstand der Hauptverhandlung gemacht.

Nach Vernehmung eines jeden Zeugen und Mitangeklagten sowie nach der Verlesung eines jeden Schriftstücks und jeder Inaugenscheinnahme wurden die Angeklagten befragt, ob sie etwas zu erklären hätten (§ 257 StPO).

Beweisanträge wurden nicht gestellt. Die Beweisaufnahme wurde in allseitigem Einvernehmen geschlossen.

Die Staatsanwaltschaft, die Verteidiger und die Angeklagten erhielten zu ihren Ausführungen und Anträgen das Wort.

Die Staatsanwältin beantragte …

Der Angeklagte Kühn sprang nach Antragstellung durch die Staatsanwaltschaft auf und rief: „Unglaublich! Ich bin unschuldig und verlange freigesprochen zu werden!“

Rechtsanwalt Winkelmann beantragte Freispruch des Angeklagten Kühn.

Rechtsanwalt Hellmann beantragte Freispruch des Angeklagten Grau.

Dem Angeklagten Grau wurde das letzte Wort erteilt. Er erklärte: Ich schließe mich den Ausführungen meines Verteidigers an.

Das Gericht zog sich zur Beratung zurück.

Die Verhandlung wurde um 12:30 Uhr fortgesetzt.

Folgendes Urteil wurde durch Verlesen der Urteilsformel und mündliche Mitteilung des wesentlichen Inhalts der Urteilsgründe verkündet: … Die Angeklagten wurden mündlich über die Rechtsmittel belehrt; ihnen wurde ein Merkblatt ausgehändigt.

Die Sitzung wurde um 13:00 Uhr geschlossen.

Das Protokoll wurde am … fertiggestellt.

Schmitt	Dr. Schneider	Wagner
Vorsitzender Richter	Richterin	Urkundsbeamtin
am Landgericht	am Landgericht	der Geschäftsstelle

Fassung mit Erläuterungen

Protokoll über die öffentliche Hauptverhandlung vor

dem Landgericht – 2. Große Strafkammer – in Osnabrück vom …

2 KLs 21 Js 22203/xx

Dauer der Hauptverhandlung: 8:30 bis 13:00 Uhr

Gegenwärtig:

Vorsitzender Richter am Landgericht Schmitt,[1]
Richterin am Landgericht Dr. Horowitz,[2]
Lehrerin Gundula Schmidt-Weiland als Schöffin,
Angestellter Gunther Arndt als Schöffe,
Staatsanwältin Dr. Siegel als Vertreterin der Staatsanwaltschaft,
Justizangestellte Wagner als Urkundsbeamtin der Geschäftsstelle.

In der Strafsache gegen Kühn, Marvin, … und Grau, Leon, … wegen schweren Raubes

Bei Aufruf der Sache erschienen:

die Angeklagten,

als Verteidiger RAe Winkelmann und Hellmann, Osnabrück;[3]

als Zeugen:

Marius Haeberlein,

Joachim Metzger.

Die Zeugen wurden gemäß § 57 StPO belehrt.

Die Zeugen verließen den Sitzungssaal.

Zur Person vernommen, erklärte der Angeklagte Kühn: …

Zur Person vernommen, erklärte der Angeklagte Grau: …

Die Vertreterin der Staatsanwaltschaft verlas die Anklageschrift.[4]

Es wurde festgestellt, dass durch Beschluss vom … die Anklage zugelassen und die Hauptverhandlung[5] vor dem Landgericht – 2. Große Strafkammer – Osnabrück eröffnet wurde. Weiter wurde festgestellt, dass Erörterungen nach §§ 202a, 212 StPO nicht stattgefunden haben.

Die Angeklagten wurden darauf hingewiesen, dass es ihnen freistehe, sich zur Anklage zu äußern oder nicht zur Sache auszusagen.

Der Angeklagte Kühn erklärte: Ich bin zur Äußerung bereit.

Der Angeklagte Grau erklärte: Ich bin zur Äußerung bereit.

Der Angeklagte Kühn äußerte sich zur Sache.

Der Angeklagte Grau äußerte sich zur Sache.

Sodann wurde der Zeugin Marius Haeberlein in den Sitzungssaal gerufen und wie folgt vernommen:

Zur Person:

Ich heiße Marius Haeberlein, von Beruf Auszubildender, werde übermorgen 18 Jahre alt[6] und wohne in Osnabrück. Ich bin mit den Angeklagten nicht verwandt und nicht verschwägert.

Der Zeuge sagte zur Sache aus.

Rechtsanwalt Winkelmann beantragte, den Zeugen zu vereidigen.

Nach Beratung am Richtertisch:

Beschlossen und verkündet: Der Zeuge Haeberlein soll vereidigt werden.

Der Zeuge erklärte, er wolle die Eidesformel in religiöser Form leisten.

Der Zeuge wurde vereidigt[7] und um 10:42 Uhr in allseitigem Einverständnis entlassen.

Sodann wurde der Zeuge Joachim Metzger in den Sitzungssaal gerufen und wie folgt vernommen:

Zur Person:

Ich heiße Joachim Metzger, von Beruf Angestellter, bin 41 Jahre alt und wohne in Osnabrück. Ich bin mit den Angeklagten nicht verwandt und nicht verschwägert.

Der Zeuge sagte zur Sache aus.

Der Zeuge wurde in allseitigem Einverständnis um 11:00 Uhr unvereidigt entlassen.

Sodann wurde der auf 11:00 Uhr geladene und zwischenzeitlich erschienene Zeuge POK Simon in den Sitzungssaal gerufen und wie folgt vernommen:[8]

Zur Person:

Ich heiße Jens Simon, von Beruf Polizeibeamter, bin 27 Jahre alt, zu laden über das Polizeipräsidium Osnabrück, … Ich bin mit den Angeklagten nicht verwandt und nicht verschwägert.

Rechtsanwalt Hellmann widersprach der Vernehmung des Zeugen.

Der Vorsitzende erklärte, der Zeuge solle vernommen werden.

Rechtsanwalt Hellmann beantragte eine Unterbrechung der Hauptverhandlung.

Der Vorsitzende erklärte, die Verhandlung werde derzeit nicht unterbrochen.

Rechtsanwalt Hellmann protestierte gegen diese Entscheidung.[9]

Der Zeuge Simon sagte zur Sache aus und wurde sodann in allseitigem Einverständnis um 11:32 Uhr unvereidigt entlassen.

Mit Zustimmung der Sitzungsvertreterin der Staatsanwaltschaft, beider Angeklagter sowie ihrer Verteidiger wurde auf Anordnung des Vorsitzenden gemäß § 251 Abs. 1 Nr. 1 StPO das polizeiliche Protokoll der Vernehmung des Zeugen Carlo Weiß (Bl.138-140 d.A.) verlesen.[10]

Die sichergestellte Spielzeugpistole wurde in Augenschein genommen.

Der Bundeszentralregisterauszug des Angeklagten Kühn vom … wurde verlesen und zum Gegenstand der Hauptverhandlung gemacht.

Der Bundeszentralregisterauszug des Angeklagten Grau vom … wurde verlesen und zum Gegenstand der Hauptverhandlung gemacht.

Nach Vernehmung eines jeden Zeugen und Mitangeklagten sowie nach der Verlesung eines jeden Schriftstücks und jeder Inaugenscheinnahme wurden die Angeklagten befragt, ob sie etwas zu erklären hätten.

Beweisanträge wurden nicht gestellt. Die Beweisaufnahme wurde in allseitigem Einvernehmen geschlossen.[11]

Die Staatsanwaltschaft, die Verteidiger und die Angeklagten erhielten zu ihren Ausführungen und Anträgen das Wort.

Die Staatsanwältin beantragte …

Der Angeklagte Kühn sprang nach Antragstellung durch die Staatsanwaltschaft auf und rief: „Unglaublich! Ich bin unschuldig und verlange freigesprochen zu werden!“

Rechtsanwalt Winkelmann beantragte Freispruch des Angeklagten Kühn.

Rechtsanwalt Hellmann beantragte Freispruch des Angeklagten Grau.

Dem Angeklagten Grau wurde das letzte Wort erteilt. Er erklärte: Ich schließe mich den Ausführungen meines Verteidigers an.[12]

Das Gericht zog sich zur Beratung zurück.

Die Verhandlung wurde um 12:30 Uhr fortgesetzt.

Folgendes Urteil wurde durch Verlesen der Urteilsformel und mündliche Mitteilung des wesentlichen Inhalts der Urteilsgründe verkündet: … Die Angeklagten wurden mündlich über die Rechtsmittel belehrt; ihnen wurde ein Merkblatt ausgehändigt.

Die Sitzung wurde um 13:00 Uhr geschlossen.

Das Protokoll wurde am … fertiggestellt.

Schmitt	Dr. Schneider[13]	Wagner
Vorsitzender Richter am Landgericht	Richterin am Landgericht	Urkundsbeamtin der Geschäftsstelle

[1] Hier fehlt die Funktion des Vorsitzenden im konkreten Verfahren „als Vorsitzender“. Der aufgeführte „Vorsitzende Richter am Landgericht“ ist die feststehende Amtsbezeichnung (Besoldungsstufe R2). Es kommt ja, zum Beispiel in Vertretungsfällen, durchaus vor, dass ein Richter am Landgericht (Besoldungsstufe R1) den Vorsitz führt.

[2] Wie 1: Auch hier fehlt die Funktion „als beisitzende Richterin“.

[3] Aus dem Protokoll muss klar hervorgehen, welcher Verteidiger welchen Angeklagten verteidigt; daran fehlt es hier. Bevorzugt wird übrigens die namentliche Bezeichnung „... als Verteidiger der Angeklagten Kühn“ gegenüber der mitunter anzutreffenden Variante „... als Verteidiger des Angeklagten zu 1.)“.

[4] Nicht die „Anklageschrift“ wird verlesen, sondern nur der „Anklagesatz“, der in § 200 Abs. 1 S. 1 StPO legaldefiniert ist.

[5] Eröffnet wird nicht die „Hauptverhandlung“ (das ist die gerade stattfindende Veranstaltung), sondern das „Hauptverfahren“. Das ist der Verfahrensabschnitt, der mit dem Erlass des Eröffnungsbeschlusses beginnt, § 203 StPO. Diese Verwechselung ist oft in Anklageklausuren zu finden, namentlich bei dem Antrag am Ende der Anklageschrift.

[6] Zeugen haben ihr gegenwärtiges Alter zu nennen, weder das zukünftige noch ihr Geburtsdatum.

[7] Hier wurde das Vereidigungsverbot des § 60 Nr. 1 StPO missachtet.

[8] Haben Sie bemerkt, was vergessen wurde? Der Zeuge wurde zu einem späteren Zeitpunkt als die übrigen Zeugen geladen und war daher bei der kollektiven Belehrung zu Beginn nicht dabei.

[9] Hier hätte der Vorsitzende nach § 238 Abs. 2 StPO einen förmlichen Gerichtsbeschluss herbeiführen müssen, da seine prozessleitende Anordnung beanstandet wurde.

[10] Hier wäre statt einer bloßen Anordnung des Vorsitzenden ein förmlicher Beschluss des Gerichts nach § 251 Abs. 4 StPO erforderlich gewesen.

[11] Hier fehlt der erneute Vermerk nach § 273 Abs. 1a S. 3 StPO, dass keine Verständigung nach § 257c StPO stattgefunden hat (Negativattest), sofern dies der Vorsitzende gemäß § 243 Abs. 4 StPO pflichtgemäß festgestellt hat. Sofern keine Verständigungen erfolgt sind, muss dies zu Beginn der Hauptverhandlung (dort geht es aber auch um Erörterungen, deren Gegenstand die Möglichkeit einer Verständigung war) sowie nochmals nach Abschluss der Beweisaufnahme festgestellt und im Protokoll dokumentiert werden.

[12] Dem Angeklagten Kühn wurde nicht nach § 258 Abs. 2 StPO das letzte Wort gewährt. Sein spontaner Ausbruch zählt schon deshalb nicht, weil danach noch beide Verteidiger gesprochen haben. Des Weiteren wurde er davor nicht auf sein Recht des letzten Wortes hingewiesen, was erforderlich ist, damit der Angeklagte weiß, dass er jetzt abschließend Stellung nehmen darf.

[13] Die beisitzende Richterin hat das Protokoll nicht zu unterzeichnen. Urkundspersonen sind allein der Vorsitzende und die Urkundsbeamtin, § 271 Abs. 1 S. 1 StPO. Zudem fehlen deren Unterschriften (Fotokopie! – Bei einer beglaubigten Ausfertigung fänden sich dagegen an dieser Stelle keine Unterschriften, sondern nur eine Unterschrift beim Beglaubigungsvermerk).

Achtung: Bei dieser Übung wird (noch) nicht die Frage beleuchtet, ob ein *revisibler Fehler vorliegt*. Die Übung soll vielmehr Ihren Blick schärfen und Sie so auf den Aufgabentyp „Revision“ vorbereiten.

Näheres zur Revision findet sich in der Übung 17. Dort werden Sie auch das Zusammenspiel von „Fehler des Gerichts in der Hauptverhandlung“, „Beweis des Fehlers durch das Protokoll“ und „Beruhen des Urteils auf diesem Fehler“ erkennen, wobei das reale „Erlebnis“ der Hauptverhandlung, in der der Verteidiger die Fehler des Gerichts live mitbekommt, in der Klausursituation natürlich fehlt und Sie insoweit deshalb (vom Justizprüfungsamt in die Rolle des Verteidigers versetzt) aus dem Protokoll auf die Realität zurückschließen müssen. Für die perfekte Prüfungssituation bzw. Simulation müsste man Ihnen eigentlich ein mehrstündiges Video über eine Hauptverhandlung zeigen, was natürlich aus verschiedensten Gründen nicht möglich ist.

Übung 17
Fall „Der Junggesellenabschied"

Diese Revisionsaufgabe enthält aus didaktischen Gründen rund 30 verfahrensrechtliche Probleme und eher wenige im Rahmen der Sachrüge zu prüfende Delikte. In einer Examensklausur dagegen ist der Schwerpunkt häufig in Richtung materielles Recht verschoben und die Anzahl der verfahrensrechtlichen Probleme natürlich beschränkt.

Staatsanwaltschaft Frankfurt

Frankfurt, den 04.12.2022

119 Js 129437/22

An das

Amtsgericht

– Strafrichter –

in Frankfurt am Main

Anklageschrift

Der Vertreter Tobias Dahlen, (…)

Vom Abdruck der Personalien wird abgesehen.

– Wahlverteidiger: Rechtsanwalt Dr. Udo Becker, Frankfurt –

wird angeklagt,

am 19.06.2022 in Frankfurt

durch drei selbstständige Handlungen

1. und 2. – Fälle 1 und 3 –

fremde bewegliche Sachen einem anderen in der Absicht weggenommen zu haben, die Sachen sich rechtswidrig zuzueignen,

3. durch dieselbe Handlung – Fall 2 – (…)

Hinweis: Es folgt der ordnungsgemäße abstrakte Anklagesatz zu den §§ 113 Abs. 1, 114 Abs. 1, 223 Abs. 1 StGB. Vom Abdruck wird abgesehen.

Fall 1

Ab dem Nachmittag des 18.06.2022 fand der von dem Angeschuldigten organisierte wegen Corona verschobene Junggesellenabschied des Willi Brömme in Frankfurt statt. Brömme hatte die Schwester des Angeschuldigten bereits im Dezember 2021 geheiratet.

Am 19.06. gegen 00:20 Uhr brachten der Angeschuldigte und der Zeuge Benjamin Winter den völlig alkoholisierten Brömme in die zu dritt gemietete Suite im vierten Stock des Hotels „Ambassador“ und legten ihn dort in dessen Zimmer angezogen auf das Bett ab, wo er sofort und nahezu komatös einschlief.

Spontan beschloss der Angeschuldigte, der als Organisator und Fahrer des Junggesellenabschieds nahezu nüchtern war, den Zustand des Brömme auszunutzen. Der Angeschuldigte zog Brömme dessen Portemonnaie aus der Hose und nahm hieraus das gesamte Bargeld in Form von sechs 50-Euro-Scheinen und steckte die 300 Euro ein. Gegenüber dem Zeugen Winter, der zwar alkoholisiert, aber klar war und fragte, was das jetzt solle, erklärte er: „Der weiß morgen sowieso nichts mehr. Der kann ruhig mal eine Runde Koks für uns ausgeben. Du gehst schon mal wieder nach unten zu den Jungs an die Hotelbar. Und ich besorge am Hauptbahnhof das Koks! Das probieren wir heute mal!“

Fall 2

Auf dem Rückweg vom Bahnhof zum Hotel bemerkte der Angeschuldigte um 00:55 Uhr, dass ihm POK Yilmaz und POK Klein folgten, die den Kokain-Erwerb auf dem Bahnhofsvorplatz beobachtet hatten. Darauf begann der Angeschuldigte plötzlich wegzurennen, worauf die uniformierten Beamten ihm nachsetzten, ihn nach wenigen Metern erreichten und ihm die vorläufige Festnahme erklärten. Der Angeschuldigte ließ sich widerstandslos festnehmen und Handfesseln anlegen. Die Beamten riefen sodann per Funk einen Streifenwagen, um den Angeschuldigten zur Wache zu bringen. POK Yilmaz hielt ihn währenddessen am Arm fest. Um eine befürchtete Durchsuchung und Beschlagnahme der erworbenen 3,5 Gramm Kokain, die er behalten wollte, zu verhindern und sich zu befreien, trat der Angeschuldigte nach fünf Minuten unvermittelt POK Yilmaz gegen dessen Bein, so dass dieser Schmerzen erlitt und ein Hämatom davontrug. Es gelang dem Angeschuldigten aber nicht, sich loszureißen, sondern er wurde von den Beamten zu Boden gebracht. Später wurde im Rahmen einer Durchsuchung auf der Wache das Kokain aufgefunden und beschlagnahmt.

Fall 3

Als der Angeschuldigte gegen 03:35 Uhr nach Freilassung und Abschluss der polizeilichen Maßnahmen ins Hotel zurückkehrte, waren die Teilnehmer des Junggesellenabschieds zu Bett gegangen. Der Angeschuldigte begab sich sodann in den vierten Stock zu seiner Suite. Als er diese betrat, wurde der Zeuge Winter wach und stand wieder auf. Beide schauten sodann nach Brömme und fanden ihn im Bad eingeschlafen mit dem Kopf auf dem Toilettendeckel. Leise lachend schloss der Angeschuldigte die Badtür wieder. Im Wohnzimmer berichtete der Angeschuldigte dem Zeugen Winter das Geschehene. Seinen Bericht schloss er damit, dass er der Ansicht sei, dass ihm sein Schwager als Ausgleich für den ganzen Ärger „Schadensersatz“ schulde, weil „das hier seine Party ist“. Sodann durchsuchte er das Zimmer des Brömme inkl. dessen auf dem Boden liegender

Hose und dessen Gepäck nach Geld; dabei wusste er, dass Brömme tags zuvor „für alle Fälle“ 800 Euro abgehoben hatte. Im Schuhfach der Reisetasche fand der Angeschuldigte schließlich 500 Euro in Form von zehn 50-Euro-Scheinen und steckte das Geld ein, um es für sich zu behalten.

Vergehen, strafbar gemäß

§§ 113 Abs. 1, 114 Abs. 1, 223 Abs. 1, 230 Abs. 1 S. 1, 242 Abs. 1, 247, 52, 53 des Strafgesetzbuches.

Die Zeugen Brömme und Yilmaz haben jeweils form- u. fristgerecht Strafantrag gestellt.

Hinweis: Vom Abdruck der ordnungsgemäßen Beweismittelliste und des wesentlichen Ergebnisses der Ermittlungen wird abgesehen.

Es wird beantragt,

das Hauptverfahren vor dem Amtsgericht – Strafrichter – in Frankfurt zu eröffnen.

Linnen,

Staatsanwalt

Die Anklage ist durch Beschluss vom 12.01.2023 ohne Änderungen zur Hauptverhandlung zugelassen und das Hauptverfahren eröffnet worden. Vom Abdruck wird abgesehen.

Öffentliche Sitzung des Amtsgerichts Frankfurt — Frankfurt, den 09.02.2023

– Strafrichter –

Az.: 51 Ds 119 Js 129437/22

Sitzungsdauer: von 09:00 Uhr bis 12:45 Uhr

Gegenwärtig:

Richterin am Amtsgericht Dr. Keßner
als Vorsitzende,

Staatsanwalt Appel
als Beamter der Staatsanwaltschaft,

Justizangestellte Schäfer
als Urkundsbeamtin der Geschäftsstelle

<u>Strafsache</u>

gegen den Vertreter Tobias Dahlen, (…)

Vom Abdruck der Personalien wird abgesehen.

wegen tätlichen Angriffs auf Vollstreckungsbeamte u.a.

Die Hauptverhandlung begann mit dem Aufruf der Sache.

Die Vorsitzende stellte fest, dass anwesend waren:

Es folgt die Feststellung der Anwesenheit des Angeklagten, seines Wahlverteidigers Dr. Udo, Becker und der Zeugen POK Yilmaz, Willi Brömme, Benjamin Winter und POK Brauer.

Die Zeugen wurden wie folgt belehrt: (…)

Hinweis: Von einem Abdruck der ordnungsgemäßen Belehrungen wird abgesehen.

Die Zeugen entfernten sich daraufhin aus dem Sitzungssaal.

Der Angeklagte, über die persönlichen Verhältnisse vernommen, gab an:

Die mir vorgehaltenen Personalien (Bl. 22 d.A.) sind richtig.

Auf Befragen: Ich verdiene 3000 Euro netto.

Der Vertreter der Staatsanwaltschaft verlas den Anklagesatz aus der Anklageschrift vom 04.12.2022 (Bl. 102 ff. d.A.).

Es wurde festgestellt, dass die Anklage der Staatsanwaltschaft Frankfurt vom 04.12.2022 mit Eröffnungsbeschluss vom 12.01.2023 (Bl. 115 d.A.) zugelassen und das Hauptverfahren vor dem Amtsgericht – Strafrichter – Frankfurt eröffnet worden ist.

Der Angeklagte wurde darauf hingewiesen, dass es ihm freistehe, sich zur Anklage zu äußern oder nicht zur Sache auszusagen.

Der Verteidiger erklärte: Ich hatte ja mit der Vorsitzenden telefonisch eingehend erörtert, wie man „die Kuh vom Eis bekommt“. Meinen Mandanten habe ich natürlich darüber informiert. Er wird sich teilweise einlassen.

Der Angeklagte erklärte: Der Widerstand war so, wie er vorgelesen wurde. Ich habe gedacht, die durchsuchen mich bestimmt und beschlagnahmen das Koks. Das wollte ich unbedingt behalten, das war teuer. – Zu den anderen Vorwürfen sage ich nichts.

Auf Befragen der Vorsitzenden: Nein, ich hatte noch kein Kokain genommen. Das war eine Schnapsidee. Ich bin der Polizei im Nachhinein total dankbar. Hätten die mich nicht erwischt, dann hätte ich jetzt möglicherweise ein Drogenproblem. Ich bin im Westerwald Lokalpolitiker und will dort Bürgermeister werden. Drogenkonsum ist da ein No-Go.

Auf Befragen der Vorsitzenden: Die Strafe wegen des Kokains ist vollständig bezahlt.

Es wurde sodann in die Beweisaufnahme eingetreten.

Der Zeuge POK Yilmaz wurde in den Sitzungssaal gerufen und wie folgt vernommen:

Mehmet Yilmaz, 36 Jahre alt, von Beruf Polizeibeamter, zu laden über das Polizeipräsidium Frankfurt, mit dem Angeklagten nicht verwandt und nicht verschwägert.

POK Klein und ich hatten Streifendienst im Bahnhofsviertel. Mir fiel der Angeklagte auf, weil er hektisch um sich schaute. Er und der Dealer standen direkt im Bereich einer Lampe. Es war also hell und ich konnte den Kokain-Deal genau sehen. Ich habe dann per Funk einer anderen Streife Bescheid gesagt, damit die sich um den Dealer kümmert. POK Klein und ich sind dann hinter dem Angeklagten her. 300 Meter vom Bahnhof entfernt hatte der uns entdeckt und rannte auf einmal los. (…)

Hinweis: Die Schilderung entspricht der Anklageschrift. Vom Abdruck wird abgesehen.

Auf Befragen des Verteidigers: Die Belehrungen haben wir auf der Wache erledigt. Vorher habe ich ihm nur gesagt, dass wir Polizisten sind – wir waren ja auch uniformiert – und dass er wegen Drogenerwerbs und seiner Flucht vorläufig festgenommen ist. Mehr nicht. Gefragt haben wir nichts, nur schweigend fünf Minuten gewartet. Dann kam die Attacke.

Der Zeuge blieb auf Anordnung der Vorsitzenden unvereidigt und wurde im allseitigen Einverständnis um 09:39 Uhr entlassen.

Der Zeuge Brömme wurde sodann in den Sitzungssaal gerufen und wie folgt vernommen:

Willi Brömme, 27 Jahre alt, von Beruf Lkw-Fahrer, wohnhaft in Koblenz. Tobias war mein Schwager. Seine Schwester und ich sind aber seit Januar 2023 wieder geschieden.

Der Zeuge wurde gem. § 52 StPO belehrt: Ich mache von meinem Zeugnisverweigerungsrecht Gebrauch. Ich will nicht, dass Tobias bestraft wird. Ich will nur meine Ruhe.

Der Zeuge blieb auf Anordnung der Vorsitzenden unvereidigt und wurde im allseitigen Einverständnis um 09:43 Uhr entlassen.

Auf Anordnung der Vorsitzenden wurde gem. § 249 Abs. 1 StPO die E-Mail des Zeugen Willi Brömme vom 25.06.2022 (Bl. 4, 5 d.A.) verlesen.

Der Verteidiger erhob Widerspruch gegen deren Verwertung und wies auf die vorhergehende Zeugnisverweigerung hin, die nicht unterlaufen werden dürfe.

Der Zeuge Winter wurde sodann in den Sitzungssaal gerufen und wie folgt vernommen:

Benjamin Winter, 17 Jahre, wohnhaft in Westerburg, von Beruf Friseurlehrling, mit dem Angeklagten nicht verwandt und nicht verschwägert.

Ich weiß nicht, was ich zu der Sache sagen soll. Ich weiß nichts. Ich war betrunken. Ich habe ein sehr schlechtes Gedächtnis. Das Ganze ist ja auch schon lange her.

Die Vorsitzende wies den Zeugen darauf hin, dass sie ihn zur Herbeiführung einer wahren Aussage auch vereidigen könne, und dann sei es ein Meineid.

Sodann erklärte der Zeuge: Okay, wir waren auf Junggesellenabschied und (…)

> *Der Zeuge schildert das Geschehen so wie in der Anklage dargestellt. Vom Abdruck wird abgesehen.*

Ich habe mich nicht beteiligt. Okay, ich habe Tobias den Tipp gegeben, dass das Geld in dem Schuhfach der Tasche sein könnte. Aber mehr nicht.

Eigentlich passte mir das alles nicht, aber ich war ja der Jüngste der Truppe und wollte kein Spielverderber, kein Langweiler sein. Na Sie wissen schon. Außerdem will Tobias bei uns Bürgermeister werden und hat ganz gute Karten. Den wollte ich nicht als Feind.

Ach ja, mir fällt noch eine Kleinigkeit ein, das hatte ich bei der Polizei vergessen:

Bevor Tobias das Zimmer nach Geld durchsuchte, hat er einen Stuhl genommen und mit der Lehne so unter die Klinke der Badtür gestellt, dass sich diese nicht mehr öffnen ließ; man konnte das Bad nämlich nur von innen abschließen. Es ging darum, dass Willi nicht gerade jetzt wach wird, rauskommt, das Suchen und Klauen sieht und sich dagegen wehrt. So hat Tobias mir das erklärt. Willi war ja auch wieder unter den Lebenden. Vorher hatte es den richtig zerlegt, aber dann hat der ja ein paar Stunden gepennt und war dann mal auf dem Klo … Sie wissen schon … Aber Willi hat einfach weitergeschlafen, bis ich ihn geweckt habe. Das war, nachdem Tobias das Geld gefunden und eingesteckt hatte. Und dann hat Tobias den Stuhl wieder weggestellt, der stand also so 10 Minuten da. Ich bin dann ins Bad rein und habe Willi geweckt und ins Bett geschickt. Ich musste nämlich auch mal. Ach so: Gefährlich war das nicht, weil das Bad keine Fenster hatte.

Der Zeuge blieb auf Anordnung der Vorsitzenden unvereidigt und wurde im allseitigen Einverständnis um 10:10 Uhr entlassen.

Der Verteidiger widersprach der Verwertung der Aussage des Zeugen Winter. Der Zeuge sei nicht nach § 55 StPO belehrt gewesen, obwohl der Verdacht der Beihilfe bestehe.

Der Zeuge POK Brauer wurde in den Sitzungsaal gerufen und wie folgt vernommen:

Hartmut Brauer, 52 Jahre alt, von Beruf Polizeibeamter, zu laden über das Polizeipräsidium Frankfurt, mit dem Angeklagten nicht verwandt und nicht verschwägert.

Am 25.06.2022 hatte der Willi Brömme eine E-Mail an die zentrale E-Mail-Adresse der Frankfurter Polizei geschickt und darin zwei Diebstähle angezeigt. Täter sollte sein Schwager Tobias Dahlen gewesen sein. In der Mail hat Brömme auch Strafantrag gegen ihn gestellt. Er selbst, also der Brömme, könne zu der Sache nichts sagen, außer dass sein Geld weg sei. Er sei völlig betrunken gewesen und habe geschlafen. Das sei alles am 19.06.2022 in Frankfurt im Hotel „Ambassador“ anlässlich seines Junggesellenabschieds passiert.

Als Zeugen benannte er einen Benjamin Winter, der habe auch ihm alles erzählt.

Ich habe dann den Zeugen Winter vorgeladen und der hat ausgesagt, dass (…)

Hinweis: Der Zeuge schildert die Aussage des Zeugen Winter entsprechend der Anklage.

Dann habe ich im System recherchiert und bin tatsächlich auf diesen Widerstand vom 19.06.2022 gestoßen und diese Drogen-Sache. Das passte ja genau zu der Aussage.

Die Staatsanwaltschaft hat dann noch bei der Sparkasse einen Kontoauszug betreffend das Konto des Brömme und bezogen auf den 18.06.2022 angefordert und auch erhalten. Für 10:51 Uhr ist die Abhebung von 800 Euro dokumentiert. Warum Brömme so viel Geld abgehoben hat – keine Ahnung. Eigentlich zahlt der Junggeselle für den Junggesellenabschied ja nichts.

Abschließend habe ich noch den Beschuldigten vorgeladen. Der kam aber nicht.

Der Zeuge wurde im allseitigen Einverständnis um 10:25 Uhr entlassen.

Die Hauptverhandlung wurde um 10:28 Uhr unterbrochen und um 10:56 Uhr mit allen zu Beginn der Unterbrechung anwesenden Verfahrensbeteiligten fortgesetzt.

Der Verteidiger verließ mit Einverständnis des Angeklagten den Sitzungssaal, um in einer Zivilsache einen Antrag zu stellen.

Auf Anordnung der Vorsitzenden wurde der Kontoauszug der Sparkasse Westerwald-Sieg betreffend den 18.06.2022 (Bl. 67 d.A.) am Richtertisch in Augenschein genommen.

Der Verteidiger betrat um 11:03 Uhr wieder den Sitzungssaal.

Auf Befragen der Vorsitzenden erklärte sich der Angekl. zu seinem Lebenslauf sowie zu seinen persönlichen u. wirtschaftlichen Verhältnissen: (…)

Vom Abdruck wird abgesehen.

Der Verteidiger erklärte: Der Fall 1, der Diebstahl von den 300 Euro, wird eingeräumt.

Der Bundeszentralregisterauszug des Angeklagten vom 21.01.2023 wurde verlesen und zum Gegenstand der Hauptverhandlung gemacht.

Nach jeder Beweiserhebung wurden die Verfahrensbeteiligten befragt, ob sie etwas zu erklären oder Anträge zu stellen hätten. Erklärungen wurden nicht abgegeben; Beweisanträge wurden nicht gestellt; daraufhin wurde die Beweisaufnahme geschlossen.

Es wurde festgestellt, dass eine Verständigung i.S.d. § 257c StPO nicht stattgefunden hat.

Staatsanwalt, Verteidiger und der Angekl. erhielten zu ihren Ausführungen das Wort.

Der Vertreter der Staatsanwaltschaft beantragte: (…) *Vom Abdruck abgesehen.*

Der Verteidiger beantragte: (…) *Vom Abdruck abgesehen.*

Der Angekl. wurde befragt, ob er selbst noch etwas zur Verteidigung auszuführen habe.

Der Angekl. hatte das letzte Wort. Er erklärte: Bitte machen Sie mir meine Karriere nicht kaputt. Ich will Bürgermeister werden. Und ich will weiter als nicht vorbestraft gelten.

Die Hauptverhandlung wurde um 11:25 Uhr unterbrochen. Das Gericht zog sich zur Beratung zurück. Um 11:45 Uhr wurde die Sitzung mit allen zu Beginn der Unterbrechung anwesenden Verfahrensbeteiligten fortgesetzt.

Die Vorsitzende verkündete dem Angeklagten sodann einen Haftbefehl wegen Verdunkelungsgefahr und setzte ihn in Vollzug.

Vom Abdruck des Haftbefehls wird abgesehen.

Die Hauptverhandlung wurde um 11:58 Uhr unterbrochen. Das Gericht zog sich zur Beratung zurück. Um 12:20 Uhr wurde die Sitzung mit allen zu Beginn der Unterbrechung anwesenden Verfahrensbeteiligten fortgesetzt.

Folgendes Urteil wurde durch Verlesen der Urteilsformel und mündliche Mitteilung des wesentlichen Inhalts der Urteilsgründe verkündet:

Im Namen des Volkes

Urteil

Der Angeklagte wird wegen Diebstahls in zwei Fällen und Freiheitsberaubung sowie wegen Widerstands gegen Vollstreckungsbeamte in Tateinheit mit tätlichem Angriff auf Vollstreckungsbeamte in Tateinheit mit vorsätzlicher Körperverletzung zu einer Gesamtfreiheitsstrafe von 1 Jahr und 10 Monaten verurteilt.

Es wird die Einziehung des Wertes der Taterträge in Höhe von 800 Euro angeordnet.

Der Angeklagte trägt die Kosten des Verfahrens.

Angewendete Vorschriften: §§ 113 Abs. 1, 114 Abs. 1, 223 Abs. 1, 230 Abs. 1 S. 1, 239 Abs. 1, 242 Abs. 1, 243 Abs. 1 S. 2 Nr. 6, 247, 52, 53, 73 Abs. 1, 73c StGB

Hinweis: Vom Abdruck der ordnungsgemäßen Rechtsmittelbelehrung wird abgesehen.

Das Protokoll wurde am 03.03.2023 fertiggestellt.

Keßner	Schäfer
Dr. Keßner	Schäfer
Richterin am Amtsgericht	Justizangestellte als Urkundsbeamtin

51 Ds 119 Js 129437/22

Urteil mit Gründen zur Geschäftsstelle gelangt am 23.02.2023 *Schäfer* Schäfer, Justizangestellte als Urkundsbeamtin der Geschäftsstelle

AMTSGERICHT FRANKFURT

Im Namen des Volkes

Urteil

Hinweis: Vom Abdruck des ordnungsgemäßen Urteils-Rubrums wird abgesehen.

(…) in der Sitzung vom 09.02.2023 (…) für Recht erkannt:

Der Angeklagte wird wegen Diebstahls in zwei Fällen und Freiheitsberaubung sowie wegen Widerstands gegen Vollstreckungsbeamte in Tateinheit mit tätlichem Angriff auf Vollstreckungsbeamte in Tateinheit mit vorsätzlicher Körperverletzung zu einer Gesamtfreiheitsstrafe von 1 Jahr und 11 Monaten verurteilt.

Es wird die Einziehung des Wertes der Taterträge in Höhe von 800 Euro angeordnet.

Der Angeklagte trägt die Kosten des Verfahrens.

Angewendete Vorschriften: §§ 113 Abs. 1, 114 Abs. 1, 223 Abs. 1, 230 Abs. 1 S. 1, 239 Abs. 1, 242 Abs. 1, 243 Abs. 1 S. 2 Nr. 6, 247, 52, 53, 73 Abs. 1, 73c StGB

Gründe

I.

(…)

Hinweis: Vom Abdruck der Feststellungen zur Person des Angeklagten wird abgesehen.

II.

1. (…)

Vom Abdruck wird abgesehen. Die Feststellungen entsprechen der Anklage.

2. Auf dem Rückweg vom Bahnhof zum Hotel bemerkte der Angeklagte um 00:55 Uhr, dass ihm POK Yilmaz und POK Klein folgten, die den Kokain-Erwerb auf dem Bahnhofsvorplatz beobachtet hatten. Darauf begann der Angeklagte plötzlich wegzurennen, worauf die uniformierten Beamten ihm nachsetzten, ihn nach wenigen Metern erreichten und ihm die vorläufige Festnahme erklärten. Der Angeklagte ließ sich widerstandslos festnehmen und Handfesseln anlegen. Die Beamten riefen sodann per Funk einen Streifenwagen, um den Angeklagten zur Wache zu bringen. POK Yilmaz hielt ihn währenddessen am Arm fest. Sodann warteten die Beamten und der Angeklagte fünf Minuten schweigend. Um eine befürchtete Durchsuchung und Beschlagnahme der erworbenen 3,5 Gramm Kokain, die er behalten wollte, zu verhindern und sich zu befreien, trat der

Angeklagte sodann unvermittelt POK Yilmaz gegen dessen Bein, so dass dieser Schmerzen erlitt und ein Hämatom davontrug, was der Angeklagte vorausgesehen hatte. Es gelang ihm aber nicht, sich loszureißen, sondern er wurde von den Beamten zu Boden gebracht. In der Folge wurde er auf das Revier verbracht. Dort wurde er nunmehr über seine Rechte als Beschuldigter und als vorläufig Festgenommener belehrt. Im Rahmen einer Durchsuchung wurde das Kokain aufgefunden und beschlagnahmt.

3. Als der Angeklagte gegen 03:35 Uhr nach Freilassung und Abschluss der polizeilichen Maßnahmen ins Hotel zurückkehrte, waren die Teilnehmer des Junggesellenabschieds zu Bett gegangen. Der Angeklagte begab sich sodann in den vierten Stock zu seiner Suite. Als er diese betrat, wurde der Zeuge Winter wach und stand wieder auf. Beide schauten sodann nach Brömme und fanden ihn im Bad eingeschlafen mit dem Kopf auf dem Toilettendeckel. Leise lachend schloss der Angeklagte die Badtür wieder. Im Wohnzimmer berichtete der Angeklagte dem Zeugen Winter das Geschehene. Seinen Bericht schloss er damit, dass er der Ansicht sei, dass ihm sein Schwager als Ausgleich für den ganzen Ärger „Schadensersatz“ schulde, weil „das hier seine Party ist“. So beschloss der Angeklagte, das Zimmer des Brömme nach dessen restlichem Geld zu durchsuchen und es einzustecken, um es für sich zu behalten; dabei wusste er, dass Brömme tags zuvor „für alle Fälle“ 800 Euro abgehoben hatte. Damit Brömme sich nicht gegen die Wegnahme würde wehren können, falls er im Bad aufwachen sollte, ergriff der Angeklagte einen Stuhl und stellte ihn mit der Lehne so unter die Klinke der Badtür, dass sich diese nicht mehr öffnen ließ. Dabei wusste er, dass das Bad fensterlos war. Sodann durchsuchte er das Zimmer des Brömme inkl. dessen auf dem Boden liegender Hose und dessen Gepäck nach Geld. Im Schuhfach der Reisetasche, auf das ihn der Zeuge Winter als mögliches Geldversteck hingewiesen hatte, fand der Angeklagte schließlich 500 Euro in Form von zehn 50-Euro-Scheinen und steckte das Geld ein, um es für sich zu behalten. In der Folge nahm er den Stuhl unter der Klinke der Badtür wieder weg; dieser hatte dort 10 Minuten gestanden. Sodann weckte der Zeuge Winter den bis dato im Bad schlafenden Brömme und schickte ihn ins Bett.

III.

Dieser Sachverhalt steht fest aufgrund des Geständnisses des Angeklagten hinsichtlich der Fälle 1 und 2 und der Angaben der Zeugen Yilmaz, Klein, Winter und Brauer sowie des Inhalts der E-Mail des Zeugen Brömme vom 25.06.2022 und des Kontoauszugs der Sparkasse Westerwald-Sieg bezogen auf den 18.06.2022, ferner aufgrund des gerichtskundigen Verhaltens des Angeklagten während einer Verhandlungspause. (…)

Hinweis: Von einem Abdruck der übrigen Teile der Beweiswürdigung wird abgesehen.

IV.

(…)

Hinweis: Vom Abdruck der rechtl. Würdigung wird zu Prüfungszwecken abgesehen.

V.

(…) Im Fall 1 war die Strafe dem Strafrahmen des § 243 Abs. 1 StGB zu entnehmen. (…) Insoweit erschien eine Freiheitsstrafe von 8 Monaten tat- und schuldangemessen. (…)

Hinsichtlich des tätlichen Angriffs auf Vollstreckungsbeamte in Tateinheit mit (…) erschien eine Freiheitsstrafe von 6 Monaten tat- und schuldangemessen, für die Freiheitsberaubung 90 Tagessätze je 100 Euro und für den 500 Euro-Diebstahl 6 Monate Freiheitsstrafe. (…)

Die Gesamtfreiheitsstrafe von 1 Jahr und 11 Monaten konnte nicht zur Bewährung ausgesetzt werden. Es fehlt an einer positiven Legalprognose. (…) Entscheidend ist, dass der Angeklagte in Richtung des Zeugen Winter, der nach seiner Aussage im Zuschauerraum Platz genommen hatte, während einer Verhandlungspause eine „Kopf ab“-Geste machte, ihn also noch im Gerichtssaal bedrohte. Das Gericht konnte das Verhalten des Angeklagten eindeutig sehen und hatte es daher als gerichtskundig zugrundezulegen.

Hinweis: Vom Abdruck der übrigen Ausführungen zur Strafzumessung wird abgesehen.

VI.

Die Kostenentscheidung folgt aus § 465 Abs. 1 S. 1 StPO.

K

Hinweis: Der „Kasten“ links ist eine Tipp-Ex-Abdeckung.

Dr. Keßner

Richterin am Amtsgericht

Vermerk für die Bearbeitung:

1. Es ist davon auszugehen, dass Rechtsanwalt Dr. Becker gegen das Urteil form- und fristgerecht Revision eingelegt hat. Eine beglaubigte Ausfertigung des Urteils wurde ihm am 01.03.2023 zugestellt. Eine Vollmacht befindet sich bei den Akten. Aufgrund eines Kanzleiversehens wird ihm die Urteilsausfertigung erst am 05.04.2023 vorgelegt. Er beantragt und erhält noch an diesem Tag Akteneinsicht und fertigt die vorliegenden Kopien. Sie sind ihm als Referendar/in zugewiesen. Er bittet Sie, die Erfolgsaussichten der Revision zu begutachten. Zeitpunkt der Begutachtung ist der 05.04.2023.
2. Das Gutachten hat keine Sachverhaltsdarstellung zu enthalten.
3. Der Sachverhalt ist auf der Grundlage der im Urteil getroffenen Feststellungen in materiell-rechtlicher Hinsicht in jedem Fall umfassend zu würdigen.
4. Das Gutachten soll auch Erwägungen zur Zweckmäßigkeit des Vorgehens enthalten. Etwaige Revisionsanträge sind auszuformulieren.
5. § 221 StGB ist nicht zu prüfen. Auch sind weder Rechtsbehelfe gegen den Haftbefehl noch das Vorliegen der Voraussetzungen des § 112 StPO zu prüfen.
6. Kommt die Bearbeitung zur nicht behebbaren Unzulässigkeit der Revision, ist zur Begründetheit in einem Hilfsgutachten Stellung zu nehmen.
7. Richterin am Amtsgericht Dr. Keßner gibt folgende dienstliche Erklärung zu dem Tipp-Ex-Fleck ab: Am 22.02.2023 war das Urteil fertig. Ich habe es dann unterschrieben. Dann habe ich die Zustellungsverfügung unterschrieben. Ich wollte dann beides in die Akte einlegen und sie ins Abtragsfach legen, dessen Inhalt die Wachtmeister jeweils morgens leeren und der Geschäftsstelle bringen. In diesem Moment „platzte" ein Kollege in mein Büro und bat mich, dringend mitzukommen, weil ihm „Word" abgestürzt sei und er Hilfe bei der Rettung seines Dokuments benötige. Ich stand auf und folgte ihm. Meine anwesende fünfjährige Tochter – die Kita war an diesem Tag wegen Läusen geschlossen – ließ ich allein zurück, da ich nur ins Nachbarbüro ging. Als ich nach fünf Minuten zurückkam, legte ich Urteil und Zustellungsverfügung in die Akte und legte sie in mein Abtragsfach. Meine Tochter hatte zu diesem Zeitpunkt den Tipp-Ex-Roller in der Hand, den ich ihr dann wegnahm. Ich ging davon aus, dass sie noch nicht „losgelegt" hatte. Offensichtlich hatte sie aber meine Unterschrift bis auf den Anfangsbuchstaben mit Tipp-Ex überdeckt.
8. Es ist davon auszugehen, dass
   - die Formalien (z.B. Ladungen, Zustellungen, Vollmachten, Unterschriften) in Ordnung sind, soweit sich nicht aus dem Sachverhalt etwas anderes ergibt;
   - POK Yilmaz und POK Klein auch auf dem Bahnhofsvorplatz zuständig waren;
   - nicht abgedruckte Aktenteile für die Bearbeitung nicht von Bedeutung sind;
   - die Staatsanwaltschaft kein Rechtsmittel gegen das Urteil eingelegt hat;
   - der BZR-Auszug des Mandanten vom 21.01.2023 zwei Eintragungen enthält:
     a) Urteil des AG Westerburg vom 13.07.2020, Az. 24 Ds 101 Js 14514/20, wegen Diebstahls, Tatzeit 04.01.2020, 90 Tagessätze je 30 Euro, rechtskräftig seit dem 21.07.2020.

b) Strafbefehl des AG Frankfurt vom 11.11.2022, Az. 59 Cs 119 Js 150128/22, wegen Besitzes von Betäubungsmitteln, Tatzeit 19.06.2022, 80 Tagessätze je 30 Euro, rechtskräftig seit dem 30.11.2022.

- die örtliche Zuständigkeit der Staatsanwaltschaft Frankfurt und des Amtsgerichts Frankfurt revisionsrechtlich nicht zu beanstanden sind.

9. Frankfurt am Main verfügt über ein Amts- sowie ein Landgericht und liegt im Bezirk des Oberlandesgerichts Frankfurt am Main.

Aufgabe: Welche Probleme stellen sich? Notieren Sie diese auf einem gesonderten Blatt. Wenn Sie etwas Hilfe benötigen, können Sie auch die folgende Tabelle kopieren und als „Gerüst“ nutzen.

A. Zulässigkeit

B. Begründetheit

I. Verfahrenshindernisse

1.	
2.	
3.	
4.	
5.	
6.	

II. Verfahrensfehler

1. Absolute Revisionsgründe

1.	
2.	

2. Relative Revisionsgründe

1.	
2.	
3.	
4.	
5.	
6.	
7.	
8.	
9.	
10.	
11.	
12.	
13.	
14.	
15.	

III. Sachrüge

1.	
2.	
3.	
4.	
5.	
6.	
7.	

C. Zweckmäßigkeitserwägungen

1.	
2.	
3.	
4.	
5.	
6.	
7.	

Lösung – 38 Probleme

A. Zulässigkeit

Entgegen erstem Anschein ist die **Revisionsbegründungsfrist** des § 345 Abs. 1 S. 1, 3 StPO nicht abgelaufen, so dass es einer Wiedereinsetzung gemäß §§ 44 ff. StPO nicht bedarf. Denn die am 01.03.2023 erfolgte Zustellung des Urteils an den Verteidiger war gem. § 273 Abs. 4 StPO unwirksam, weil zu diesem Zeitpunkt das Hauptverhandlungsprotokoll noch nicht fertiggestellt war; dies erfolgte erst am 03.03.2023.

B. Begründetheit

I. Verfahrenshindernisse

1.	**a)** Die **Anklageschrift ist wirksam**, und zwar trotz der **„Schlängellinie“** und damit des Fehlens einer Unterschrift – mangels Buchstaben liegt schon keine Schrift vor (allenfalls ein „L“ ließe sich mutmaßen). Denn eine Anklageschrift setzt keine Unterschrift voraus: In § 200 StPO findet sich dazu nichts. Und dies ergibt sich auch aus einem Umkehrschluss zu § 275 Abs. 2 S. 1 StPO (Urteile sind zu unterschreiben) und § 345 Abs. 2 StPO (eine Revisionsbegründung ist zu unterschreiben). Es muss zwar feststehen, dass es sich nicht um einen Entwurf handelt, sondern das Schriftstück mit Wissen und Wollen in den Geschäftsverkehr gelangt ist. Ein Entwurf ist hier aber auszuschließen. Dagegen spricht gerade die „Schlängellinie“, die eine Unterschrift darstellen soll. **b)** Auch die **„Überfrachtung“ des konkreten Anklagesatzes**, der praktisch eine komplette Nacherzählung enthält und damit nicht „lege artis“ ist, führt nicht zur Unwirksamkeit der Anklage.
2.	**a)** Hinsichtlich des 300 Euro-Diebstahls in einem besonders schweren Fall bedarf es gem. § 247 StGB eines **Strafantrags**, und zwar auch für § 243 StGB – dafür spricht der offene Wortlaut des § 247 StGB, der Vergleich mit dem engeren Wortlaut des § 248a StGB und der auch bei § 243 StGB (und auch bei §§ 244, 244a StGB!) greifende Normzweck, den Familienfrieden zu schützen. Auch ist der Schwager als Verletzter ein Angehöriger i.S.d. § 11 Abs. 1 Nr. 1a StGB. **b)** Bei der Polizei muss der Strafantrag gem. § 158 Abs. 2 StPO **schriftlich** gestellt werden. Schriftlich heißt hier mit Unterschrift. Gem. § 32a Abs. 3 StPO muss ein Dokument, das schriftlich abzufassen, zu unterschreiben oder zu unterzeichnen ist, als elektronisches Dokument mit einer qualifizierten elektronischen Signatur der verantwortenden Person versehen sein oder von der verantwortenden Person signiert und auf einem sicheren Übermittlungsweg eingereicht werden. Die einen Strafantrag enthaltende E-Mail des Brömme ist weder mit einer qualifizierten elektronischen Signatur versehen noch ist die normale E-Mail ein sicherer Übermittlungsweg wie etwa das besondere elektronische Anwaltspostfach (beA), vgl. § 32a Abs. 4 Nr. 2 StPO.

	c) Überdies hat Brömme den formwidrigen Strafantrag durch die Zeugnisverweigerung und die Aussage, er wolle keine Bestrafung des Angeklagten, gem. § 77d StGB konkludent **zurückgenommen**. Damit besteht hinsichtlich des Diebstahls in einem besonders schweren Fall ein Verfahrenshindernis.
3.	Hinsichtlich der prozessualen Tat des „Widerstands“ besteht gemäß § 410 Abs. 3 StPO das Verfahrenshindernis der **entgegenstehenden Rechtskraft** (vgl. Art. 103 Abs. 3 GG). Denn der BtM-Besitz und der „Widerstand“ gerade (auch) um das BtM zu behalten sind eine prozessuale Tat. Zwar reicht die Gleichzeitigkeit mit einer Dauerstraftat wie dem BtM-Besitz für sich nicht aus, um Tateinheit und damit eine prozessuale Tat zu begründen. Anders ist es aber, wenn wie hier eine funktionale Verknüpfung mit der Dauerstraftat besteht. Also liegt vorliegend Tateinheit und damit eine prozessuale Tat vor (vgl. OLG Celle 2 Ss 42/20).
4.	Der Strafrichter war **sachlich nicht zuständig (§ 6 StPO)**, weil ein Verbrechen vorliegt, er nach § 25 GVG aber nur für Vergehen zuständig ist. Laut Tenor hat er zwar kein Verbrechen verurteilt. Ob ein Verbrechen verurteilt wird, beurteilt sich aber **auf Grund der Urteilsfeststellungen nach objektiven Gesichtspunkten**. Die eigene rechtliche Bewertung des Tatgerichts ist insoweit also nicht maßgeblich. Auf Basis der Urteilsfeststellungen liegt mit Blick auf das Einsperren des Brömme ein **Raub** gemäß § 249 Abs. 1 StGB vor, also ein Verbrechen i.S.d. § 12 Abs. 1 StGB: **a) Gewalt gegen eine Person** Gewalt ist jede körperliche Tätigkeit, durch die körperlich wirkender Zwang ausgeübt wird, um geleisteten oder erwarteten Widerstand zu überwinden. Gewalt „gegen eine Person“ bedeutet, dass die Gewaltanwendung – unmittelbar oder auch nur mittelbar – auf den Körper des Opfers bezogen sein muss. Von daher scheiden rein psychische Einwirkungen und bloße Gewalt gegen Sachen aus. An die Entfaltung von Kraft werden nur geringe Anforderungen gestellt, so dass schon das Umdrehen eines Türschlüssels genügt, also auch das Hinstellen eines Stuhls unter die Klinke. Das Einsperren wirkte für Brömme – der den Raum auch nicht über ein Fenster verlassen konnte (das Bad hatte keine Fenster und befand sich zudem im vierten Stock) – auch als körperlicher Zwang. Insbesondere bedarf es keiner unmittelbaren Einwirkung auf den Körper des Brömme. Der Angeklagte handelte zu dem Zweck, einem etwaigen Widerstand des Brömme, falls er aufwachen sollte, zuvorzukommen, mithin um die Willensbetätigung des Brömme auszuschließen. Ein Einsperren ist daher grundsätzlich (mittelbare) Gewalt gegen eine Person. **Problem: Brömme hat geschlafen und nichts gemerkt.** Trotzdem Gewalt? Nach h.M. ja:

	Der Gewaltbegriff hat nicht zur Voraussetzung, dass das Opfer die Gewalt als solche empfindet. Entscheidend ist, dass jedweder mögliche Widerstand und damit die Freiheitsentfaltung durch die Täterhandlung abgeschnitten wird. Also macht es keinen Unterschied, ob ein Opfer aktuell einen Willen ausüben kann oder nicht. Es kommt vielmehr auf die potenzielle Beeinträchtigung der Freiheitsentfaltung an. Daher kann Gewalt auch gegenüber Schlafenden (oder Bewusstlosen) angewendet werden, indem (künftig) erwarteter Widerstand von vornherein unmöglich gemacht wird (vgl. BGH 4 StR 787/52; 2 StR 362/73). Das Einschließen des schlafenden Brömme ist Gewalt gegen eine Person. *(Natürlich lässt sich auch die Gegenmeinung vertreten, wonach Gewalt nur möglich sein soll, wenn die betroffene Person tatsächlich in ihrer Willensbildung bzw. -betätigung beeinträchtigt wird.)* **b) Wegnahme** Der Sachherrschaftswille setzt kein permanentes Bewusstsein der Sachherrschaft voraus, so dass auch Schlafende (und Bewusstlose) ein ausreichendes potenzielles Herrschaftsbewusstsein behalten. Entsprechend genügt für den Gewahrsam ein genereller Herrschaftswille über einen bestimmten Bereich wie die Wohnung oder sein Zimmer, der auch im Schlaf weiter besteht. **c) Der raubspezifische Zusammenhang zwischen Nötigungshandlung und Wegnahme** Kausalität zwischen Einschließen und Wegnahme fehlt zwar – Brömme ist ja nicht erwacht –, ist aber für den Raub nicht erforderlich, da für § 249 StGB anders als bei § 240 StGB der Taterfolg nicht „durch" Gewalt oder Drohung erreicht werden muss. Vielmehr genügt es, wenn – wie hier – subjektiv die Nötigung zur Wegnahme dienen soll **(Finalität)** und objektiv ein räumlich-zeitlicher Zusammenhang besteht, wobei dieser eine – vom Täter erkannte – nötigungsbedingte Schwächung des Gewahrsamsinhabers in seiner Verteidigungsfähigkeit oder -bereitschaft erfordert. Zuständig für den abgeurteilten Raub ist das Schöffengericht, vgl. §§ 24, 25, 28 GVG, § 355 StPO.
5.	Soweit hinsichtlich der entwendeten 500 Euro ein Diebstahl angenommen wurde, besteht ein Verfahrenshindernis gem. § 247 StGB **mangels eines wirksamen Strafantrags**. Demgegenüber würde § 247 StGB nach seinem Wortlaut hinsichtlich Raubs gemäß § 249 StGB nicht greifen; hier gibt es auch keine Verweisung wie für den Betrug in § 263 Abs. 4 oder für den Computerbetrug in §§ 263a Abs. 2, 263 Abs. 4 StGB.
6.	Ist die **Freiheitsberaubung** durch das Einsperren (indem er den Stuhl unter die Klinke der Badtür stellte) auch **Teil der angeklagten prozessualen Tat** des 500-Euro-Diebstahls? Ja! Dies ist völlig klar, wenn man erkennt, dass das Einsperren und die Wegnahme einen Raub begründen. Es liegt sogar Tateinheit vor. Es hätte natürlich eines Hinweises gemäß § 265 Abs. 1 StPO bedurft (siehe unten).

II. Verfahrensfehler

1. Absolute Revisionsgründe

1.	Der Verteidiger war nicht anwesend, als der Kontoauszug „in Augenschein genommen wurde“ (dazu s.u.), so dass der absolute Revisionsgrund der **Anwesenheitsrüge** gemäß §§ 338 Nr. 5, 145 Abs. 1 S. 1 StPO, greifen würde, wenn ein Fall notwendiger Verteidigung gem. § 140 StPO vorlag. **a)** Zwar wurde dem Angeklagten nicht i.S.d. § 140 Abs.1 Nr. 2 StPO das **Verbrechen** des Raubs (§ 249 StGB) **„zur Last gelegt“**. Denn „zur Last gelegt“ ist ein Verbrechen i.S. dieser Vorschrift nur, wenn die Tat entweder in der Anklage, dem Eröffnungsbeschluss, einer Nachtragsanklage oder aber spätestens in einem rechtlichen Hinweis nach § 265 Abs. 1 StPO als Verbrechen bewertet worden ist (sog. formalisierte „Zur Last-Legung“). Daran fehlt es hier. **b)** Allerdings hat das Gericht mehr als ein Jahr Freiheitsstrafe verhängt, so dass unter dem Gesichtspunkt der **Schwere der zu erwartenden Rechtsfolge** gemäß § 140 Abs. 2, 2. Var. StPO ein Fall notwendiger Verteidigung vorlag, ferner überdies aufgrund der **Schwierigkeit der Rechtslage** gem. § 140 Abs. 2, 3. Var. StPO, etwa weil die Vorsitzende einem 17jährigen Zeugen mit Vereidigung drohte, obwohl eine Vereidigung gem. § 60 Nr. 1 StPO unzulässig war, und damit ein Beweisverwertungsverbot gemäß §§ 69 Abs. 3, 136a Abs. 1 S. 3, 1. Var., Abs. 3 S. 2 StPO vorlag. **c)** Da das Institut der notwendigen Verteidigung das rechtsstaatliche Interesse an einem prozessordnungsgemäßen Strafverfahren und einer wirksamen Verteidigung des Angeklagten sichert, **steht die Anwesenheit des Verteidigers schließlich nicht zur Disposition des Angeklagten.** Dass der Angeklagte mit der Abwesenheit des Verteidigers „einverstanden“ war, ist also irrelevant. **d)** Die „Inaugenscheinnahme“ des Kontoauszugs war **ein wesentlicher Teil** der Hauptverhandlung. **e) Bewiesen** wird die Abwesenheit durch das Protokoll. **f)** Gemäß § 338 Nr. 5 StPO wird unwiderleglich vermutet, dass das Urteil auf dem Verstoß gegen §§ 145 Abs. 1 S. 1, 140 Abs. 2 StPO **beruht**. Mithin liegt der absolute Revisionsgrund der Abwesenheit des notwendigen Verteidigers gemäß §§ 338 Nr. 5, 145 Abs. 1 S. 1, 140 Abs. 2 StPO vor.
2.	Es könnte der **absolute Revisionsgrund der Überschreitung der Urteilsabsetzungsfrist** gemäß §§ 338 Nr. 7, 275 Abs. 1 S. 2 StPO vorliegen. Dies wäre der Fall, wenn das Urteil nicht innerhalb des sich aus § 275 Abs. 1 S. 2 und 4 StPO ergebenden Zeitraums zu den Akten gebracht worden ist. **a) Zu den Akten gebracht** ist das Urteil, wenn es innerhalb der in § 275 Abs. 1 StPO vorgeschriebenen Frist zumindest vollständig unterschrieben (durch den zuletzt unterschreibenden Richter) oder mit fristgerechtem Verhinderungsvermerk „auf den Weg zur Geschäftsstelle gebracht ist“. „Zu den Akten gebracht“ ist daher nicht in einem engen Wortsinn zu verstehen, so dass es nicht erforderlich ist, dass es bei der Geschäftsstelle tatsächlich eingegangen ist oder den Akten innerhalb der Frist tatsächlich beigefügt wurde. Allerdings

	reicht es andererseits auch nicht aus, dass der Richter das Urteil in seinem Dienstzimmer abliefert, weil das keine ausreichende Maßnahme zur Übermittlung an die Geschäftsstelle darstellt. Dagegen reicht, wenn das Urteil im Dienstzimmer des Richters „an der dafür vorgesehenen Stelle zum Abtrag bereit" liegt. Kurz: „Zu den Akten gebracht" ist das Urteil, wenn es jedenfalls in der Weise auf den Weg zur Geschäftsstelle gebracht worden ist, dass es – mit allen erforderlichen richterlichen Unterschriften (§ 275 Abs. 2 S. 1 StPO) – im Dienstzimmer an dafür vorgesehener Stelle zum Abtragen bereitgelegt wird, was vom Revisionsgericht i.R. des Freibeweisverfahrens ggf. durch Einholung einer nachträglichen dienstlichen Äußerung des betreffenden Richters überprüft wird. Nach § 275 Abs. 1 S. 2 StPO muss das „Zu den Akten bringen" spätestens fünf Wochen nach der Verkündung geschehen sein. **b) Zur Unterschrift:** Auch wenn die Unterschrift nicht lesbar zu sein braucht, so muss aber ein die Identität des Unterschreibenden ausreichend kennzeichnender individueller Schriftzug vorliegen, aus dem ein Dritter, der den Namen des Unterzeichnenden kennt, diesen noch herauslesen kann. Ein einzelner Buchstabe wie hier das „K" reicht nicht als Unterschrift aus. Allerdings wurde das Urteil zuvor ordnungsgemäß unterzeichnet und dann der Name bis auf den ersten Buchstaben getippext. Wenn das „Tippexen" erst nach dem „Zu den Akten bringen" i.S.d. § 275 Abs. 1 S. 1 StPO – was ein Bereitlegen zur Abholung voraussetzt – erfolgt wäre, etwa später durch das Kind einer Beamtin der Geschäftsstelle, würde es an der rechtlichen Existenz eines mit einer Unterschrift versehenen Urteils nichts ändern. Ausweislich der dienstlichen Stellungnahme der Richterin am Amtsgericht Dr. Keßner war ihre Unterschrift aber schon „getippext", als sie das Urteil in die Akte und die Akte mit dem Urteil auf den Abtrag gelegt hat. Also ist das Urteil bis dato mangels Unterschrift noch überhaupt nicht „zu den Akten gebracht". Der absolute Revisionsgrund des §§ 338 Nr. 7, 275 Abs. 1 S. 2 StPO liegt vor.

2. Relative Revisionsgründe

1.	a) Abgeurteilt wurde auch **Freiheitsberaubung gemäß § 239 Abs. 1 StGB**. Dieses Delikt findet sich aber weder in der Anklage noch im Eröffnungsbeschluss, so dass gem. **§ 265 Abs. 1 StPO** ein diesbezüglicher **Hinweis** in der Hauptverhandlung erforderlich war. Die Vorsitzende hat einen Hinweis auf § 239 StGB aber nicht erteilt. Zwar kommt in Betracht, dass die Verkündung eines Haftbefehls, der die fehlenden Ausführungen enthält – nämlich hier die Würdigung der Tat auch als Freiheitsberaubung gemäß § 239 Abs. 1 StGB –, als Hinweis des Gerichts „wirkt" bzw. einen solchen beinhaltet (vgl. BGH 4 StR 307/22). Das scheidet hier aber schon deshalb aus, weil nach der Verkündung des Haftbefehls kein rechtliches Gehör (Art. 103 Abs. 1 GG) mehr gewährt wurde (s.u. zum „letzten Wort") und damit ein solcher „Hinweis" für den Angeklagten „nutzlos" gewesen wäre.

	b) Bewiesen wird die Nichterteilung eines Hinweises durch das diesbezügliche Schweigen des Protokolls, denn der Hinweis nach § 265 Abs. 1 und Abs. 2 StGB ist eine wesentliche Förmlichkeit gem. § 273 Abs. 1 StPO, so dass dem Schweigen des Protokolls gemäß § 274 S. 1 StPO absolute negative Beweiskraft zukommt. c) Das Urteil müsste gemäß § 337 Abs. 1 StPO auf dem Fehler **beruhen**. Das Urteil beruht auf einem Verfahrensfehler, wenn und soweit es ohne den Fehler, also bei rechtsfehlerfreiem Verfahren, möglicherweise anders ausgefallen wäre. Es reicht also die Möglichkeit eines ursächlichen Zusammenhangs. Vorliegend ist nicht auszuschließen, dass der Angeklagte bei einem Hinweis auf § 239 Abs. 1 StGB sich anders als geschehen verteidigt hätte und das Urteil hinsichtlich Fall 3 anders ausgefallen wäre. Mithin beruht das Urteil hinsichtlich Fall 3 auf dem Fehler.
2.	a) Das Gericht hat ausweislich der Liste der angewendeten Vorschriften und der Strafzumessung hinsichtlich des Diebstahls der 300 Euro auch einen **besonders schweren Fall des Diebstahls** gemäß § 243 Abs. 1 S. 2 Nr. 6 StGB angenommen; dass der besonders schwere Fall im Tenor nicht enthalten ist, ist im Übrigen nicht falsch, sondern gerade „handwerklich“ richtig. Der besonders schwere Fall wird jedoch weder in der Anklage noch im Eröffnungsbeschluss benannt, so dass **gemäß § 265 Abs. 2 Nr. 1 StPO ein diesbezüglicher Hinweis** in der Hauptverhandlung erforderlich war. Die Vorsitzende hat einen solchen Hinweis aber nicht erteilt. b) **Bewiesen** wird dies durch das diesbezügliche Schweigen des Protokolls, denn der Hinweis nach § 265 Abs. 1 und Abs. 2 StGB ist eine wesentliche Förmlichkeit gemäß § 273 Abs. 1 StPO, so dass dem Schweigen des Protokolls gemäß § 274 S. 1 StPO absolute negative Beweiskraft zukommt. c) Das Urteil **beruht** gemäß § 337 Abs. 1 StPO hinsichtlich Fall 1 auch auf dem Fehlen des Hinweises, denn es ist nicht ausgeschlossen, dass der Angeklagte bei einem Hinweis auf § 243 Abs. 1 S. 2 Nr. 6 StGB sich anders als geschehen verteidigt hätte und das Urteil hinsichtlich Fall 1 anders ausgefallen wäre.
3.	a) Das Gericht hat gemäß §§ 73 Abs. 1, 73c Abs. 1 StGB die **Einziehung des Wertes der Taterträge** in Höhe von 800 Euro angeordnet. Die Einziehung des Wertes der Taterträge wird aber weder in der Anklage noch im Eröffnungsbeschluss angesprochen, so dass gemäß § 265 Abs. 2 Nr. 1 StPO ein diesbezüglicher Hinweis in der Hauptverhandlung erforderlich gewesen wäre – ein solcher fehlt aber –, wenn § 265 Abs. 2 Nr. 1 StPO auch hinsichtlich der Einziehung gem. §§ 73 ff. StGB greifen würde. Zwar erfasst § 265 Abs. 2 Nr. 1 StGB gemäß § 11 Abs. 1 Nr. 8 StGB als Maßnahme die Einziehung gem. §§ 73 ff. StGB. Fraglich ist aber, **ob Umstände vorliegen, die sich „erst in der Verhandlung ergeben“ haben.** Versteht man diese erforderlichen neuen Umstände im Sinne von „neuen Tatsachen“, so liegen solche nicht vor. Vielmehr fehlt in Anklage und Eröffnungsbeschluss nur ein Hinweis auf die (grundsätzlich) zwingend anzuordnende Einziehung, deren Anknüpfungstatsachen in der Anklage jedoch enthalten sind.

	Aber: Es kann nach Sinn und Zweck des § 265 StPO als Ausprägung des Grundsatzes des fairen Verfahrens und rechtlichen Gehörs nicht darauf ankommen, ob in der Hauptverhandlung neue Tatsachen hinzutreten oder das Gericht abweichend vom Eröffnungsbeschluss seine Rechtsmeinung ändert. Es geht um den Schutz des Angeklagten vor Überraschungsentscheidungen! Einer solchen Auslegung steht auch der Wortlaut der Norm nicht entgegen: Der Große Senat (GSSt 1/20; 1 StR 186/18; 1 ARs 14/19) versteht unter einem „sich erstmals in der Verhandlung ergebenden Umstand“ auch eine rechtsfolgenrelevante Tatsache, die zwar bereits in der zugelassenen Anklage geschildert wurde, deren Bedeutung aber erstmals in der Hauptverhandlung hervorgetreten ist. Denn erst, wenn solche (häufig doppelrelevanten) Tatsachen zur Anwendung der in § 265 Abs. 2 Nr. 1 StPO genannten Rechtsfolgen führen sollen, erweist sich ihre dahingehende Bedeutung für den Angeklagten, der vor Überraschungsentscheidungen geschützt werden soll. Ein Hinweis auf die Einziehung des Wertes von Taterträgen (§§ 73, 73c StGB) ist nach § 265 Abs. 2 Nr. 1 StPO also auch erforderlich, wenn die ihr zugrundeliegenden Anknüpfungstatsachen bereits in der zugelassenen Anklage (= Anklage mit Eröffnungsbeschluss) enthalten sind. Ein Hinweis der Vorsitzenden wäre selbst dann erforderlich gewesen, wenn der Staatsanwalt die Einziehung im Plädoyer beantragt hätte. Denn § 265 Abs. 2 StPO verweist ausdrücklich auf die in § 265 Abs. 1 StPO normierte besondere Hinweispflicht. Es reicht deshalb nicht, dass der betreffende Gesichtspunkt in der Hauptverhandlung von einem anderen Verfahrensbeteiligten als dem Gericht zur Sprache gebracht wird. Mithin liegt ein Verstoß gegen § 265 Abs. 2 Nr. 1 i.V.m. § 265 Abs. 1 StPO vor. **b) Bewiesen** wird der Verstoß gem. § 274 S. 1 StPO durch das Schweigen des Protokolls, da die Erteilung eines Hinweises nach § 265 Abs. 1 und Abs. 2 StPO eine wesentliche Förmlichkeit i.S.d. § 273 Abs. 1 StPO ist (absolute negative Beweiskraft). **c)** Auch **beruht** die Anordnung der Einziehung auf dem Verstoß gegen die Hinweispflicht. Die Anordnung der Einziehung des Wertes von Taterträgen hat weitere Voraussetzungen als die Begehung einer rechtswidrigen Tat, so dass nicht bereits alle wesentlichen rechtlichen Aspekte des Urteilsspruchs in der Anklage enthalten waren. Vergleiche etwa den festzustellenden Umfang und Gegenstand des Erlangten. Auch ist die Einziehung gemäß § 73e Abs. 1 StGB bei Erfüllung ausgeschlossen. Schließlich ist nicht ersichtlich, dass der Angeklagte und sein Verteidiger unabhängig von dem fehlenden Hinweis erschöpfend zu einer möglichen Einziehungsentscheidung Stellung genommen hätten.
4.	Es besteht eine **Divergenz zwischen dem Tenor im Hauptverhandlungsprotokoll** („1 Jahr 10 Monate“) **und dem Tenor (und den Gründen) des schriftlichen Urteils** („1 Jahr 11 Monate“). Die Übereinstimmung des Tenors aus der Urteilsurkunde mit dem verkündeten Tenor ist von Amts wegen zu prüfen (BGH 1 StR 632/18; str.); aus anwaltlicher Vorsicht sollte gleichwohl eine Verfahrensrüge erhoben werden.

	Maßgeblich ist der „authentische“ Wortlaut des Tenors aus dem Hauptverhandlungsprotokoll. Denn allein das Protokoll beweist nach § 274 S. 1 StPO, welche Urteilsformel der Vorsitzende tatsächlich verkündet hat (§ 268 Abs. 2 S. 1 StPO), wodurch das Urteil gerade zur Entstehung gelangt ist (BGH 1 StR 632/18; 6 StR 22/22). Nur unter dem Gesichtspunkt des Beruhens kann das Revisionsgericht ggf. auf die niedrigere Strafe durcherkennen (§ 354 Abs. 1 StPO analog), hier ist das Urteil aber ohnehin aufzuheben.
5.	**a)** Die Einlassung „Ich verdiene 3 000 Euro netto.“ Gehört nicht zu den primär der Identitätsfeststellung dienenden Angaben betr. die persönlichen Verhältnisse (vgl. § 111 Abs. 1 OWiG), sondern zu den **Angaben zur Sache**. **Mangels Belehrung über die Aussagefreiheit** liegt ein Verstoß gegen **§ 243 Abs. 5 S. 1 StPO** vor, der zur Unverwertbarkeit führt. **b) Bewiesen** wird der Fehler durch das Protokoll. **c)** Auf diesem Rechtsfehler **beruht** das Urteil allerdings nur dann, wenn die Angabe des Verdienstes in irgendeiner Form für die Schuld- oder Straffrage verwertet wurde. Daran fehlt es, weil der Angeklagte nicht zu einer (Gesamt-)Geldstrafe (vgl. § 40 Abs. 2 StGB), sondern zu einer (Gesamt-)Freiheitsstrafe verurteilt wurde. Ein Beruhen ist auch deshalb zu verneinen, weil der Angeklagte nach der (verspäteten) Belehrung über sein Schweigerecht zur Sache ausgesagt hat, insbesondere zu seinen persönlichen Verhältnissen – also ohnehin insoweit aussagebereit war.
6.	**a)** Gemäß § 243 Abs. 4 S. 1 StPO hat der Vorsitzende nach Verlesung des Anklagesatzes mitzuteilen, ob im Vorfeld Erörterungen nach den §§ 202a, 212 StPO stattgefunden haben, wenn deren Gegenstand die Möglichkeit einer Verständigung (§ 257c StPO) gewesen ist, und wenn ja, deren wesentlichen Inhalt. Anerkannt ist dabei, dass es auch die Pflicht zu einer „**Negativmitteilung**“ gibt. **Jedenfalls an einer Negativmitteilung fehlt es** hier, so dass ein **Verstoß gegen § 243 Abs. 4 S. 1 StPO** vorliegt. **b) Bewiesen** wird das Fehlen einer Negativmitteilung gemäß § 274 S. 1 StPO durch das Schweigen des Protokolls, weil die Mitteilung gemäß § 273 Abs. 1a S. 2 StPO eine wesentliche Förmlichkeit ist (absolute negative Beweiskraft). **c)** Eine vorherige Rüge nach § 238 Abs. 2 StPO ist zur Geltendmachung dieses Verfahrensfehlers nicht erforderlich. **d)** Zu prüfen bleibt, ob das Urteil auf dem Fehlen der Mitteilung **beruht**, § 337 Abs. 1 StPO. Ein Beruhen des Urteils auf dem Unterlassen einer Negativmitteilung nach § 243 Abs. 4 S. 1 StPO kann ausgeschlossen werden, wenn zweifelsfrei feststeht, dass es keinerlei verständigungsorientierte Gespräche gegeben hat. Achtung: Allein aus dem Schweigen des Protokolls wird nicht bewiesen, dass es verständigungsbezogene Erörterungen gegeben hat. Dies ist durch das Revisionsgericht – auf einen entsprechenden substantiierten rügebegründenden Vortrag des Beschwerdeführers (§ 344 Abs. 2 S. 2 StPO) – im Freibeweisverfahren zu klären (*Moldenhauer/Wenske*, JA 2019, 698, 701).

	Angesichts des im Hauptverhandlungsprotokoll benannten Telefonats zwischen dem Verteidiger und der Vorsitzenden und dessen Inhalt – es soll eingehend erörtert worden sein, wie man „die Kuh vom Eis bekomme“ – ist nicht auszuschließen, dass ein Gespräch stattgefunden hat, das die Möglichkeit einer Verständigung zum Gegenstand hatte, zumal der Angeklagte – wohl als dessen Ergebnis oder als Reaktion hierauf – sich zu einem Geständnis hinsichtlich Fall 2 entschlossen hat. Letztlich könnte der Verteidiger insoweit den näheren Inhalt des Gesprächs vortragen. Allerdings will der Verteidiger den Angeklagten über das Telefonat informiert haben, so dass zu fragen ist, ob der Angeklagte überhaupt ein Informationsdefizit hat. Allerdings kann eine Information durch den Verteidiger die Mitteilung der Vorsitzenden nicht ersetzen. Das Gesetz will die Transparenz der Gespräche, die außerhalb der Hauptverhandlung geführt werden, durch die Mitteilung ihres wesentlichen Inhalts in der Verhandlung für die Öffentlichkeit und alle Verfahrensbeteiligten, insbesondere aber für den Angeklagten herbeiführen. Insbesondere soll dem Angeklagten eine eigenverantwortliche Entscheidung ermöglicht werden, wie er sein eigenes Verteidigungsverhalten einrichtet. Dabei dienen die Transparenzvorschriften des Verständigungsgesetzes gerade auch dem Schutz der Grundrechte des von einer Verständigung betroffenen Angeklagten vor einem „im Geheimen sich vollziehenden ‚Schulterschluss‘ zwischen Gericht, Staatsanwaltschaft und Verteidigung“. Vor diesem Hintergrund kommt der Informationspflicht durch den Vorsitzenden auch die Funktion zu, den Angeklagten vor einer fehlerhaften Beratung durch seinen Verteidiger zu schützen. Daher ist ja auch keine Beanstandung gemäß § 238 Abs. 2 StPO seitens des Verteidigers erforderlich. Für die Entscheidung des Angeklagten, die meist mit der Frage nach einem Geständnis in der Hauptverhandlung verbunden ist, ist es zudem von besonderer Bedeutung, ob er über die Einzelheiten der in seiner Abwesenheit geführten Gespräche nur zusammenfassend und in nicht dokumentierter Weise von seinem Verteidiger nach dessen Wahrnehmung und Verständnis informiert wird, oder ob ihn das Gericht unter Dokumentation seiner Mitteilungen im Protokoll der Hauptverhandlung unterrichtet. Daher ist auch hier nicht auszuschließen, dass durch das Unterlassen der Negativmitteilung das Prozessverhalten des Angeklagten beeinflusst wurde. Damit beruht das Urteil auf dem Verstoß gegen § 243 Abs. 4 S. 1 StPO.
7.	Die Verlesung der E-Mail des Zeugen Brömme verstieß nicht gegen **das allgemeine Beweisverwertungsverbot des § 252 StPO**, so dass eine hieran anknüpfende Rüge gem. § 261 StPO nicht greift. **a)** Zwar darf nach Zeugnisverweigerung des Zeugen dessen frühere Vernehmung nicht über den polizeilichen Verhörsbeamten eingeführt werden. Ferner hatte Brömme trotz Scheidung noch ein Zeugnisverweigerungsrecht, vgl. § 52 Abs. 1 Nr. 3 StPO, Art. 51 EGBGB, § 1590 Abs. 2 BGB.

	b) Auch wird ein Schriftstück, das der Zeuge im Rahmen der polizeilichen Vernehmung übergibt und zum Bestandteil seiner Aussage macht, als unselbstständiger Teil dieser Vernehmung betrachtet, weil es keinen Unterschied macht, ob der Zeuge dessen Inhalt im Rahmen der Vernehmung wiedergibt oder eben das Schriftstück selbst übergibt. **c)** Allerdings hat Brömme die E-Mail **nicht im Rahmen einer Vernehmung oder mit Bezug auf eine solche übersandt**. Eine Vernehmung setzt voraus, dass der Vernehmende der Auskunftsperson in amtlicher Funktion gegenübertritt und in dieser Eigenschaft von ihr Auskunft verlangt. Die E-Mail hat Brömme aber aus freien Stücken initiativ als Strafanzeige an die Polizei gesandt. Es fehlt an einem amtlichen Auskunftsverlangen. Von daher greift § 252 StPO nicht, da dieser nur auf das bezogen ist, was im Rahmen einer Vernehmung gesagt bzw. übergeben wurde.
8.	**a)** Die Vorsitzende hat dem 17jährigen Zeugen Winter **mit Vereidigung gedroht**, obwohl eine Vereidigung gemäß § 60 Nr. 1 StPO unzulässig war (unabhängig von der Frage, ob der Zeuge ein Auskunftsverweigerungsrecht gem. § 55 StPO hatte, § 60 Nr. 2 StPO). Damit hat sie mit einer unzulässigen Maßnahme gedroht, so dass gemäß §§ 69 Abs. 3, 136a Abs. 1 S. 3, 1. Var., Abs. 3 S. 2 StPO ein Beweisverwertungsverbot vorliegt. Die Berücksichtigung dieser Zeugenaussage im Urteil verstieß damit gegen § 261 StPO. **b)** Das Urteil – mit Ausnahme des Schuldspruchs im Fall 2, insoweit lag ein glaubhaftes Geständnis vor und Winter war insoweit auch kein unmittelbarer Zeuge – **beruht** auch auf diesem Fehler, § 337 Abs. 1 StPO. Denn es erscheint möglich bzw. es liegt sogar nahe, dass das Urteil im Fall 1 und 3 (sowie im Gesamtstrafenausspruch) ohne die zentrale Aussage des Zeugen Winter anders ausgefallen wäre.
9.	**a)** Dass die Vorsitzende den Zeugen Winter nicht gemäß § 55 Abs. 2 StPO belehrt hat, könnte fehlerhaft sein und einen relativen Revisionsgrund darstellen. So bestand (jedenfalls) ab dem Zeitpunkt seiner Äußerung, er habe dem Angeklagten den Tipp gegeben, dass das Geld im Schuhfach der Tasche sein könne, eine Verfolgungsgefahr bezogen auf Beihilfe zum Diebstahl bzw. zum Raub. **b)** Die unterbliebene Belehrung eines Zeugen über sein Auskunftsverweigerungsrecht bei Verfolgungsgefahr (§ 55 Abs. 2 StPO) ist für den Angeklagten aber nicht revisibel. Nach der sog. **„Rechtskreistheorie“** besteht nämlich kein allgemeines Recht der Verfahrensbeteiligten, jedes prozessordnungswidrige Verhalten des Gerichtes mit der Revision zu rügen. Maßgeblich ist vielmehr, ob die Verletzung der einschlägigen Vorschrift den Rechtskreis des Rechtsmittelführers wesentlich berührt, was in Bezug auf § 55 StPO nicht der Fall ist. § 55 StPO dient ausschließlich dem Schutz des Zeugen, dem die seelische Zwangslage, sich selbst oder einen Angehörigen zu belasten, erspart werden soll. Der Rechtskreis des Angeklagten ist nicht berührt. Mithin ist der Verstoß gegen § 55 Abs. 2 StPO für den Angeklagten nicht revisibel.

10.	a) Ist eine **Entscheidung über die Vereidigung** entgegen § 59 StPO wie hier hinsichtlich des Zeugen Brauer vom Gericht **nicht getroffen worden**, so kann dies grundsätzlich die Revision begründen. b) **Bewiesen** wird ein solcher Rechtsfehler durch das Schweigen des Hauptverhandlungsprotokolls, da die Entscheidung über die Nichtvereidigung selbst angesichts ihres Regelcharakters überwiegend als wesentliche Förmlichkeit nach § 273 Abs. 1 StPO angesehen wird. c) Das Urteil **beruht** auf diesem Verfahrensfehler aber nur, wenn es bei einer ordnungsgemäßen Entscheidung zu einer Vereidigung des Zeugen gekommen und zudem nicht auszuschließen wäre, dass der Zeuge in diesem Falle andere, wesentliche Angaben gemacht hätte. Anhaltspunkte dafür, dass das Gericht die Vereidigung wegen der/einer ausschlaggebenden Bedeutung der Aussage des Zeugen Brauer oder zur Herbeiführung einer wahren Aussage für notwendig gehalten haben könnte (vgl. § 59 StPO), liegen jedoch nicht vor. Von daher beruht das Urteil nicht auf dem Fehlen einer Entscheidung über die Vereidigung des Zeugen Brauer.
11.	a) Die **„Kopf ab“-Geste** gegenüber dem im Zuschauerraum sitzenden Winter während einer Verhandlungspause wurde nicht in die Hauptverhandlung eingeführt, so dass insoweit die **Inbegriffsrüge gem. § 261 StPO** greift. Denn um ein „Pausen-Verhalten“ in die Verhandlung einzuführen, bedarf es entweder einer förmlichen Beweiserhebung im Strengbeweisverfahren (etwa durch nochmalige Vernehmung des Winter als Zeugen oder eines Wachtmeisters, der die Geste gesehen hat). Hieran fehlt es. Oder das Gericht muss diesen Umstand als „gerichtskundig“ zum Gegenstand der Hauptverhandlung machen. Voraussetzung hierfür ist regelmäßig ein Hinweis des Gerichts in der Hauptverhandlung, dass es seiner Entscheidung (möglicherweise) eine bestimmte Tatsache als gerichtskundig zugrunde legen will, damit die Verfahrensbeteiligten rechtliches Gehör erhalten und der Angeklagte seine Verteidigung entsprechend einrichten kann. Gerichtskundig sind solche Tatsachen, die dem Gericht im Rahmen seiner dienstlichen Tätigkeit zuverlässig bekannt geworden sind. Vorliegend fehlt ein Hinweis des Gerichts, dass es die „Kopf ab“-Geste (möglicherweise) als gerichtskundig zugrunde legen will. Der Haftbefehl dürfte zwar die „Kopf ab“-Geste als Verdunkelungsgefahr begründend thematisieren; da jedoch nach Verkündung kein rechtliches Gehör mehr gewährt wurde, stellt er schon deshalb keinen entsprechenden Hinweis dar bzw. vermag nicht, als solcher zu wirken. Daher liegt mangels Einführung in die Hauptverhandlung ein Verstoß gegen § 261 StPO vor. b) **Bewiesen** wird der Verstoß durch die Ausführungen im Urteil und das Schweigen des Hauptverhandlungsprotokolls zu einem Hinweis, wobei jedoch zu beachten ist, dass das Schweigen des Protokolls insoweit keine absolute negative Beweiskraft hat. Denn die Erörterung einer gerichtskundigen Tatsache gehört nicht zu den wesentlichen Förmlichkeiten i.S.d. § 273 Abs. 1 S. 1 StPO, deren Beachtung das Protokoll ersichtlich machen muss. Das Revisi-

	onsgericht prüft das Fehlen eines solchen Hinweises – anders als bei § 265 StPO – also freibeweislich nach. Mithin kann das Revisionsgericht dienstliche Erklärungen von dem Tatgericht und dem Sitzungsvertreter der Staatsanwaltschaft einholen. c) Das Urteil **beruht** nicht nur hinsichtlich der Ablehnung der Strafaussetzung zur Bewährung auf dem Verstoß, sondern auch hinsichtlich der Einzelstrafen und der Gesamtstrafe, weil nicht auszuschließen ist, dass deren Höhe auch von der „Kopf ab“-Geste beeinflusst wurde (a.A. vertretbar).
12.	Der Inhalt einer Urkunde wird durch Verlesen in die Hauptverhandlung eingeführt. **Der Kontoauszug wurde aber in Augenschein genommen,** so dass scheinbar ein **Verstoß gegen § 261 StPO** mangels wirksamer Einführung dessen Inhalts vorliegt. Bei einem kurzen Schriftstück greift jedoch eine Ausnahme: Zwar werden durch Inaugenscheinnahme regelmäßig nur das Vorhandensein und die Beschaffenheit der Urkunde belegt, nicht aber ihr Inhalt; zu dessen Erfassung bedarf es grundsätzlich der Verlesung. Diese strenge Differenzierung findet jedoch dann eine Grenze, wenn auch der gedankliche Inhalt der Urkunde durch einen Blick auf diese erfasst wird. Erschließt sich der Text bereits aus einem flüchtigen Betrachten, kann dessen Bedeutung nicht ausgeblendet werden und ist mithin Bestandteil der diesbezüglichen Beweisaufnahme (BGH 3 StR 267/13). Dies ist hinsichtlich des Kontoauszugs anzunehmen, zumal es lediglich um eine einzige Abhebung ging. Mithin liegt kein Verstoß gegen § 261 StPO vor.
13.	**a)** Hinsichtlich **POK Klein** bzw. dessen Angaben greift die Inbegriffsrüge gem. § 261 StPO, weil er nicht in der Hauptverhandlung ausgesagt hat, das Gericht jedoch im Urteil seine Angaben – wohl entnommen aus einem Aktenvermerk – verwertet hat, so dass ein Verstoß gegen den Mündlichkeitsgrundsatz vorliegt. **b) Bewiesen** wird der Verstoß (ohne Rekonstruktion der Hauptverhandlung) durch das Schweigen des Hauptverhandlungsprotokolls, weil eine Vernehmung des POK Klein als wesentlicher Förmlichkeit dort nicht enthalten ist, §§ 273 Abs. 1, 274 S. 1 StPO. c) Das Urteil **beruht** jedoch nicht auf dem Verstoß. Zunächst ist zu sehen, dass die Erwähnung eines Beweismittels bei der – überflüssigen (*Meyer-Goßner* NStZ 1988, 529, 532), wenn auch weithin üblichen – zusammenfassenden Aufzählung der Beweismittel nicht notwendig besagt, dass sich aus ihm etwas Wesentliches für die Urteilsfindung ergeben haben muss. Maßgeblich sind letztlich die Umstände des Einzelfalls, insbesondere die konkreten Ausführungen zur Beweiswürdigung (BGH 1 StR 587/11). Letztere sind vorliegend nicht abgedruckt. Vor allem hat vorliegend der Angeklagte den Fall 2 gestanden und POK Yilmaz zu dem im Tatsächlichen „unstreitigen“ Fall 2 ausgesagt, so dass auszuschließen ist, dass das Urteil ohne Berücksichtigung „der Angaben“ bzw. des Vermerks des POK Klein anders ausgefallen wäre.

14.	Hinsichtlich des vom Gericht angenommenen **Geständnisses des Angeklagten auch betreffend Fall 1** greift die **Inbegriffsrüge gem. § 261 StPO**, weil sich der Angeklagte die Erklärung seines Verteidigers nicht zu eigen gemacht hat: Die Verwertung einer geständigen oder bestreitenden Verteidigererklärung in der Hauptverhandlung setzt voraus, dass der Angeklagte den Verteidiger zu dieser Erklärung ausdrücklich bevollmächtigt oder sie nachträglich bestätigt oder sich sonst zu eigen gemacht hat. Sonst sind Geständnis oder Einlassung nicht in die Hauptverhandlung eingeführt. Es liegt – wie hier – nur eine eigene Prozesserklärung des Verteidigers vor, der nicht Vertreter, sondern Beistand ist. Insbesondere können das Schweigen des Angeklagten zu der in seiner Anwesenheit abgegebenen Verteidigererklärung oder seine Angaben im „letzten Wort" nicht als konkludente Genehmigung verstanden werden. Die Verurteilung im Fall 1 **beruht** auch auf dem Verfahrensfehler.
15.	**a)** Mit Blick auf den verkündeten und in Vollzug gesetzten Haftbefehl könnten die Ausführungen des Angeklagten ihre Bedeutung als **„letztes Wort"** verloren haben, also ein Verstoß gegen § 258 Abs. 2, 2. Hs. StPO vorliegen. Mit einem Wiedereintritt in die Verhandlung verlieren die früheren Ausführungen des Angeklagten ihre Bedeutung als „letztes Wort". Ein Wiedereintritt liegt nicht nur in jeder Prozesshandlung, die ihrer Natur nach in den Bereich der Beweisaufnahme fällt, sondern bereits in jeder Handlung, in der sich der Wille des Gerichts zum Weiterverhandeln in der Sache zeigt. Dies ist der Fall bei jedem Vorgang, der die gerichtliche Sachentscheidung auch nur mittelbar beeinflussen könnte, indem er eine tatsächliche oder rechtliche Bewertung des bisherigen Verfahrensergebnisses zum Ausdruck bringt. Auf Umfang und Bedeutung der nochmaligen Verhandlungen kommt es dabei nicht an. Werden dagegen nach dem letzten Wort ausschließlich Vorgänge erörtert, die auf die gerichtliche Entscheidung keinen Einfluss haben können, ist dies kein Wiedereintritt in die Verhandlung. Mit dem Erlass (§§ 112 f. StPO) oder der Invollzugsetzung (§ 116 StPO) eines Haftbefehls wird mit dem inzident bejahten oder bekräftigten dringenden Tatverdacht der Verfahrensgegenstand angesprochen. Also liegt ein Wiedereintritt in die Verhandlung vor. Damit hatte der Angeklagte nicht das „letzte Wort", § 258 Abs. 2, 2. Hs. StPO. **b) Bewiesen** wird dies durch das Protokoll. **c)** Das Urteil – mit Ausnahme des Schuldspruchs im Fall 2, insoweit lag ein glaubhaftes Geständnis vor – **beruht** auf diesem Verstoß, denn es ist nicht auszuschließen, dass der Angeklagte bei Erteilung des letzten Wortes weitere Ausführungen gemacht hätte und das Urteil im Fall 1 und 3, allen Einzelstrafen und im Gesamtstrafenausspruch anders ausgefallen wäre.

III. Sachrüge

1.	Die **Darstellungsrüge** würde greifen, wenn die Urteilsurkunde als **bloßer Entwurf** zu behandeln wäre. Denn dann würde es an Feststellungen des Gerichts gänzlich fehlen; es läge keine bloße „Lücke“, sondern ein einziges „großes Loch“ vor. Ein Entwurf würde vorliegen, wenn das Urteil nicht unterzeichnet wäre. M.a.W.: Fehlt dem Urteil jegliche richterliche Unterschrift bzw. liegt im Rechtssinne keine Unterschrift vor, so ermöglicht das Urteil – da mangels richterlicher Verantwortungsübernahme nur ein Urteilsentwurf vorliegt – keine sachlichrechtliche Prüfung und es ist schon auf die Sachrüge aufzuheben (vgl. OLG Frankfurt 1 Ss 318/14; vgl. auch BGH 4 StR 232/23). Ein einzelner Buchstabe wie hier das „K“ reicht nicht als Unterschrift aus. Allerdings wurde das Urteil zuvor ordnungsgemäß unterzeichnet und dann der Name bis auf den ersten Buchstaben getippext. Wenn das „Tippexen“ erst *nach* dem „Zu den Akten bringen“ i.S.d. § 275 Abs. 1 S. 1 StPO – was ein Bereitlegen zur Abholung voraussetzt – erfolgt wäre, etwa später durch das Kind einer Beamtin der Geschäftsstelle, würde es an der rechtlichen Existenz einer mit einer Unterschrift versehenen Urteils nichts ändern. Wann und durch wen getippext wurde, lässt sich aber allein aus der Urteilsurkunde nicht erkennen. Um dies zu klären, bedarf es der dienstlichen Erklärung der Richterin. Prüfungsgrundlage der Sachrüge ist aber allein die Urteilsurkunde (und Abbildungen, auf die verwiesen wird, § 267 Abs. 1 S. 3 StPO). Allein anhand der Urteilsurkunde lässt sich aber nicht entscheiden, ob lediglich ein Entwurf vorliegt, nämlich wann und durch wen getippext wurde. Insoweit verbleibt es daher bei der Verfahrensrüge gemäß §§ 338 Nr. 7, 275 StPO (vgl. OLG Frankfurt 1 Ss 318/14). Ein Darstellungsmangel unter dem Gesichtspunkt „bloßer Entwurf“ liegt nicht vor. Achtung: Wenn das JPA auf ein „Unterschriftsproblem“ hinauswill, müssen (wie hier) Kopien des Originalurteils abgedruckt sein. BGH 3 StR 428/23: „Die von den Richtern unterschriebenen Originale von Urteilen und Beschlüssen verbleiben bei den Akten. An die Verfahrensbeteiligten werden sog. Ausfertigungen herausgegeben. Das sind Abschriften oder Ablichtungen des Originals mit dem Ausfertigungsvermerk der Geschäftsstelle, der von einem Urkundsbeamten unterschrieben und mit einem Dienstsiegel versehen wird (§ 169 Abs. 2 ZPO).“ Nicht sehr positiv fällt deshalb auf, wer in der Klausur bei einer Urteilsausfertigung das Fehlen der Unterschriften des/r Richter/s bemängelt.
2.	Der angenommene **besonders schwere Fall der Ausnutzung der Hilfslosigkeit gem. § 243 Abs. 1 S. 2 Nr. 6 StGB** wird von den Feststellungen getragen: Zwar fällt der „gesunde“ Schlaf nicht ohne weiteres unter Hilflosigkeit i.S.d. § 243 Abs. 1 S. 2 Nr. 6 StGB. Anders aber, wenn der Schlafende wie hier infolge einer erheblichen Alkoholisierung unfähig ist, sich gegen die Wegnahme von in seinem Gewahrsam befindlichen Sachen zu schützen (BGH 5 StR 177/21).

3.	Der Schuldspruch des **Widerstands gegen Vollstreckungsbeamte und des tätlichen Angriffs auf Vollstreckungsbeamte** werden von den Feststellungen nicht getragen. Denn es fehlt die objektive Bedingung der Strafbarkeit in Form der Rechtmäßigkeit der Vollstreckungs- bzw. Diensthandlung, §§ 113 Abs. 3, 114 Abs. 3 StGB: Nach dem strafrechtlichen Rechtmäßigkeitsbegriff ist nicht die „materielle (Verwaltungs-)Richtigkeit", sondern grundsätzlich nur die formale Rechtmäßigkeit ausschlaggebend. Der Organwalter muss sachlich und örtlich zuständig gewesen sein, die wesentlichen Förmlichkeiten eingehalten haben und seiner Pflicht zur situationsangemessenen Beurteilung erkennbarer Eingriffsvoraussetzungen – inkl. pflichtgemäßer Ausübung etwaigen Ermessens – nachgekommen sein. POK Yilmaz und POK Klein hätten den vorläufig festgenommenen Beschuldigten gemäß § 127 Abs. 4 StPO i.V.m. § 114b Abs. 1 S. 1 und 3, Abs. 2 StPO unverzüglich jedenfalls mündlich belehren müssen. Dafür war während des fünfminütigen Wartens auf den Streifenwagen hinreichend Gelegenheit. Also wurde diese Förmlichkeit nicht beachtet, die auch als wesentlich anzusehen ist. Damit war die vorläufige Festnahme zum Zeitpunkt des Tritts nicht mehr rechtmäßig, sondern rechtswidrig. Allerdings wird die Verurteilung wegen Körperverletzung (§ 223 Abs. 1 StGB) von den Feststellungen getragen. Insbesondere ist der Angeklagte nicht durch Notwehr gem. § 32 StGB gerechtfertigt. Zwar liegt ein rechtswidriger Angriff vor, Notwehr dürfte aber nicht „geboten" sein. Bei der Prüfung, ob körperliche Gewalt gegen einen formell rechtswidrig handelnden Vollstreckungsbeamten „geboten" i.S.d. § 32 Abs. 1 StGB ist, sind das staatliche Gewaltmonopol und die Möglichkeit, die Rechtmäßigkeit des Vollstreckungshandelns nachträglich im Wege der Fortsetzungsfeststellungsklage überprüfen zu lassen, zu berücksichtigen (vgl. OLG Frankfurt 3 ORs 13/23; str.). Danach ist von dem Angeklagten zu verlangen, dass er auf die Abwehrhandlung verzichtet und ggf. den Rechtsweg beschreitet. Die **Tenorierung** als „vorsätzliche" Körperverletzung ist nicht zwingend erforderlich, vgl. BGH 3 StR 120/23; anders jedoch *Meyer-Goßner/Schmitt*, § 260 StPO Rn. 24.
4.	Die Verurteilung wegen **Freiheitsberaubung gem. § 239 Abs. 1 StGB** wird von den Urteilsfeststellungen getragen. Obwohl Brömme während des Einsperrens geschlafen hat und das Bad gar nicht verlassen wollte, liegt der Tatbestand vor. Denn § 239 StGB schützt die potenzielle persönliche Fortbewegungsfreiheit (BGH 5 StR 406/21). In sie wird auch dann eingegriffen, wenn das Opfer sich gar nicht wegbewegen will. **a)** Wortlaut: Seiner (Bewegungs-) Freiheit ist objektiv betrachtet derjenige beraubt, der sich aufgrund des Verhaltens eines Dritten nicht wegbewegen kann, wenn er dies wollte. Eine als Zwang empfundene Willensbeugung wohnt dem Begriff der Freiheitsberaubung in objektiver Hinsicht nicht inne.

	b) Mit dem hohen Gut der persönlichen Bewegungsfreiheit wäre es nicht in Einklang zu bringen, die Freiheitsberaubung als einen bloßen Spezialfall der milder sanktionierten Nötigung zu behandeln. Dafür spricht auch, dass § 239 StGB systematisch vor § 240 StGB steht, was gegen die Einordnung als Spezialfall spricht. **c)** Für den Versuch (§ 239 Abs. 2 StGB) bleibt ein Anwendungsbereich. Lockt der Täter etwa das Opfer in ein Zimmer, um es darin einzuschließen, macht er sich wegen eines (fehlgeschlagenen) Versuchs der Freiheitsberaubung strafbar, wenn ihm das Einschließen etwa mangels passenden Schlüssels oder wegen Gegenwehr nicht gelingt.
5.	Die Feststellungen würden eine Verurteilung wegen **Raubs** gem. § 249 Abs. 1 StGB tragen (s.o.).
6.	Unzutreffend ist die Annahme von **Tatmehrheit** zwischen der Freiheitsberaubung und dem Diebstahl der 500 Euro. Vielmehr liegt Tateinheit gem. § 52 StGB vor. Der Diebstahl würde natürlich hinter den Raub zurücktreten.
7.	Die **Gesamtstrafenbildung** ist schon deswegen fehlerhaft, weil 1 Jahr und 11 Monate gerade der Summe der Einzelstrafen (8 Monate + 6 Monate + 90 Tagessätze, wofür gemäß § 54 Abs. 3 StGB 3 Monate anzusetzen sind + 6 Monate = 1 Jahr 11 Monate) entspricht, was gegen **§ 54 Abs. 2 S. 1 StGB** verstößt, wonach die Gesamtstrafe die Summe der Einzelstrafen nicht erreichen darf.

C. Zweckmäßigkeitserwägungen

1.	Grundsätzlich ist es angesichts der vielen durchgreifenden Rechtsfehler zweckmäßig, die **Revision durchzuführen** und innerhalb der Frist des § 345 Abs. 1 S. 1, 3 StPO (die vorliegend mangels wirksamer Zustellung noch gar nicht läuft, s.o.) und unter Beachtung der Formvorschriften der §§ 344 Abs. 2, 345 Abs. 2 StPO i.V.m. §§ 32d S. 2, 32a Abs. 3 Alt. 2, Abs. 4 Nr. 2 StPO per besonderem elektronischem Anwaltspostfach (beA) zu begründen. Bei den Verfahrensrügen müssen gem. § 344 Abs. 2 S. 2 StPO dabei die den geltend gemachten Verstoß enthaltenden Tatsachen so vollständig und genau dargelegt werden, dass das Revisionsgericht allein auf Grund dieser Darlegung das Vorhandensein eines Verfahrensmangels feststellen kann, wenn die behaupteten Tatsachen bewiesen sind oder bewiesen werden.
2.	Dabei steht der Umstand, dass auf Basis der Feststellungen ein **Raub gemäß § 249 Abs. 1 StGB** vorliegt, der Durchführung der Revision wegen des **Verbots der Schlechterstellung nach § 358 Abs. 2 S. 1 StPO** grundsätzlich nicht entgegen. Allerdings bezieht sich das Verschlechterungsverbot nur auf Art und Höhe der Rechtsfolgen der Tat, und zwar sowohl der Einzelstrafen als auch der Gesamtstrafe. Einer Verschärfung des Schuldspruchs steht es jedoch nicht entgegen, so dass im neuen Rechtsgang eine Verurteilung wegen Raubs möglich wäre.

3.	Hinsichtlich der möglichen Verurteilung wegen des **Verbrechens** des Raubs gem. § 249 Abs. 1 StGB ist zu prüfen, **ob dies nach § 45 Abs. 1 StGB eine Wahl zum Bürgermeister unmöglich machen würde.** Danach verliert derjenige, der wegen eines Verbrechens zu Freiheitsstrafe von mindestens einem Jahr verurteilt wird, für die Dauer von fünf Jahren die Fähigkeit, öffentliche Ämter zu bekleiden und Rechte aus öffentlichen Wahlen zu erlangen. Entscheidend ist also, ob wegen Raubs eine Verurteilung von einem Jahr Freiheitsstrafe droht. Insoweit ist zu sehen, dass wegen der unzutreffenden Konkurrenzbeurteilung zwei Einzelstrafen (90 Tagessätze je 100 Euro und 6 Monate Freiheitsstrafe) verhängt wurden. Insoweit gilt: Bei Änderung der konkurrenzrechtlichen Beurteilung von Tatmehrheit zu Tateinheit oder zu einer Tat steht das Verschlechterungsverbot der Festsetzung höherer Einzelstrafen als selbst der höchsten aus den bislang verhängten Einzelstrafen nicht entgegen, denn der Schuld- und Unrechtsgehalt der zusammengefassten Taten liegt höher; insgesamt ist er gleich geblieben. Es ist in diesem Fall allein geboten, dass die Summe der bisherigen Einzelstrafen und die bisherige Gesamtstrafe nicht überschritten wird (vgl. etwa BGH 5 StR 594/07). Mithin schützt das Verschlechterungsverbot hinsichtlich der Strafe für den Raub in Tateinheit mit Freiheitsberaubung vor einer Verurteilung von mehr als 9 Monaten Freiheitsstrafe. Ein Jahr Freiheitsstrafe für den Raub ist mithin wegen des Verschlechterungsverbots ausgeschlossen. Somit drohen keine Statusfolgen nach § 45 Abs. 1 StGB, d.h. die Bürgermeisterambitionen des Mandanten sind nicht gefährdet.
4.	Vor allem bestehen gute Chancen, dass **im neuen Rechtsgang** eine Verurteilung im – nach Verfahrenseinstellung im Fall 1 und 2 – verbleibenden Fall 3 gänzlich abgewendet werden kann, also für einen Freispruch bzw. eine Einstellung durch Urteil. Denn der Zeuge Winter wird bei seiner Aussage wegen des gegen ihn bestehenden Verdachts der Beihilfe zum Raub über sein Auskunftsverweigerungsrecht gem. § 55 StPO zu belehren sein, also diesbezüglich schweigen dürfen. Da er in der hiesigen „alten“ Hauptverhandlung ersichtlich nicht aussagen wollte, ist auch im neuen Rechtsgang hiervon auszugehen, und zwar angesichts des Beihilfeverdachts erst recht. Seine „alte“ gerichtliche Aussage ist gem. §§ 69 Abs. 3, 136a Abs. 3 StPO unverwertbar. Wenn der Zeuge Winter (insoweit) die Auskunft verweigert, wird das „Stuhl unter die Türklinke Stellen“ aber nicht nachzuweisen sein, denn er hatte dies bei der Polizei nicht geschildert, so dass es auch nicht über den Zeugen POK Brauer eingeführt werden kann. Daher dürften Freiheitsberaubung und Raub nicht nachzuweisen sein, und hinsichtlich des u.U. nachweisbaren Diebstahls – dahin hatte Winter ja bereits bei der Polizei ausgesagt – würde jedenfalls wieder § 247 StGB greifen, so dass mangels Strafantrags ein Verfahrenshindernis vorläge. Dann stünde dem Mandanten zudem wegen der erlittenen Untersuchungshaft gem. § 2 Abs. 1 StrEG Entschädigung zu.
5.	Weiter wäre zu überlegen, ob ein **Wechsel** von der (Sprung-)Revision (§ 335 StPO) **zur Berufung** (§ 312 StPO) möglich und zweckmäßig ist.

	Ebenso wie eine unbestimmte Anfechtung des Urteils („farbloses“ Rechtsmittel) zulässig ist, weil der Anfechtende die Entscheidung über das geeignete Rechtsmittel in der Regel erst nach Kenntnis des schriftlichen Urteils sinnvoll treffen kann, so dass er dann bis zum Ablauf der Revisionsbegründungsfrist endgültig zu wählen hat (sonst wird das Rechtsmittel als Berufung behandelt), ist auch ein Wechsel des Rechtsmittels innerhalb der Revisionsbegründungsfrist möglich. So kann der Anfechtende sein Rechtsmittel zunächst als Berufung oder Revision bezeichnen und hat innerhalb der Revisionsbegründungsfrist grundsätzlich die Möglichkeit das jeweils andere Rechtsmittel zu wählen. Ein Wechsel zur Berufung ist jedoch nicht geboten. Die Revision führt zur Aufhebung des Urteils und einer Neuverhandlung der Sache in erster Instanz (soweit nicht bereits eine Einstellung erfolgt), so dass eine weitere Tatsacheninstanz gewonnen wird. Daher ist die Revision zweckmäßiger.
6.	Auch wenn sich eine Verurteilung abwenden ließe, so würde der Mandant – anders als er meint – gleichwohl **nicht** gemäß **§ 32 Abs. 2 Nr. 5 a) BZRG** als unbestraft gelten. Zwar überschreitet seine Verurteilung aus dem Jahr 2020 nicht die in der Norm genannte 90-Tagessätze-Grenze. Allerdings setzt die Norm weiter voraus, dass „im Register keine weitere Strafe eingetragen ist“ (vgl. § 32 Abs. 2 Nr. 5 a) BZRG am Ende). Der Mandant wurde aber wegen des Kokains mit einem rechtskräftigen Strafbefehl belegt, so dass ob dieser *zweiten* Entscheidung nunmehr beide Entscheidungen im Führungszeugnis stehen und daher eine Geltung als „nicht vorbestraft“ ausscheidet.
7.	Zwar wird die Zulässigkeit der Revision von Amts wegen geprüft. In Konstellationen scheinbarer Versäumung der Begründungsfrist, die aber tatsächlich gewahrt wird, ist es jedoch zweckmäßig, auf die Fristwahrung explizit unter Darstellung des Grundes – hier der Unwirksamkeit der Urteilszustellung wegen § 273 Abs. 4 StPO – hinzuweisen, auch um zu verhindern, dass das Tatgericht dies übersieht und die Revision gemäß § 346 Abs. 1 StPO selbst verwirft und dann der „Umweg“ des § 346 Abs. 2 StPO beschritten werden müsste.

Revisionsantrag:

Es wird gemäß §§ 353 Abs. 2, 354 Abs. 1, Abs. 2, 206a, 355 StPO beantragt wie folgt zu entscheiden:

1. Das Verfahren wird eingestellt, soweit der Angeklagte in den Fällen II. 1. und II. 2. der Gründe des Urteils des Amtsgerichts Frankfurt vom 09.02.2023 verurteilt worden ist; im Umfang der Einstellung fallen die Kosten des Verfahrens und die notwendigen Auslagen des Angeklagten der Staatskasse zur Last.

2. Im Übrigen wird das vorgenannte Urteil mit den zugehörigen Feststellungen aufgehoben und die Sache zu neuer Verhandlung und Entscheidung, auch über die weiteren Kosten des Rechtsmittels, an eine als Schöffengericht zuständige Abteilung des Amtsgerichts zurückverwiesen.

Vergleiche zur Tenorierung etwa BGH 1 StR 394/01, 3 StR 468/22 und 3 StR 458/09.

Übung 18
Finde die Strafzumessungsfehler

Finden Sie die Fehler in der Strafzumessung und bei den sonstigen Rechtsfolgen, d.h. im Urteilsabschnitt „V.“:

Landgericht Frankfurt

11 KLs 119 Js 81734/22

Im Namen des Volkes

Urteil

In der Strafsache gegen

den Metzger Tobias Hummel,
geboren am 08.01.1990 in Offenbach am Main,
wohnhaft Schillerstraße 97, 60596 Frankfurt,
verheiratet, deutscher Staatsangehöriger,

in dieser Sache seit dem 01.05.2023 in Untersuchungshaft in der JVA Frankfurt I,

wegen besonders schwerer räuberischer Erpressung u.a.

hat die 11. Große Strafkammer des Landgerichts Frankfurt in der Sitzung vom 14.09.2023, an der teilgenommen haben

Vorsitzender Richter am Landgericht Glöckner

als Vorsitzender,

Richterin Dr. Müller

als beisitzende Richterin,

Forstwirt Steffen Heine

Lehrerin Renate Becker

als Schöffen,

Staatsanwältin Sosa

als Beamtin der Staatsanwaltschaft,

Rechtsanwalt Dr. Traber

als Verteidiger,

Justizhauptsekretär Nebel

als Urkundsbeamter der Geschäftsstelle,

für Recht erkannt:

Der Angeklagte wird wegen besonders schwerer räuberischer Erpressung und gefährlicher Körperverletzung in Tateinheit mit Nötigung sowie wegen Diebstahls zu einer Gesamtfreiheitsstrafe von 5 Jahren 6 Monaten verurteilt.

Die Einziehung des Wertes der Taterträge in Höhe von 140 Euro wird angeordnet.

Der Angeklagte trägt die Kosten des Verfahrens.

Angewendete Vorschriften: §§ 223 Abs. 1, 224 Abs. 1 Nr. 4, 240 Abs. 1, Abs. 2, 242 Abs. 1, 243 Abs. 1 S. 2 Nr. 6, 253, 255, 250 Abs. 2 Nr. 1, 2. Alt., 21, 25 Abs. 2, 49 Abs. 1, 52, 53 Abs. 1, 73 Abs. 1, 73c StGB

Gründe

I.

… Der Angeklagte ist verheiratet und Vater einer fünfjährigen Tochter. … Er war bis zu seiner Festnahme als Metzger bei der Firma Wurst-Walter tätig. Der Arbeitsvertrag vom Januar 2023 ist auf ein Jahr befristet und wurde noch nicht gekündigt. … Er ist vorbestraft. Durch rechtskräftiges Urteil des Amtsgerichts Marburg vom 23.10.2014 (58 Ds 4 Js 1253/14) wurde er wegen Körperverletzung zu einer Geldstrafe von 90 Tagessätzen zu je 30 Euro verurteilt.

II.

1. Am Samstag, dem 29.04.2023, wollte der Angeklagte, dessen Ehefrau mit der gemeinsamen Tochter über das Wochenende zu den Großeltern gefahren war, seine „freie Zeit" für einen „Partyabend" nutzen. Dazu begab er sich gegen 22:30 Uhr in Frankfurt im Bahnhofsviertel in den Nachtclub „Cascade", um sich dort mit einem Freund, dem gesondert verfolgten Mike Hansen, und dessen neuer Freundin Luisa Conetti zu treffen. Als der Angeklagte im Bereich der Bar auf die beiden traf, wies Hansen ihn auf den am Rande der Tanzfläche stehenden Nico Schober hin und berichtete, dieser habe eben seine Freundin zum Tanzen aufgefordert, obwohl er direkt danebengestanden habe. Als er – Hansen – Schober gefragt habe, was das solle, habe dieser geäußert, vielleicht wolle Luisa „ja mal mit einem richtigen Mann tanzen", und habe frech gegrinst. Dann sei er wieder gegangen. Darauf beschlossen Hansen und der Angeklagte, den Zeugen Schober „rauszuschmeißen" und ihm „zur Strafe die Fresse zu polieren".

In Umsetzung dessen gingen der Angeklagte und Hansen – beide jeweils 1,85 m groß und kräftig – auf den 1,70 m großen schlanken Zeugen Schober zu, ergriffen ihn links und rechts und zerrten den sich erfolglos Wehrenden mit den Worten, er müsse jetzt gehen, die Party sei für ihn vorbei, in Richtung des Hinterausgangs und von dort auf den angrenzenden kleinen Hof.

Dort hielt der Angeklagte ihn tatplangemäß weiter fest, während Hansen ihm mit der Faust zwei wuchtige Schläge gegen den Kiefer versetzte. Der Zeuge Schober erlitt einen Kieferbruch und starke Schmerzen. Im Anschluss schlug der Angeklagte ihm wuchtig mit der Faust in den Bauch. Darauf sackte der Zeuge zusammen, krümmte sich vor Schmerzen und blieb liegen. Sodann äußerte Hansen „Verpiss dich!", der Angeklagte wünschte sarkastisch „noch ein schönes Wochenende“ und beide begaben sich wieder in Richtung Hintereingang.

2. Als der Angeklagte jedoch gerade den Nachtclub hinter Hansen wieder betreten wollte, entschloss er sich spontan, dem Zeugen Schober dessen Geld abzunehmen, um damit den Nachtclubbesuch zu finanzieren; er selbst hatte nur 20 Euro dabei und wollte seine Girocard nicht nutzen, weil er den Abend gegenüber seiner Ehefrau verheimlichen wollte und bei Abbuchung vom gemeinsamen Konto Aufdeckung befürchtete. Daher ging der Angeklagte wieder zurück, trat an den am Boden liegenden Zeugen heran, der – wie der Angeklagte wusste – aufgrund seiner Schmerzen im Kopf- und Bauchbereich zu Widerstand außerstande war, nahm aus dessen hinterer Hosentasche das Portemonnaie und steckte die darin befindlichen 130 Euro Bargeld ein. In der Folge zahlte der Angeklagte mit diesem Geld die von dem Trio konsumierten Cocktails.

Rund zehn Minuten nach den Schlägen gelang es dem Zeugen Schober aufzustehen. Ein per Handy herbeigerufener Freund brachte ihn ins Krankenhaus. In den Folgentagen wurde der Kieferbruch operativ gerichtet und fixiert. Schober war drei Wochen krankgeschrieben. Der Kieferbruch ist folgenlos verheilt.

3. Nach durchzechter Nacht trennte sich der Angeklagte gegen 05:30 Uhr von Hansen und Conetti. Als der erheblich alkoholisierte Angeklagte gegen 05:45 Uhr bei Dämmerung durch den Westpark nach Hause ging, beschloss er, vor dem Zubettgehen zunächst noch bei McDonalds zu frühstücken. Er verfügte jedoch lediglich noch über zwei Euro. Dies erfassend fiel sein Blick auf die Joggerin Celine Vogt, die gerade am nahen Ententeich Pause machte und mit dem Rücken zum Angeklagten in Richtung der ersten Morgenröte schaute. Der Angeklagte nahm kurzentschlossen aus einem Mülleimer neben einer Parkbank eine leere Bierflasche, schlug den Flaschenboden am Rand des Mülleimers ab und trat mit Flaschenhals in der Hand und Scherbenseite nach vorne von hinten an die Zeugin Vogt heran. Diese nahm das alles nicht wahr, weil sie in die entgegengesetzte Richtung schaute, Ohrhörer trug und Musik hörte, was der Angeklagte aber zunächst nicht bemerkt hatte. Der Angeklagte griff sodann von hinten um sie herum und hielt ihr die Flasche mit den Glasscherben an den Hals. Die Zeugin erschrak heftig, als sie dies bemerkte und die spitze Scherbenseite der Flasche sah. Der Angeklagte äußerte zu der Zeugin, die die Musik ausgeschaltet hatte: „So Sporti, jetzt mal die Kohle her! Sonst muss ich böse werden. Du kennst ja den Spruch Sport ist Mord!“ Aus Angst gab die zitternde Zeugin dem Angeklagten einen Zehn-Euro-Schein und äußerte, mehr habe sie beim Sport nicht dabei. Den Schein steckte der Angeklagte ein und äußerte „Na ja … wird wohl reichen“ und ließ von der Zeugin ab. Sodann warf er den Flaschenhals wieder in den Mülleimer und entfernte sich.

Bereits bei Verlassen des Parks wurde der Angeklagte von der durch die Zeugin alarmierten Polizei festgenommen. Der aufgefundene Zehn-Euro-Schein wurde der Zeugin wieder ausgehändigt. Die dem Angeklagten zwei Stunden nach der gegen 05:45 Uhr begangenen Tat um 07:45 Uhr entnommene Blutprobe wies eine Blutalkoholkonzentration von 1,8 Promille auf.

Infolge der Tat entwickelte sich bei der Zeugin Vogt eine Angststörung. Zwei Wochen nach der Tat begab sie sich deshalb in ambulante psychiatrische Behandlung, die noch andauert. Auch nach vier Monaten Behandlung ist die Zeugin bei Dunkelheit oder Dämmerung nicht der Lage, alleine unterwegs zu sein, weil sie sich unsicher fühlt und Angst verspürt. Ihr Hobby des frühmorgendlichen Joggens hat sie aufgegeben.

III.

... Soweit der Angeklagte sich hinsichtlich des Vorwurfs des Zusammenschlagens des Zeugen Schober dahin einlässt, Schober habe ihn und den gesondert verfolgten Hansen zuvor angegriffen und man habe sich lediglich verteidigt, so handelt es sich um eine widerlegte Schutzbehauptung. Denn (...) Damit ist zugleich die Einlassung des Angeklagten widerlegt, Schober habe ihm die 130 Euro als Wiedergutmachung für den vorherigen Angriff und die erlittenen Unannehmlichkeiten freiwillig geschenkt. ...

Die Tat zum Nachteil der Zeugin Vogt hat der Angeklagte glaubhaft eingeräumt. (...)

IV.

Nach den getroffenen Feststellungen hat sich der Angeklagte einer gemeinschaftlichen gefährlichen Körperverletzung in Tateinheit mit Nötigung gemäß §§ 223 Abs. 1, 224 Abs. 1 Nr. 4, 240 Abs. 1, Abs. 2, 25 Abs. 2, 52 StGB schuldig gemacht, dazu jeweils in Tatmehrheit gemäß § 53 StGB eines Diebstahls in einem besonders schweren Fall gemäß §§ 242 Abs. 1, 243 Abs. 1 S. 2 Nr. 6 StGB und einer besonders schweren räuberischen Erpressung gemäß §§ 253, 255, 250 Abs. 2 Nr. 1 StGB. (...)

Hinsichtlich der Tat zum Nachteil der Zeugin Vogt war die Schuldfähigkeit des Angeklagten wegen eines zur Tatzeit akuten Alkoholrauschs erheblich vermindert i.S.d. § 21 StGB. Die Rückrechnung der Blutalkoholkonzentration auf den Tatzeitpunkt ergibt auf Grundlage des Ergebnisses des Gutachtens, des zwischen Tat und Blutentnahme liegenden Zeitraums von zwei Stunden (05:45–07:45 Uhr) sowie des Sicherheitszuschlags einen Wert von 2,4 Promille (1,8 Promille + 2 x 0,2 Promille + 0,2 Promille). Sichere Anhaltspunkte für die Verneinung der Voraussetzungen des § 21 StGB liegen nicht vor.

V.

Für die gemeinschaftlich mit dem gesondert verfolgten Hansen zum Nachteil des Zeugen Schober verübte Tat ist der Angeklagte gem. §§ 224 Abs. 1 Nr. 4, 52 Abs. 2 S. 1 StGB mit Freiheitsstrafe von einem Jahr bis zu zehn Jahren zu bestrafen.

Bei der konkreten Strafzumessung hat sich das Gericht unter Beachtung der Kriterien des § 46 Abs. 2 StGB insbesondere von folgenden Erwägungen leiten lassen:

Strafmildernd konnte nichts berücksichtigt werden.

Zulasten des Angeklagten musste jedoch berücksichtigt werden, dass er einschlägig wegen Körperverletzung vorbestraft ist, wenn auch die Verurteilung geraume Zeit zurückliegt, und der Zeuge Schober ihn nicht provoziert hat. Auch zeigte der Angeklagte keine Reue. Strafschärfend hatte sich nach § 46 Abs. 2 S. 2 StGB auch auszuwirken, dass der Zeuge Schober einen Kieferbruch erlitt, operiert werden musste und drei Wochen krankgeschrieben war. Auch war strafschärfend zu berücksichtigen, dass hier zwei gegen einen vorgingen, so dass das Opfer keine Chance hatte.

Unter umfassender Abwägung aller für und gegen den Angeklagten sprechenden Umstände erscheint für diese Tat eine Freiheitsstrafe von einem Jahr und sechs Monaten als tat- und schuldangemessen.

Für den Diebstahl der 130 Euro war der Strafrahmen des besonders schweren Falls nach § 243 Abs. 1 S. 2 Nr. 6 StGB zugrundezulegen, also Freiheitsstrafe von drei Monaten bis zu zehn Jahren. Denn die Voraussetzungen dieser Norm liegen vor, weil der Angeklagte die Hilflosigkeit des Zeugen Schober ausnutzte, was ihm auch bewusst war.

Bei der konkreten Strafzumessung wirkte sich strafmildernd aus, dass eine Einziehung des Wertes des Tatertrags von 130 Euro anzuordnen war, was im Rahmen des festzusetzenden Gesamtstrafübels zu beachten war.

Zulasten des Angeklagten war zu berücksichtigen, dass er sich nicht in einer echten finanziellen Notlage befand. Strafschärfend wirkte sich auch die für eine erhebliche kriminelle Energie sprechende Dreistigkeit des Angeklagten aus, die in seiner Einlassung zum Ausdruck kommt, Schober habe ihm das Geld als Wiedergutmachung für einen vorherigen Angriff und die erlittenen Unannehmlichkeiten freiwillig geschenkt.

Unter umfassender Abwägung aller für und gegen den Angeklagten sprechenden Umstände erscheint für diese Tat eine Freiheitsstrafe von sechs Monaten als tat- und schuldangemessen.

Ausgangspunkt der Strafzumessungsüberlegungen bei der zum Nachteil der Zeugin Vogt verübten Tat war der den §§ 253, 255, 250 Abs. 2 Nr. 1, 38 Abs. 2 StGB zu entnehmende Strafrahmen. Diese Vorschriften sehen für die besonders schwere räuberische Erpressung – im Regelstrafrahmen – Freiheitsstrafe von fünf bis fünfzehn Jahren vor.

Im Hinblick auf die erheblich verminderte Steuerungsfähigkeit hatte jedoch eine Strafrahmenverschiebung gem. §§ 21, 49 Abs. 1 StGB zu erfolgen, so dass der letztlich anzuwendende Strafrahmen Freiheitsstrafe von zwei Jahren bis zu elf Jahren und neun Monaten vorsieht.

Bei der konkreten Strafzumessung war strafmildernd die geringe Beute zu berücksichtigen. Zugunsten wirkte ferner, dass der Angeklagte die Tat eingeräumt, ihn die Tat reut und er sich zudem bei der Zeugin Vogt entschuldigt hat. Strafmildernd wirkte sich weiter aus, dass der Angeklagte sich seit rund vier Monaten in Untersuchungshaft befindet und durch die Strafe lange Zeit von seiner Ehefrau und der gemeinsamen Tochter getrennt sein wird. Mildernd – wenn auch mit minderem Gewicht – war auch zu berücksichtigen, dass der Angeklagte alkoholbedingt enthemmt war.

Gegen den Angeklagten sprach, dass er sich zu der Tat hinreißen ließ, obwohl er gerade in der Zeit der Beschaffung des Tatmittels hinreichend Zeit gehabt hatte, sich zu besinnen und von der Tat Abstand zu nehmen. Weiter hat sich im Verlauf der Hauptverhandlung gezeigt, dass es dem Angeklagten immer noch nicht gelingt, aufrichtig zu sein und Sachverhalte so darzustellen wie sie sind. So versuchte er, die Tat zu beschönigen, und machte auch unzutreffende Angaben über sein Arbeitsverhältnis, indem er eine Festanstellung behauptete.

Unter umfassender Abwägung aller für und gegen den Angeklagten sprechenden Umstände erscheint für diese Tat eine Freiheitsstrafe von 3 Jahren 6 Monaten als tat- und schuldangemessen.

Aus den Einzelstrafen war gem. §§ 53, 54 StGB eine Gesamtfreiheitsstrafe zu bilden. Diese erschien mit 5 Jahren und 6 Monaten als tat- und schuldangemessen.

Die angeordnete Einziehung des Wertes der Taterträge in Höhe von 140 Euro beruht auf den §§ 73 Abs. 1, 73c StGB.

VI.

Die Kostenentscheidung folgt aus § 465 Abs. 1 StPO.

Glöckner | Müller

Glöckner
Vorsitzender Richter am Landgericht

Dr. Müller
Richterin

Zusatzaufgabe:

Mike Hansen wird deshalb gesondert verfolgt, weil er seine verwitwete Mutter am 10.05.2023 getötet hat, um an das Erbe zu kommen. Seine Mutter besaß Aktien im Wert von zwei Millionen Euro, die sie ihm und seinem Bruder hälftig vermacht hat.

Kurz darauf wird gegen Hansen Anklage erhoben. Das Schwurgericht verurteilt ihn u.a. wegen Mordes aus Habgier und ordnet auch – gestützt auf § 73 Abs. 1 StGB – die Einziehung des Nachlasses an.

Lösung

Hier sind die Fehler mit Ziffern markiert. Korrekturhinweise finden sich im Anschluss.

V.

Für die gemeinschaftlich mit dem gesondert verfolgten Hansen zum Nachteil des Zeugen Schober verübte Tat ist der Angeklagte gem. §§ 224 Abs. 1 Nr. 4, 52 Abs. 2 S. 1 StGB mit Freiheitsstrafe von einem Jahr[1] bis zu zehn Jahren zu bestrafen.

Bei der konkreten Strafzumessung hat sich das Gericht unter Beachtung der Kriterien des § 46 Abs. 2 StGB insbesondere von folgenden Erwägungen leiten lassen:

Strafmildernd konnte nichts berücksichtigt werden.[2]

Zulasten des Angeklagten musste jedoch berücksichtigt werden, dass er einschlägig wegen Körperverletzung vorbestraft ist,[3] wenn auch die Verurteilung geraume Zeit zurückliegt, und der Zeuge Schober ihn nicht provoziert hat.[4] Auch zeigte der Angeklagte keine Reue.[5] Strafschärfend hatte sich nach § 46 Abs. 2 S. 2 StGB auch auszuwirken, dass der Zeuge Schober einen Kieferbruch erlitt, operiert werden musste und drei Wochen krankgeschrieben war. Auch war strafschärfend zu berücksichtigen, dass hier zwei gegen einen vorgingen, so dass das Opfer keine Chance hatte.[6, 7]

Unter umfassender Abwägung aller für und gegen den Angeklagten sprechenden Umstände erscheint für diese Tat eine Freiheitsstrafe von einem Jahr und sechs Monaten als tat- und schuldangemessen.

Für den Diebstahl der 130 Euro war der Strafrahmen des besonders schweren Falls nach § 243 Abs. 1 S. 2 Nr. 6 StGB zugrundezulegen, also Freiheitsstrafe von drei Monaten bis zu zehn Jahren. Denn die Voraussetzungen dieser Norm liegen vor, weil der Angeklagte die Hilflosigkeit des Zeugen Schober ausnutzte, was ihm auch bewusst war.[8]

Bei der konkreten Strafzumessung wirkte sich strafmildernd aus, dass eine Einziehung des Wertes des Tatertrags von 130 Euro anzuordnen war, was im Rahmen des festzusetzenden Gesamtstrafübels zu beachten war.[9, 10]

Zulasten des Angeklagten war zu berücksichtigen, dass er sich nicht in einer echten finanziellen Notlage befand.[11] Strafschärfend wirkte sich auch die für eine erhebliche kriminelle Energie sprechende Dreistigkeit des Angeklagten aus, die in seiner Einlassung zum Ausdruck kommt, Schober habe ihm das Geld als Wiedergutmachung für einen vorherigen Angriff und die erlittenen Unannehmlichkeiten freiwillig geschenkt.[12]

Unter umfassender Abwägung aller für und gegen den Angeklagten sprechenden Umstände erscheint für diese Tat eine Freiheitsstrafe von sechs Monaten als tat- und schuldangemessen.

Ausgangspunkt der Strafzumessungsüberlegungen bei der zum Nachteil der Zeugin Vogt verübten Tat war der den §§ 253, 255, 250 Abs. 2 Nr. 1, 38 Abs. 2 StGB zu entnehmende Strafrahmen. Diese Vorschriften sehen für die besonders schwere räuberische Erpressung – im Regelstrafrahmen – Freiheitsstrafe von fünf bis fünfzehn Jahren vor.

13

Im Hinblick auf die erheblich verminderte Steuerungsfähigkeit hatte jedoch eine Strafrahmenverschiebung gem. §§ 21, 49 Abs. 1 StGB zu erfolgen,[14] so dass der letztlich anzuwendende Strafrahmen Freiheitsstrafe von zwei Jahren bis zu elf Jahren und neun Monaten vorsieht.[15]

Bei der konkreten Strafzumessung war strafmildernd die geringe Beute zu berücksichtigen. Zugunsten wirkte ferner, dass der Angeklagte die Tat eingeräumt, ihn die Tat reut und er sich zudem bei der Zeugin Vogt entschuldigt hat. Strafmildernd wirkte sich weiter aus, dass der Angeklagte sich seit rund vier Monaten in Untersuchungshaft befindet[16] und durch die Strafe lange Zeit von seiner Ehefrau und der gemeinsamen Tochter getrennt sein wird.[17] Mildernd – wenn auch mit minderem Gewicht – war auch zu berücksichtigen, dass der Angeklagte alkoholbedingt enthemmt war. [18, 19]

Gegen den Angeklagten sprach, dass er sich zu der Tat hinreißen ließ, obwohl er gerade in der Zeit der Beschaffung des Tatmittels hinreichend Zeit gehabt hatte, sich zu besinnen und von der Tat Abstand zu nehmen.[20] Weiter hat sich im Verlauf der Hauptverhandlung gezeigt, dass es dem Angeklagten immer noch nicht gelingt, aufrichtig zu sein und Sachverhalte so darzustellen wie sie sind. So versuchte er, die Tat zu beschönigen, und machte auch unzutreffende Angaben über sein Arbeitsverhältnis, indem er eine Festanstellung behauptete.[21]

Unter umfassender Abwägung aller für und gegen den Angeklagten sprechenden Umstände erscheint für diese Tat eine Freiheitsstrafe von 3 Jahren 6 Monaten als tat- und schuldangemessen.

Aus den Einzelstrafen war gem. §§ 53, 54 StGB eine Gesamtfreiheitsstrafe zu bilden.[22] Diese erschien mit 5 Jahren und 6 Monaten als tat- und schuldangemessen.[23]

Die angeordnete Einziehung des Wertes des Erlangten in Höhe von 140 Euro beruht auf den §§ 73 Abs. 1, 73c StGB.[24]

Zusatzaufgabe:

… Die Einziehung des Nachlasses beruht auf § 73 Abs. 1 StGB.[25] …

Es folgen die Korrekturhinweise:

[1] Die Strafrahmenuntergrenze „ein Jahr“ ist falsch. Die Mindeststrafe des § 224 Abs. 1 StGB (als Normalstrafrahmen) ist vielmehr Freiheitsstrafe von „nur“ sechs Monaten.

Die Nichterwähnung des minder schweren Falls nach § 224 Abs. 1, 2. Hs. StGB ist dagegen unbedenklich, da dieser hier offensichtlich nicht in Betracht kommt.

[2] Strafmildernd hätte berücksichtigt werden müssen, dass der Angeklagte wegen § 51 Abs. 1 BZRG als nicht vorbestraft gilt. Vergleiche dazu im Einzelnen den folgenden Fehler.

[3] Die Eintragung über die Verurteilung vom 23.10.2014 zu 90 Tagessätzen war im Bundeszentralregister (BZR) gemäß §§ 46 Abs. 1 Nr. 1 a, 47 Abs. 1, 36 S. 1 BZRG nach Ablauf von fünf Jahren nach dem Tag des Urteils zu tilgen, war also im Zeitpunkt der hiesigen Verurteilung im Jahr 2023 entweder im BZR bereits getilgt oder ist zu tilgen (wenn die Tilgung versehentlich bislang unterblieben ist). Gem. § 51 Abs. 1 BZRG dürfen die Tat und die Verurteilung dem Angeklagten im Rechtsverkehr nicht mehr vorgehalten und

nicht zu seinem Nachteil verwertet werden (Beweisverwertungsverbot). Der Angeklagte gilt daher als nicht vorbestraft. Die strafschärfende Berücksichtigung ist daher fehlerhaft.

[4] Hier wurde aus dem Fehlen eines Milderungsgrundes (Provokation durch den Geschädigten) fehlerhaft ein Strafschärfungsgrund abgeleitet.

[5] Bei einem leugnenden, schweigenden oder – wie hier – Notwehr behauptenden Angeklagten darf keine Strafschärfung wegen fehlender Reue oder fehlender Schuldeinsicht erfolgen. Die Strafschärfung wegen fehlender Reue war also rechtsfehlerhaft.

[6] Damit wird gegen das Doppelverwertungsverbot des § 46 Abs. 3 StGB verstoßen: Es ist unzulässig, Umstände zu verwerten, die schon Merkmale des Tatbestands sind. Das als strafschärfend berücksichtigte Zusammenwirken zweier Beteiligter ist bereits Tatbestandsmerkmal des § 224 Abs. 1 Nr. 4 StGB.

Weitere Beispiele für eine gem. § 46 Abs. 3 StGB verbotene Doppelverwertung:

Bei Verurteilung wegen Raubs oder räuberischen Diebstahls: „Strafschärfend war dem Angeklagten anzulasten, dass er sich um des materiellen Vorteils willen mit Gewalt über die Eigentumsordnung hinweggesetzt hat."

Bei Verurteilung als Anstifter: „Strafschärfend war zu berücksichtigen, dass der Angeklagte der eigentliche Initiator der Tat war."

[7] Es wurde ein Strafschärfungsgrund übersehen, nämlich dass die tateinheitliche Verwirklichung mehrerer Tatbestände – und damit hier die tateinheitliche Nötigung – strafschärfend wirkt, da zusätzlich noch ein weiteres Rechtsgut verletzt wurde.

[8] Zwar ist eine weitere Begründung für die Annahme eines besonders schweren Falls nicht erforderlich. Die hier gewählte Formulierung lässt jedoch besorgen, dass das Gericht fehlerhaft davon ausgegangen ist, dass bei Vorliegen der Voraussetzungen eines Regelbeispiels zwingend ein besonders schwerer Fall anzunehmen ist, es also das Regelbeispiel wie eine Qualifikation behandelt hat. Verkannt wird dabei, dass der Erfüllung eines Regelbeispiels lediglich eine sog. Regelwirkung (Indizwirkung) zukommt. Die Regelwirkung kann aber widerlegt werden und zwar unter Abwägung aller Zumessungstatsachen aufgrund einer Gesamtbewertung aller wesentlichen tat- und täterbezogenen Umstände.

[9] Die strafmildernde Berücksichtigung der gem. §§ 73, 73c StGB anzuordnenden Einziehung des Wertes des Tatertrags ist fehlerhaft: Zwar ist eine Einziehung eines werthaltigen Gegenstands nach § 74 StGB – etwa eines Fahrzeugs, mit dem Betäubungsmittel ins Bundesgebiet eingeführt wurden – bei der Strafzumessung zu berücksichtigen, denn diese Einziehung hat Strafcharakter. Anders ist dies jedoch bei einer Einziehung gem. §§ 73 ff. StGB. Hier geht es nämlich um Vermögensabschöpfung i.S.v. „Straftaten sollen sich nicht lohnen", also u.a. um das, was der Angeklagte zivilrechtlich ohnehin schuldet. Eine Einziehung nach den §§ 73 ff. StGB hat also keinen Strafcharakter und darf deshalb nicht strafmildernd berücksichtigt werden. Anders liegt es natürlich, wenn der Schaden bereits wiedergutgemacht worden ist (also schon gezahlt wurde).

[10] Strafmildernd hätte berücksichtigt werden müssen, dass der Angeklagte wegen § 51 Abs. 1 BZRG als nicht vorbestraft gilt.

[11] Hier wurde wieder aus dem Fehlen eines Milderungsgrundes (finanzielle Notlage) fehlerhaft ein Strafschärfungsgrund abgeleitet.

[12] Hier wurde übersehen, dass ein zulässiges Verteidigungsverhalten kein Grund für eine Strafschärfung sein kann. Angaben des Angeklagten, die Zeugen oder Mittäter betreffen, dürfen nur dann strafschärfend berücksichtigt werden, wenn sie eindeutig die Grenzen angemessener Verteidigung überschreiten und Rückschlüsse auf eine rechtsfeindliche Einstellung des Angeklagten zulassen. Dies ist hier nicht der Fall.

[13] Hier fehlt die Erörterung des naheliegenden minder schweren Falls gem. § 250 Abs. 3 StGB. Ein minder schwerer Fall liegt vor, wenn die mildernden Faktoren die strafschärfenden so beträchtlich überwiegen, dass die Anwendung des Regelstrafrahmens eine unverhältnismäßige Härte bedeuten würde.

Zu beachten ist vorliegend, dass der minder schwere Fall mit dem vertypten Strafmilderungsgrund des § 21 StGB zusammentrifft. Möglich wäre folgende Argumentation:

„Die Kammer hat einen minder schweren Fall der besonders schweren räuberischen Erpressung gemäß § 250 Abs. 3 StGB angenommen, da die mildernden Faktoren so beträchtlich überwiegen, dass die Anwendung des Regelstrafrahmens eine unverhältnismäßige Härte bedeuten würde: Der nicht vorbestrafte geständige Angeklagte bereut die aufgrund eines spontanen Tatentschlusses begangene Tat, er hat bei dieser nur einen sehr geringen Betrag erbeutet und sich in der Hauptverhandlung zudem bei der Zeugin Vogt entschuldigt. lm Hinblick auf die erheblichen psychischen Tatfolgen für die Zeugen Vogt ist ein minder schwerer Fall allerdings nicht allein auf Grund der allgemeinen Milderungsgründe, sondern nur unter zusätzlicher Heranziehung des fakultativen vertypten Milderungsgrundes des § 21 StGB zu bejahen, so dass § 50 StGB einer weiteren Strafrahmenverschiebung nach § 49 Abs. 1 StGB entgegensteht. Der Angeklagte ist somit gemäß § 250 Abs. 3 StGB mit einer Freiheitsstrafe von einem Jahr bis zu zehn Jahren zu bestrafen.

Bei der konkreten Strafzumessung hat das Gericht die vorgenannten Zumessungsgesichtspunkte im Rahmen des § 46 Abs. 2 StGB erneut gegeneinander abgewogen, wobei den zur Annahme des minder schweren Falles führenden Umständen aus diesem Grund allerdings geringeres Gewicht beigemessen wurde. Danach erscheint eine Freiheitsstrafe von … als tat- und schuldangemessen."

[14] Die hier gewählte Formulierung lässt besorgen, dass das Gericht verkannt hat, dass es sich bei § 21 StGB um eine fakultative Strafmilderung handelt („... *kann* milder bestraft werden ..."), also eine Gesamtwürdigung erforderlich ist (wobei eine schriftliche Darstellung der Gesamtwürdigung revisionsrechtlich nur erforderlich ist, wenn der festgestellte Sachverhalt gegen die ermöglichte Milderung spricht). Vorzugswürdigung wäre etwa eine Formulierung, wonach „das Gericht von der *Möglichkeit* der Strafrahmenverschiebung *Gebrauch* gemacht hat".

[15] Hier wurde der nach §§ 21, 49 Abs. 1 StGB gemilderte Strafrahmen des § 250 Abs. 2 Nr. 1 StGB hinsichtlich seiner Obergrenze falsch berechnet: Gemäß § 49 Abs. 1 Nr. 2 StGB darf höchstens auf drei Viertel des angedrohten Höchstmaßes erkannt werden, also drei Viertel von 15 Jahren (§§ 250 Abs. 2 Nr. 1, 38 Abs. 2 StGB). Dies sind ¾ × 15 = 45/4 = 11 ¼ = 11 Jahre 3 Monate (also nicht 11 Jahre 9 Monate).

[16] Untersuchungshaft ist grundsätzlich – wenn keine besonderen Umstände vorliegen – keine strafmildernde Wirkung beizumessen. Denn die Untersuchungshaft wird auf die Strafe angerechnet, § 51 Abs. 1 S. 1 StGB.

[17] Die Trennung von der Familie ist nicht strafmildernd zu berücksichtigen. Denn dies ist zwangsläufige Folge einer jeden unbedingten Freiheitsstrafe.

[18] Strafmildernd hätte berücksichtigt werden müssen, dass der Angeklagte wegen § 51 Abs. 1 BZRG als nicht vorbestraft gilt.

[19] Das Landgericht hat bei der Strafzumessung nicht erkennbar berücksichtigt, dass der berufstätige Angeklagte als Erstverbüßer besonders strafempfindlich ist.

[20] Hier wird dem Angeklagten letztlich vorgeworfen, dass er die Tat überhaupt begangen hat, und dies scharfschärfend berücksichtigt. Auch dies verstößt gegen das Doppelverwertungsverbot gem. § 46 Abs. 3 StGB.

[21] Diese Erwägungen lassen besorgen, dass die Strafkammer nicht hinreichend bedacht hat, dass der Angeklagte im Strafprozess nicht zu wahrheitsgemäßen Angaben verpflichtet ist und zulässiges Verteidigungsverhalten nicht zum Nachteil des Angeklagten berücksichtigt werden darf. Wahrheitswidrige oder beschönigende Angaben des Angeklagten dürfen deshalb regelmäßig nicht strafschärfend berücksichtigt werden (oder zur Ablehnung einer günstigen Sozialprognose im Rahmen des § 56 StGB herangezogen werden). Dies gilt nicht nur dann, wenn der Angeklagte dem Tatvorwurf mit wahrheitswidrigem Vorbringen entgegentritt, sondern auch in Fällen, in denen er in dem Bestreben, einen günstigeren Rechtsfolgenausspruch zu erreichen, falsche Angaben zu seinen persönlichen Verhältnissen macht. Die Grenzen zulässigen Verteidigungsverhaltens sind regelmäßig erst überschritten, wenn das Vorbringen eine selbstständige Rechtsgutsverletzung enthält oder hierdurch eine neue Straftat begangen wird. Dafür ist nichts ersichtlich.

[22] Hier fehlt die bei der Gesamtstrafenbildung erforderliche Gesamtwürdigung. Zumindest hat also ein Einschub wie „nach nochmaliger Würdigung" zu erfolgen. Besser wäre: „Dabei hat das Gericht nicht nur die oben dargestellten Zumessungskriterien erneut gegeneinander abgewogen, sondern überdies den zwischen den Taten bestehenden engen zeitlichen und bei den ersten beiden Taten zudem situativen Zusammenhang berücksichtigt."

[23] Gemäß § 54 Abs. 1 S. 2 StGB wird die Gesamtstrafe durch Erhöhung der verwirkten höchsten Strafe gebildet, wobei gemäß § 54 Abs. 2 S. 1 StGB die Gesamtstrafe die Summe der Einzelstrafen nicht erreichen darf. Gegen letzteres hat das Gericht verstoßen: Aus den Einzelstrafen von 1 Jahr 6 Monaten, 6 Monaten und 3 Jahren 6 Monaten hat es gerade auf deren Summe von 5 Jahren 6 Monaten als Gesamtfreiheitsstrafe erkannt.

[24] Soweit das Gericht auf eine Einziehung des Wertes der Taterträge auch hinsichtlich der Beute der räuberischen Erpressung von 10 Euro erkannt hat, hat es übersehen, dass die Zeugin Vogt den Schein zurückerhalten hat, so dass der Anspruch auf Rückgewähr erloschen und daher die Einziehung gem. § 73e Abs. 1 S. 1 StGB insoweit ausgeschlossen ist.

[25] Die Einziehung des Nachlasses gem. § 73 StGB ist fehlerhaft. Denn die Rechtslage betreffend die Erbschaft bei Tötung des Erblassers durch den Erben ist vorrangig und abschließend in den §§ 2339 Abs. 1 Nr. 1, 2340 ff. BGB geregelt. Regelungen, die unterlaufen würden, sind insbesondere:

a) Es ist den Anfechtungsberechtigten überlassen, durch Gestaltungsklage gem. § 2342 BGB über die Rechte am Nachlass zu bestimmen. Entscheiden sie sich gegen die Geltendmachung der Erbunwürdigkeit, widerspricht der Verbleib des Nachlasses beim Täter also nicht den Wertungen der Rechtsordnung.

b) Verursacht der Erbe den Tod des Erblassers lediglich fahrlässig, betrachtet das Gesetz ihn von vornherein nicht als erbunwürdig. Dagegen wäre die Einziehung des Nachlasses bei Anwendung des § 73 StGB auch in diesem Fall zwingend anzuordnen.

c) Der Nachlass würde bei Einziehung nach § 73 Abs. 1 StGB – anders als von § 2344 Abs. 2 BGB bestimmt – nicht dem Nächstberufenen zugutekommen, da die Vorschriften über die Opferentschädigung nur die Rückübertragung auf den Verletzten oder dessen Rechtsnachfolger erfassen (§ 459h Abs. 1 StPO). Rechtsnachfolger des Erblassers bleibt im Fall der strafrechtlichen Einziehung aber gerade der Einziehungsadressat (anders bei Erbunwürdigkeitserklärung gem. § 2344 Abs. 1 BGB, wonach der Anfall der Erbschaft auf den Erben als nicht erfolgt gilt).

Übung 19
Fakt oder Fake? – Revision

Hier gilt es genau zu überlegen. Fakt, Fake oder vielleicht Halbwahrheit? Es kann auf jedes Wort ankommen. Ein Blick ins Gesetz erleichtert (oft) die Rechtsfindung!

1. Über die Revision entscheiden OLG oder BGH.

2. Das Verböserungsverbot bezieht sich auf Schuldspruch und Rechtsfolgen.

3. Ein Lehrer (oder Sozialarbeiter) hat einer 17-Jährige „an die Brust gefasst“. Das Amtsgericht hat ihn deshalb wegen Beleidigung gem. § 185 StGB zu einer Geldstrafe verurteilt. Dabei hat es übersehen, dass der Strafantrag (§ 194 StGB) nicht von der 17-jährigen gestellt werden konnte, sondern gemäß § 77 Abs. 3 StGB seitens ihrer Eltern hätte erfolgen müssen, woran es fehlt; auch sei die Dreimonatsfrist des § 77b StGB abgelaufen. Also wäre dem Angeklagten anwaltlich zu raten, Sprungrevision einzulegen!

4. T wurde zu drei Jahren Freiheitsstrafe verurteilt, aber nicht zu der von dem Staatsanwalt zusätzlich beantragten Unterbringung in einem psychiatrischen Krankenhaus gem. § 63 StGB. Da nur T Revision eingelegt hat, ist er vor einer solchen Unterbringung durch das Verböserungsverbot geschützt.

5. Verfahrenshindernisse sind in der Revision von Amts wegen zu beachten. Deshalb reicht bei einem Verfahrenshindernis schlicht die form- und fristgerechte Revisionseinlegung aus. Jegliche Revisionsbegründung oder auch nur die Sachrüge sind überflüssig.

6. Beruhen i.S.d. § 337 Abs. 1 StPO bedeutet Kausalität.

7. Entgegen den Feststellungen des schriftlichen Urteils hat der Zeuge O laut dem amtsgerichtlichen Hauptverhandlungsprotokoll und dem damit übereinstimmenden Vortrag des Verteidigers in seiner Revisionsbegründung dahin ausgesagt, dass der Faustschlag des Angeklagten ihn *nicht* getroffen habe. Hinsichtlich der Verurteilung als vollendete Körperverletzung greift damit die Sachrüge durch, weil nur eine versuchte Körperverletzung vorliegt. Dass der Angeklagte laut Urteil auch selbst einen „Treffer“ gegenüber dem Polizeibeamten P eingeräumt hat, ist unerheblich, weil diese durch Vernehmung des P in die Hauptverhandlung eingeführte Einlassung wegen Täuschung gemäß § 136a StPO unverwertbar und daher im Rahmen der Sachrüge „wegzudenken“ ist.

8. „Es wird beantragt, das Urteil des Amtsgerichts Darmstadt vom 04.06.2023 mit den Feststellungen aufzuheben und die Sache zu neuer Verhandlung und Entscheidung, auch über die Kosten des Rechtsmittels, an eine andere Strafkammer des Amtsgerichts zurückzuverweisen.“

9. Im Strafverfahren ist ein Verschulden des Rechtsanwalts dem Mandanten nicht zuzurechnen.

Lösungen

1. Fast richtig, ein „grundsätzlich" fehlt:

Über die Revision entscheiden grundsätzlich OLG oder BGH.

Denn es gibt Fälle, in denen das Tatgericht – also das Amts- oder Landgericht (oder ein erstinstanzlich tätiges OLG) – selbst über die Revision entscheidet, nämlich in den Fällen des § 346 Abs. 1 StPO.

Diese Norm regelt eine auf bestimmte Zulässigkeitsmängel beschränkte Vorprüfung der Revision durch das Tatgericht. Dieses hat also eine beschränkte Entscheidungskompetenz. So kann (und soll) das Tatgericht etwa eine verspätet eingelegte Revision selbst als unzulässig verwerfen.

Dagegen kann nach § 346 Abs. 2 StPO Antrag auf Entscheidung des Revisionsgerichts gestellt werden (sog. Rechtsbehelf eigener Art).

In Bayern entscheidet ausschließlich das Bayerische Oberste Landesgericht über die Revisionen gegen Urteile der Amtsgerichte und der kleinen Strafkammern.

2. Nein, das Verböserungsverbot bezieht sich nicht auf den Schuldspruch, sondern nur auf die Rechtsfolgen.

Das Verböserungsverbot oder auch Verschlechterungsverbot oder Verbot der reformatio in peius gilt bei Berufung und Revision, wenn nur der Angeklagte das Rechtsmittel eingelegt hat oder die Staatsanwaltschaft zu seinen Gunsten, § 331 Abs. 1 StPO für die Berufung und § 358 Abs. 2 StPO für die Revision.

Das Verböserungsverbot betrifft nach dem Gesetzeswortlaut aber nur die Rechtsfolgen, nicht den Schuldspruch. Das kann in bestimmten Konstellationen zum Problem werden, wie sich im Folgenden zeigt.

3. „Sprungrevision" als Rat (oder auch „Berufung") ist gerade für den Lehrer als Mandanten nicht sachgerecht:

Natürlich ließe sich per Sprungrevision die Verurteilung wegen Beleidigung – unabhängig von der Frage, ob tatbestandlich überhaupt eine Beleidigung vorliegt – jedenfalls wegen des Verfahrenshindernisses der §§ 194, 77 Abs. 3 StGB zu Fall bringen.

Aber im neuen Rechtsgang droht dem Angeklagten eine Verurteilung – je nach den konkreten Umständen – wegen sexuellen Übergriffs gem. § 177 Abs. 1, Abs. 2 Nr. 3 StGB oder zumindest wegen sexueller Belästigung gem. § 184i StGB.

Einen solchen Schuldspruch, der den Mandanten beruflich ersichtlich in noch größere Bedrängnis bringen würde und vor dem das Verböserungsverbot eben nicht schützt, gilt es zu vermeiden. Daher dürfte es zweckmäßig sein, keine Revision einzulegen bzw. eine eingelegte Revision – nach Rücksprache mit dem Mandanten und dann mit anwaltlicher Versicherung diesbezüglicher Ermächtigung, § 302 Abs. 2 StPO – zurückzunehmen.

Zu einer Sprungrevision wäre nur dann zu raten, wenn ein Freispruch im nächsten Rechtsgang sicher erscheint, also insbesondere wenn die Tat nicht nachzuweisen ist.

4. Nein, dies trifft nicht zu. Vielmehr greift hier eine Ausnahme des Verböserungsverbots.

Die Ausnahmen des Verböserungsverbots finden sich in § 331 Abs. 2 bzw. § 358 Abs. 2 S. 3 StPO.

Insbesondere kann der Angeklagte, obwohl im Urteil die Unterbringung in einem psychiatrischen Krankenhaus gem. § 63 StGB oder in einer Entziehungsanstalt gem. § 64 StGB nicht angeordnet wurde, im neuen Rechtsgang gleichwohl hierzu verurteilt werden.

Je nach den Umständen könnte dem T daher anwaltlich zu raten sein, das Urteil trotz der darin verhängten erheblichen Freiheitsstrafe wegen der Gefahr der Verböserung in Gestalt des § 63 StGB zu akzeptieren und die Revision zurückzunehmen.

Die Nichtanordnung der Unterbringung in einem psychiatrischen Krankenhaus gemäß § 63 StGB kann auch nicht wie die Nichtanordnung der Unterbringung in einer Entziehungsanstalt gemäß § 64 StGB vom Rechtsmittelangriff ausgenommen werden.

5. Nein. Verfahrenshindernisse sind zwar von Amts wegen zu berücksichtigen.

Aber nur bei zulässiger Revision, was voraussetzt, dass zumindest eine Rüge zulässig i.S.v. ordnungsgemäß begründet erhoben wurde; das ist in der Regel die allgemeine Sachrüge.

Nicht zu prüfen sind Verfahrenshindernisse etwa dann, wenn lediglich eine Verfahrensrüge erhoben und diese nicht ordnungsgemäß begründet wurde. Denn dann ist es dem Revisionsgericht verwehrt, in eine Prüfung der Begründetheit einzutreten.

Auch deshalb sollte ein Verteidiger stets zumindest ergänzend auch die allgemeine Sachrüge erheben.

6. Ja und Nein. Beruhen bedeutet zwar Kausalität. Aber:

Das Urteil beruht auf einem Verfahrensfehler, wenn und soweit das Urteil ohne den Fehler, also bei rechtsfehlerfreiem Verfahren, *möglicherweise* anders ausgefallen wäre. Es reicht also die Möglichkeit eines ursächlichen Zusammenhangs.

7. Diese Herangehensweise ist in jeglicher Hinsicht falsch und belegt ein grundlegendes Missverständnis dessen, was Sachrüge ist:

Bei der Sachrüge wird geprüft, ob die verurteilten Delikte von den Feststellungen des Urteils getragen werden.

Bei der Sachrüge wird also nicht gegen die Feststellungen des Urteils vorgegangen, sondern von ihnen ausgegangen! Relevant ist nur die Urteilsurkunde als einzig maßgebliche Prüfungsgrundlage, daneben gemäß § 267 Abs. 1 S. 3 StPO noch Abbildungen, auf die verwiesen wird.

Deshalb dürfen bei der Sachrüge auf keinen Fall

– erstens auf im Hauptverhandlungsprotokoll enthaltene Aussagen oder im Schriftsatz des Verteidigers geschilderte Aussagen zurückgegriffen werden,

- zweitens Beweisverwertungsverbote geprüft werden (strittige Ausnahme ist § 51 Abs. 1 BZRG) oder auch nur auf sie hingewiesen werden oder gar der insoweit betroffene Sachverhalt „hinweggedacht“ werden
- oder drittens andere Verfahrensfehler berücksichtigt werden (Ausnahme: Keine Unterschrift des Richters, weil es dann an einer richterlichen Verantwortungsübernahme fehlt, also mangels Feststellungen die Darstellungsrüge greift).

Das hat alles nichts mit der Sachrüge zu tun.

Die Beweisverwertungsverbote und sonstigen Verfahrensfehler werden ja zuvor bei den absoluten und relativen Revisionsgründen geprüft und können nur mit der Verfahrensrüge unter den strengen Voraussetzungen des § 344 Abs. 2 S. 2 StPO geltend gemacht werden, und nicht einfach per allgemeine Sachrüge.

8. In dem Antrag bzw. Tenor hat sich ein Fehler eingeschlichen:

Die „Einheiten“ beim Amtsgericht heißen „Abteilungen“, nicht „Strafkammern“. Richtig lautet der Antrag also:

„Es wird beantragt, das Urteil des Amtsgerichts Darmstadt vom 04.06.2023 mit den Feststellungen aufzuheben und die Sache zu neuer Verhandlung und Entscheidung, auch über die Kosten des Rechtsmittels, an eine andere *Abteilung* des Amtsgerichts zurückzuverweisen.“

Zusammenfassung zur Terminologie: Die „Einheiten“ heißen

- beim Amtsgericht „Abteilungen“,
- beim Landgericht „Kammern“ bzw. „Strafkammern“ und
- beim Oberlandesgericht, Bundesgerichtshof und Bundesverfassungsgericht „Senate“.

9. Die Aussage „Im Strafverfahren ist ein Verschulden des Rechtsanwalts dem Mandanten nicht zuzurechnen.“ ist in dieser Absolutheit falsch:

Richtig ist, dass dem Beschuldigten das Verschulden seines Verteidigers nicht zuzurechnen ist.

Es soll aber nicht unerwähnt bleiben, dass dies durch die Widerspruchslösung und bei der Beanstandung nach § 238 Abs. 2 StPO faktisch unterlaufen wird, wenn das Ausbleiben des Widerspruchs oder der Beanstandung keine bewusste Entscheidung des Verteidigers ist, sondern auf dessen Nachlässigkeit beruht.

Allerdings wird dem Nebenkläger, dem Privatkläger und dem Anzeigeerstatter bei Vorschaltbeschwerde oder Klageerzwingung das Verschulden ihres Rechtsanwalts bzw. Vertreters nach dem allgemeinen Verfahrensgrundsatz des § 85 Abs. 2 ZPO zugerechnet. Der Unterschied besteht darin, dass diese Personen sich – anders als der Beschuldigte – nicht gegen einen Schuldvorwurf verteidigen.

Übung 20
Fakt oder Fake? – Strafbefehl

Hier gilt es genau zu überlegen. Fakt, Fake oder vielleicht Halbwahrheit? Es kann auf jedes Wort ankommen. Ein Blick ins Gesetz erleichtert (oft) die Rechtsfindung!

Ausgangspunkt: T legt gegen den ihm zugestellten Strafbefehl form- und fristgerecht Einspruch ein.

1. Bei einem Einspruch gegen einen Strafbefehl ist die Rechtsfolge – wie bei Berufung und Revision – nach oben „gedeckelt".

2. Wenn T in dem auf den Einspruch anberaumten Hauptverhandlungstermin nicht erscheint, wird sein Einspruch verworfen.

3. Wenn der Verteidiger des T vor der auf den Einspruch anberaumten Hauptverhandlung per Fax oder besonderem elektronischen Anwaltspostfach (beA) erklärt: „Hiermit wird der Einspruch auf den Rechtsfolgenausspruch beschränkt. Mit freundlichen Grüßen …" ist der Schuldspruch rechtskräftig.

4. Wenn T in der auf den Einspruch anberaumten Hauptverhandlung im letzten Wort den Einspruch auf den Rechtsfolgenausspruch beschränkt, muss der sich sogleich zurückziehende Richter nur noch über die Rechtsfolge entscheiden.

5. Wenn der Strafrichter in der auf den Einspruch anberaumten Hauptverhandlung einen ordnungsgemäß gestellten Beweisantrag des T mit der Begründung ablehnt, er sei aufgrund der bisherigen Beweisaufnahme vom Gegenteil der Beweisbehauptung überzeugt und dies näher ausführt, sollte T gegen das ergehende Urteil Sprungrevision einlegen und einen Verstoß gegen § 244 Abs. 3 S. 3 StPO rügen, weil das Gericht den Beweisantrag ohne Bezugnahme auf einen Ablehnungsgrund abgelehnt und zudem gegen das Verbot der Beweisantizipation verstoßen hat.

6. Der Verteidiger rät T nach Akteneinsicht zur Rücknahme des Einspruchs, um Rechtskraft herbeizuführen und ihn vor Schlimmerem (§ 411 Abs. 4 StPO) zu bewahren. Denn der Strafbefehl, der den T mit einer geringen Geldstrafe belegt, sei nur wegen Diebstahls des iPhones im Media Markt ergangen. Die Justiz habe offensichtlich übersehen, dass T – nachdem er das iPhone eingesteckt hat – dem Ladendetektiv mit den Worten „Ohne iPhone kann ich nicht leben!" einen Faustschlag versetzt hat; dies stehe auch in der Akte. Dieses Versehen dürfte in der Hauptverhandlung erkannt werden, so dass T wegen der hinzukommenden Körperverletzung gem. § 223 StGB eine höhere Strafe zu erwarten habe. Eine Wiederaufnahme zuungunsten des T scheide aus, weil die Wiederaufnahmegründe des § 362 StPO nicht greifen.

7. Der erlassene Strafbefehl belegt den unverteidigten T mit einer Freiheitsstrafe von 4 Monaten unter Strafaussetzung zur Bewährung. T hält eine solche Rechtsfolge per Strafbefehl für rechtswidrig und meint, eigentlich habe er auch „gar nichts" machen brauchen, der Strafbefehl sei ja nichtig. Anwaltliche Hilfe benötige er auf keinen Fall.

Lösungen

1. Nein, gem. § 411 Abs. 4 StPO gilt das Verböserungsverbot bei einem Urteil, das auf einen Einspruch gegen einen Strafbefehl ergeht, gerade nicht – anders als bei Berufung (§ 331 Abs. 1 StPO) und Revision (§ 358 Abs. 2 S. 1 StPO).

§ 411 Abs. 4 StPO ist natürlich der Ausgangspunkt jeder Rechtsberatung, ob und inwieweit ein Einspruch zweckmäßig ist.

Ein Ausnahmefall, in dem das Verböserungsverbot greift, ist der des Einspruchs beschränkt auf die Tagessatzhöhe gem. § 411 Abs. 1 S. 3 StPO.

2. Hier fehlt ein „unentschuldigt" und der Hinweis auf die Möglichkeit der Vertretung durch einen Verteidiger:

Wenn T in dem auf den Einspruch anberaumten Hauptverhandlungstermin *unentschuldigt* nicht erscheint, wird sein Einspruch gemäß §§ 412 S. 1, 329 Abs. 1 StPO verworfen, es sei denn, er lässt sich in der Hauptverhandlung durch einen Verteidiger vertreten, der über eine Vertretungsvollmacht verfügt und diese nachweist, vgl. § 329 Abs. 1 S. 1 und § 411 Abs. 2 S. 1 StPO.

3. Nein, der Schuldspruch ist nicht rechtskräftig:

Gemäß §§ 410 Abs. 1 S. 2, 302 Abs. 2 StPO bedarf der Verteidiger zur Zurücknahme des Einspruchs und damit auch für eine Beschränkung als Teilrücknahme einer ausdrücklichen Ermächtigung. Deren Vorliegen muss er nachweisen, wobei eine anwaltliche Versicherung ausreicht. Daran fehlt es hier.

4. Nein, der Schuldspruch ist nicht rechtskräftig.

Denn eine Beschränkung des Einspruchs als Teilrücknahme kann nach Beginn der Hauptverhandlung nur mit Zustimmung der Staatsanwaltschaft erfolgen, §§ 411 Abs. 3 S. 2, 303 S. 1 StPO. Daran fehlt es hier.

5. Nein, eine Sprungrevision mit dieser Rüge wird keinen Erfolg haben.

Denn gemäß §§ 411 Abs. 2 S. 2, 420 Abs. 4 StPO bestimmt der Strafrichter – unbeschadet des Amtsermittlungsgrundsatzes des § 244 Abs. 2 StPO – den Umfang der Beweisaufnahme. Also ist der Strafrichter bei der Ablehnung eines Beweisantrags nicht auf die in § 244 Abs. 3 S. 3 StPO genannten Ablehnungsgründe beschränkt.

Die Ablehnung von Beweisanträgen setzt nur noch voraus, dass das Gericht die Erhebung des beantragten Beweises zur Erforschung der Wahrheit nicht für erforderlich hält; sie erfolgt durch Gerichtsbeschluss, der zu begründen ist (§ 34 StPO), wobei sich die Begründung darauf beschränken kann, dass die Beweiserhebung zur Wahrheitserforschung nicht erforderlich ist. Insoweit enthält § 420 Abs. 4 StPO zugleich eine Ausnahme vom Verbot der Beweisantizipation.

Weil der Strafrichter im Lichte der §§ 411 Abs. 2 S. 2, 420 Abs. 4 StPO keinen Rechtsfehler begangen hat, den T rügen könnte, sollte er daher keine Revision einlegen, sondern Berufung und so eine zweite Tatsacheninstanz herbeiführen.

Insbesondere gilt der § 420 Abs. 4 StPO nach seinem Wortlaut in der Berufungsinstanz nicht, so dass das Landgericht bei der Ablehnung eines Beweisantrags wieder auf die Ablehnungsgründe des § 244 Abs. 3 S. 3 StPO beschränkt wäre.

6. Der Rat zur Einspruchsrücknahme ist sicherlich zutreffend, die Begründung hierfür greift aber zu kurz:

Der Verteidiger übersieht zunächst, dass nicht nur eine Verurteilung wegen Körperverletzung hinzukäme, sondern aus dem Diebstahl ein räuberischer Diebstahl gem. § 252 StGB werden dürfte; insbesondere belegt die Äußerung des T die erforderliche Besitzerhaltungsabsicht.

Im Übrigen wäre der Strafrichter gemäß § 25 GVG für dieses Verbrechen (§§ 252, 249 Abs. 1, 12 Abs. 1 StGB) unzuständig und würde das Verfahren in der Hauptverhandlung an das Schöffengericht verweisen, § 270 StPO.

Die drohende Verurteilung wegen eines Verbrechens spricht natürlich erst recht für eine Rücknahme, um so Rechtskraft und Strafklageverbrauch herbeizuführen (vgl. § 410 Abs. 3 StPO).

Auch droht keine Wiederaufnahme zuungunsten des T, da zum einen kein Wiederaufnahmegrund nach § 362 StPO vorliegt, zum anderen aber auch der spezielle Wiederaufnahmegrund für Strafbefehle gemäß § 373a StPO nicht eingreift: Die in der Akte dokumentierten Tatsachen sind zwar geeignet, die Verurteilung wegen des Verbrechens des räuberischen Diebstahls zu begründen, aber es handelt sich nicht um „neue“ Tatsachen – sie stehen ja in der Akte und waren dem Gericht bei Strafbefehlserlass bekannt bzw. hätten dies sein können.

7. T irrt in mehrfacher Hinsicht:

Gemäß § 407 Abs. 2 S. 2 StPO kann in einem Strafbefehl auch Freiheitsstrafe bis zu einem Jahr festgesetzt werden, wenn deren Vollstreckung zur Bewährung ausgesetzt wird – aber nur, wenn der Angeschuldigte einen Verteidiger hat. Da T unverteidigt war, war der Strafbefehl rechtswidrig. Der Strafrichter hätte dem T vor Erlass des Strafbefehls gemäß § 408b StPO einen Pflichtverteidiger bestellen müssen. Es liegt daher ein Fall notwendiger Verteidigung vor, T benötigt also zwingend einen Verteidiger.

Da die Rechtsfolge „Freiheitsstrafe unter Strafaussetzung zur Bewährung“ grundsätzlich nach § 407 Abs. 2 S. 2 StPO zulässig ist, ist der Strafbefehl aber nicht unwirksam. Anders als T meint, war der Einspruch also erforderlich, sonst wäre Rechtskraft eingetreten.

Übung 21
Fakt oder Fake? – Rechtsbehelfe bei U-Haft

Rechtsbehelfe bei U-Haft und sonstigen Zwangsmaßnahmen kombiniert mit Fragen des Versuchs und Rücktritts

Hier gilt es genau zu überlegen. Fakt, Fake oder vielleicht Halbwahrheit? Es kann auf jedes Wort ankommen. Ein Blick ins Gesetz erleichtert (oft) die Rechtsfindung!

1. Bei einem in U-Haft befindlichen Mandanten sind entsprechend dem Gebot der anwaltlichen Vorsicht und getreu dem Motto „Viel hilft viel“ sowohl Haftprüfung (§ 117 StPO) als auch Haftbeschwerde (§ 304 StPO) einzulegen.
2. Haftprüfung ist stets „besser“ als Haftbeschwerde.
3. Der Verteidiger äußert gegenüber seinem Mandanten, der wegen des dringenden Verdachts der mittäterschaftlichen räuberischen Erpressung und des Haftgrunds der Verdunkelungsgefahr in U-Haft ist, an der U-Haft könne man nichts machen. Das Opfer habe glaubhaft ausgesagt, dass er – der Mandant – es mit dem Tod bedroht habe, wenn es zur Polizei gehe und aussage. Außerdem weigere er – der Mandant – sich ja, seinen Mittäter zu benennen und das Versteck der Tatbeute preiszugeben. Dies seien alles klare Verdunkelungshandlungen.
4. Die „elektronische Fußfessel“ ist eine gute Maßnahme, um einem Fluchtanreiz zu begegnen und den Haftbefehl gem. § 116 Abs. 1 StPO außer Vollzug zu setzen.
5. T befindet sich in U-Haft wegen des dringenden Verdachts des gewerbsmäßigen Bandenbetrugs (§ 263 Abs. 1 und 5 StGB) in 500 Fällen mit einem Gesamtschaden von 50 Millionen Euro, weil er und seine Mittäter den Opfern – darunter auch guten Freunden des T – Wertanlagen mit angeblich hohen Renditen „verkauften“, die jedoch nie existierten. Seinen Anteil an der Beute hat der Beschuldigte in der Folge verprasst, bis das „Schnellballsystem“ in sich zusammenbrach.
   Haftgrund ist Fluchtgefahr, weil der Beschuldigte eine hohe Strafe zu erwarten hat und der davon ausgehende Fluchtanreiz trotz intakter Ehe und festen Wohnsitzes im Inland nicht hinreichend gehemmt ist. Denn der Beschuldigte spricht fließend Englisch und Spanisch, verfügt über sehr gute Auslandskontakte und geht keiner legalen beruflichen Tätigkeit nach, was alles den Fluchtanreiz erhöht.
   Im Rahmen der Haftprüfung bietet der Beschuldigte eine Sicherheitsleistung („Kaution“) von drei Millionen Euro an, die von der Schwester seiner Ehefrau mittels Bankbürgerschaft geleistet werden würde. Die Schwester sei eine reiche Unternehmerin, das Geld sei legal erwirtschaftet und sie habe sich hierzu bereit erklärt und vertraue ihm, obwohl sie ihn bislang nur dreimal gesehen habe – dies alles trifft zu.
   Der Haftrichter lehnt eine Außervollzugsetzung gegen Sicherheitsleistung jedoch ab.
6. Wenn noch nicht unmittelbar angesetzt wurde, befindet sich die Tat noch im Vorbereitungsstadium. Dies ist stets straflos.
7. Ein versuchtes Delikt ist wie folgt zu prüfen: Vorprüfung, Tatentschluss, unmittelbares Ansetzen, Rechtswidrigkeit und Schuld.

8. Wer sein Ziel erreicht hat, kann nichts mehr aufgeben, also scheidet in den Zielerreichungsfällen ein Rücktritt aus. Wenn etwa der Täter mit bedingtem Tötungsvorsatz zuschlägt, um dem Opfer einen Denkzettel zu verpassen, und nach dem Schlag das Ziel „Denkzettel verpassen" erreicht sieht, scheidet ein Rücktritt nach § 24 Abs. 1 S. 1, 1. Alt. StGB aus.

9. T ist wegen des dringenden Verdachts des versuchten Mordes u.a. in U-Haft, weil er nachts auf der falschen Seite der Autobahn („Geisterfahrer") mit ausgeschaltetem Licht gefahren ist, um sich selbst zu töten, und dabei den Tod des entgegenkommenden ahnungslosen durch die Kollision schwer verletzten Fahrers O billigend in Kauf nahm. T lässt sich dahin ein, er habe es sich kurz vor der Kollision „anders überlegt" und deshalb das Licht eingeschaltet, weswegen der entgegenkommende O ihn habe sehen und etwas ausweichen können, was diesem letztlich das Leben gerettet habe – dies bestätigen O, ein Kfz-Unfall-Sachverständiger und die Ärzte. Auch habe seine Ehefrau, die ihm am Tatabend den Entschluss zur Scheidung eröffnet und ihn aus der Wohnung geworfen habe, was der Grund für den Suizidversuch gewesen sei, ihm per Brief – den T beifügt – mitgeteilt, dass sie zu ihm stehe, sie sich nicht scheiden lassen werde und er wieder einziehen könne; die Tat belege ja seine Liebe. Den hierauf gestützten Haftprüfungsantrag will der Haftrichter ablehnen, weil er meint. T hätte bremsen und selbst ausweichen müssen. Dies teilt er dem Verteidiger vorab telefonisch mit und macht deutlich, dass dies sein „letztes Wort" sei.

10. Auf den Widerspruch des „lebensmüden Geisterfahrers" aus dem vorherigen Fall gegen die polizeiliche Beschlagnahme seines Führerscheins (§§ 94 Abs. 3, 98 Abs. 2 S. 1 StPO) wird der Ermittlungsrichter die Beschlagnahme bestätigen.

11. Bei dem Einsatz eines Drogenspürhundes durch die Polizei im Rahmen einer zwecks Auffindens bestimmter Papiere angeordneten Durchsuchung kann analog § 98 Abs. 2 S. 2 StPO die gerichtliche Entscheidung beantragt werden, die zur Feststellung der Rechtswidrigkeit des Hundeeinsatzes führen wird, weil hier zielgerichtet nach Zufallsfunden gesucht wurde.

Lösungen

1. Aus „anwaltlicher Vorsicht“ sowohl Haftprüfung (§ 117 StPO) zu beantragen als auch Haftbeschwerde (§ 304 StPO) zu erheben, ergibt keinen Sinn, denn die Haftbeschwerde ist bzw. wird bei beantragter Haftprüfung unzulässig, § 117 Abs. 2 S. 1 StPO.

2. Dass eine Haftprüfung stets „besser“ – im Sinne von zweckmäßiger – wäre als eine Haftbeschwerde, trifft in dieser Absolutheit nicht zu. Vielmehr gilt:

Zunächst ist zu sehen, dass eine Haftprüfung nur bei derzeit vollzogenem Haftbefehl zulässig ist (vgl. § 117 Abs. 1 StPO: „Solange der Beschuldigte in Untersuchungshaft ist …“). Unzulässig ist die Haftprüfung etwa, wenn der Haftbefehl außer Vollzug gesetzt ist (§ 116 StPO) oder wenn derzeit Strafhaft vollstreckt wird und der Haftbefehl nur als „Überhaft“ notiert ist (anders wenn das Ende der Strafhaft unmittelbar bevorsteht).

Die weiteren Überlegungen knüpfen u.a. daran an, wer jeweils entscheidet:

Über die Haftbeschwerde entscheidet die nächste Instanz, also bei einem Haftbefehl des Amtsgerichts die Beschwerdekammer des Landgerichts, also andere Richter. Für die Haftprüfung ist in der Regel der Richter zuständig, der den Haftbefehl erlassen hat (nach Anklageerhebung jedoch das Hauptsachegericht). Wenn dieser Haftrichter sich bereits erkennbar zum Nachteil des Mandanten festgelegt hat und man nichts Neues wie neue rechtliche Überlegungen oder Tatsachen wie Alibi-Zeugen präsentieren kann, ist eine Haftprüfung nicht zweckmäßig.

Abgesehen von der Konstellation des ersichtlich festgelegten Haftrichters ist in der Regel die Haftprüfung zweckmäßig, weil sie spätestens binnen zwei Wochen (§ 118 Abs. 5 StPO) in mündlicher Verhandlung (§ 118 Abs. 1 StPO) erfolgt und vor allem gegen eine negative Haftprüfungsentscheidung Haftbeschwerde erhoben werden kann, § 117 Abs. 2 S. 2 StPO. Man vergibt sich also nichts.

Die schnellste Möglichkeit, den Mandanten im Ermittlungsverfahren freizubekommen, liegt im Übrigen darin, den zuständigen Staatsanwalt zu überzeugen, weil dieser die Aufhebung des Haftbefehls beantragen wird, was für den Haftrichter dann bindend ist, und der Staatsanwalt gleichzeitig die sofortige Freilassung anordnen wird, § 120 Abs. 3 StPO. Dies zeigt auch, dass die Staatsanwaltschaft die „Herrin des Ermittlungsverfahrens“ ist.

3. Hier irrt der Verteidiger in mehrfacher Hinsicht:

Da Untersuchungshaft keine Beugehaft ist und der Beschuldigte nicht verpflichtet ist, sich zur Sache einzulassen, darf Verdunkelungsgefahr (§ 112 Abs. 2 Nr. 3 StPO) nicht allein deshalb angenommen werden, weil der Beschuldigte das Versteck der Beute nicht preisgibt.

Auch auf andere prozessordnungsgemäße Verhaltensweisen wie Schweigen oder die Weigerung, den Mittäter zu benennen, darf nicht abgestellt werden.

Indem der Beschuldigte dem Opfer aber mit dem Tod drohte, wenn es zur Polizei gehe und aussage, hat er jedoch i.S.d. § 112 Abs. 2 Nr. 3 b StPO unlauter auf es eingewirkt.

Allerdings muss ausweislich § 112 Abs. 2 Nr. 3, 2. Hs. StPO als Folge des Verhaltens des Beschuldigten die konkrete Gefahr drohen, dass die Ermittlung der Wahrheit erschwert wird. Verdunkelungsgefahr ist deshalb zu verneinen, wenn der Sachverhalt schon in vollem Umfang aufgeklärt und die Beweise so gesichert sind, dass eine Veränderung der Beweislage nicht zu befürchten ist. So liegt es etwa bei einem umfassenden glaubhaften Geständnis oder beim Vorliegen sonstiger eindeutiger Beweise.

Trotz der Verdunkelungshandlung „Zeugenbedrohung“ ließe sich also die Untersuchungshaft abwenden, wenn der Beschuldigte ein glaubhaftes Geständnis ablegt, etwa im Rahmen einer Haftprüfung, weil dann – selbst bei neuerlichem Einwirken auf den Zeugen – keine Gefahr droht, dass die Ermittlung der Wahrheit erschwert wird. Auf diese Möglichkeit sollte der Verteidiger den Beschuldigten hinweisen und das Für und Wider mit ihm erörtern.

4. Nicht in dieser Absolutheit. Es erscheint vielmehr zweifelhaft, ob und inwieweit eine „elektronische Fußfessel“ (elektronische Aufenthaltsüberwachung) fluchthemmend wirkt:

Denn die „Fußfessel“ verhindert nicht, dass der Beschuldigte flieht oder untertaucht. Sie kann allein gewährleisten, dass ein sich Absetzen alsbald erkannt wird.

So hält etwa das OLG Frankfurt die Anordnung der „elektronischen Fußfessel“ im Rahmen des § 116 Abs. 1 StPO nicht für geeignet, einem sehr hohen Fluchtanreiz wirksam zu begegnen.

5. Der Haftrichter hat zu Recht davon abgesehen, den Haftbefehl gegen die angebotene Sicherheitsleistung in Höhe von drei Millionen Euro (gegebenenfalls auch in Kombination mit Meldeauflagen u.a.) außer Vollzug zu setzen.

Zwar eröffnen §§ 116 Abs. 1 Nr. 4, 116a Abs. 1 StPO die Möglichkeit, einem Beschuldigten aufzugeben, Sicherheit selbst oder durch Dritte zu leisten.

Die Sicherheitsleistung eines Dritten kann aber nur dann ein geeignetes Haftsurrogat sein, wenn aufgrund der Persönlichkeit des Beschuldigten und der Beziehung zum Sicherungsgeber davon ausgegangen werden kann, der Beschuldigte werde den Sicherungsgeber nicht durch Herbeiführung des Sicherungsfalles schädigen.

Davon ist in der Regel auszugehen, wenn die Kaution von Personen zur Verfügung gestellt wurde, die dem Beschuldigten persönlich sehr nahestehen.

Einer Sicherheitsleistung eines Dritten kommt jedoch regelmäßig dann keine maßgebliche fluchthemmende Wirkung zu, wenn der Beschuldigte durch gegen das Vermögen Dritter gerichtete Taten dokumentiert hat, dass er fremdes Vermögen gering achtet.

T hat durch den gewerbsmäßigen Bandenbetrug in 500 Fällen gezeigt, dass er fremdes Vermögen gering achtet. Zwar will hier seine Schwägerin, also eine relativ nahe Angehörige, die Kaution leisten; allerdings hat sie ihn bislang nur dreimal überhaupt gesehen, es handelt sich also um keine Person, zu der er in einem besonderen Vertrauensverhältnis steht. Zudem hat der Beschuldigte auch gute Freunde betrogen. In der Gesamtschau liegt es daher nahe, dass dem Beschuldigten um der eigenen Freiheit Willen der Verfall einer von seiner Schwägerin geleisteten Sicherheit gleichgültig wäre und er fliehen würde.

6. Das Vorbereitungsstadium ist oftmals straflos, aber bei weitem nicht immer:

Zunächst gibt es im Besonderen Teil vereinzelt Normen, die bestimmte Vorbereitungshandlungen erfassen, etwa die §§ 149, 159, 275, 310 StGB.

Vor allem darf die Prüfung des § 30 StGB nicht übersehen werden, wenn es um ein Verbrechen i.S.d. § 12 Abs. 1 StGB geht und Mehrere beteiligt sind. Wenn sich A und B verabreden, am Folgetag den ihnen bekannten reichen O zu berauben, wenn er am Nachmittag seine tägliche Runde durch den Park dreht, dieser Plan aber nicht zur Umsetzung gelangt, weil O nachts an einem Herzinfarkt stirbt, liegt zwar mangels eines unmittelbaren Ansetzens kein Versuch vor, wohl aber eine Verbrechensverabredung gemäß §§ 30 Abs. 2, 3. Var., 249 Abs. 1 StGB.

7. Hier fehlt der Rücktritt, § 24 StGB!

Bei der Prüfung eines Versuchs ist stets auch an Rücktritt gem. § 24 StGB zu denken. Den Rücktritt übersieht man auch deshalb gerne, weil ja im Fall des unbeendeten Versuchs bereits das bloße Aufgeben für den Rücktritt reicht, wenn kein Fehlschlag vorliegt und der Täter freiwillig handelt. Ob der Versuch unbeendet oder beendet ist, ist deshalb oftmals der Knackpunkt.

8. Anders sieht dies die herrschende Meinung: Insbesondere nach dem BGH hindert die außertatbestandliche Zielerreichung einen Rücktritt nicht. Argumente:

a) Ein „Aufgeben der Tat“ ist trotz Zielerreichung möglich, da Tat gemäß § 11 Abs. 1 Nr. 5 StGB die im gesetzlichen Tatbestand umschriebene Handlung und der Erfolg sind. Einen Rücktritt von weiteren Zielen kennt das Gesetz nicht, Art. 103 Abs. 2 GG.

b) Opferschutz: Der Rücktritt soll „schmackhaft“ gemacht werden. Dem Täter soll ein Anreiz zum Verzicht auf die Weiterführung der Tat geboten werden und eine „goldene Brücke“ zurück in die Legalität errichtet werden.

c) Sonst würde der nur mit dolus eventualis Handelnde gegenüber demjenigen benachteiligt, der mit Absicht handelt und fraglos zurücktreten könnte.

9. Der Haftrichter irrt bzw. er legt nicht die Rechtsprechung des BGH zugrunde.

Tatsächlich liegt ein Rücktritt vom beendeten Versuch vor. Dass T selbst nicht gebremst hat und ausgewichen ist, hindert den Rücktritt nicht, da bei dem hier einschlägigen Rücktritt vom beendeten Versuch gemäß § 24 Abs. 1 S. 1, 2. Alt StGB nach dessen Wortlaut kein optimales Handeln, keine Bestleistung erforderlich ist und die hier gegebene Verhinderungskausalität reicht. Dies ergibt sich auch aus einem Vergleich mit § 24 Abs. 1 S. 2 StGB, der ein ernsthaftes Bemühen, die Vollendung zu verhindern, verlangt, und aus Art. 103 Abs. 2 GG.

Wegen des Rücktritts liegt kein dringender Tatverdacht hinsichtlich eines versuchten Mordes (Heimtücke; ggf. mit gemeingefährlichen Mitteln) vor, sondern nur hinsichtlich §§ 224 Abs. 1 Nr. 2, 5; 315c Abs. 1 Nr. 2f; 315b Abs. 1 Nr. 3, Abs. 3, 315 Abs. 3 Nr. 1a; 303 StGB, wobei § 315c Abs. 1 Nr. 2f StGB hinter § 315b Abs. 1 Nr. 3 StGB zurücktritt (BGH 4 StR 369/23). Damit fällt der Haftgrund der Schwerkriminalität gemäß § 112 Abs. 3 StPO weg. Und Fluchtgefahr gemäß § 112 Abs. 2 Nr. 2 StPO liegt trotz der einen gewissen Fluchtanreiz darstellenden verbleibenden Straferwartung angesichts des Briefs der Ehefrau nicht vor, die die Ehe fortsetzen und den Beschuldigten wieder in die Wohnung einziehen lassen will.

Weil der Haftrichter ersichtlich zur Frage des Rücktritts eine Mindermeinung vertritt und sich insoweit ersichtlich festgelegt hat, erscheint eine Haftprüfung gemäß § 117 StPO nicht zweckmäßig. Vielmehr sollte der Verteidiger Haftbeschwerde gemäß § 304 StPO einlegen, weil dann die Beschwerdekammer des Landgerichts und damit andere Richter entscheiden. Wegen des Vorrangs der Haftprüfung gemäß § 117 Abs. 2 S. 1 StPO muss er zuvor jedoch den Haftprüfungsantrag zurücknehmen, und zwar wegen §§ 118b, 302 Abs. 2 StPO nach vorheriger Rücksprache mit dem Mandanten mit dessen Ermächtigung, deren Vorliegen er dann anwaltlich versichern sollte.

10. Im Ergebnis führt der Widerspruch zwar zur Bestätigung der Beschlagnahme.

Aber deshalb, weil der Widerspruch gegen die Beschlagnahme i.S.d. § 98 Abs. 2 S. 1 StPO nach der „Überleitungsnorm" des § 111a Abs. 4 StPO zur Entscheidung über die vorläufige Entziehung der Fahrerlaubnis führt und eine solche vorläufige Entziehung gemäß § 111a Abs. 3 StPO als Bestätigung der Beschlagnahme wirkt. Im Einzelnen:

Aus dem Suizidversuch durch die „Geisterfahrt" auf der Autobahn mit der Folge einer Kollision (u.a. schwerer gefährlicher Eingriff in den Straßenverkehr) ergibt sich, dass der Beschuldigte gemäß § 69 Abs. 1 S. 1 StGB zum Führen von Kraftfahrzeugen ungeeignet ist. Daher besteht auch die hohe Wahrscheinlichkeit, dass dem T die Fahrerlaubnis durch Urteil entzogen werden wird.

Also hat es keine Aussicht auf Erfolg, gegen die polizeiliche Beschlagnahme des Führerscheins (§ 94 Abs. 3 StPO) Widerspruch zu erheben oder auf gerichtliche Entscheidung anzutragen (§ 98 Abs. 2 StPO). Vielmehr führt dies über die „Überleitungsnorm" des § 111a Abs. 4 StPO zur vorläufigen Entziehung der Fahrerlaubnis gem. § 111a Abs. 1 StPO. Zwar wird im Tenor des Beschlusses keine Bestätigung der Beschlagnahme ausgesprochen, die vorläufige Entziehung der Fahrerlaubnis wirkt jedoch gem. § 111a Abs. 3 S. 1 StPO als Bestätigung.

11. Diese Aussage trifft zu.

Insbesondere findet der an eine polizeiliche Beschlagnahme anknüpfende § 98 Abs. 2 S. 2 StPO bei sonstigen polizeilichen oder staatsanwaltschaftlichen Maßnahmen analoge Anwendung (vgl. Art. 19 Abs. 4 GG).

Eine Beschwerde nach § 304 StPO gegen den Hundeeinsatz durch die Polizei wäre dagegen unzulässig, weil damit nur *gerichtliche* Anordnungen angegriffen werden können.

Übung 22
Das Verfügungswesen

Ob Sie in Ihrer Station mit der vermeintlich lästigen Dezernatsarbeit konfrontiert werden, liegt an der Ausbildungsintensität Ihres Einzelausbilders. Schaden kann es nicht, vor allem dann nicht, wenn Sie eine Tätigkeit in der Justiz anstreben. Da werden Sie vom ersten Tag an sinnvolle Verfügungen entwerfen müssen, wobei Ihnen Ihre Kolleginnen und Kollegen aber mit Rat und Mustern zur Seite stehen werden.

Was ist eine Verfügung überhaupt?

Eine Verfügung ist eine Aneinanderreihung von Anweisungen an das nachgeordnete Personal, zumeist das Sekretariat (Geschäftsstelle, Serviceeinheit), die Schritt für Schritt abgearbeitet werden soll. Dabei wird eine kurze, vereinfachte Sprache verwendet. Man kann Verfügungen mit einem Kochrezept vergleichen oder auch mit einem kleinen Computerprogramm. Überschrieben werden sie im Allgemeinen mit *Vfg.*, und sie enden mit dem Datum und dem Namenskürzel – sofern sie aber nach außen gehen, mit voller Unterschrift und lesbarem Namen (Maschinenschrift, Stempel). Einige wichtige Verfügungen kennen Sie schon, nämlich die Begleitverfügungen zur Anklageschrift und zum Strafbefehl sowie die Einstellungsverfügung.

Üben wir ein wenig. Entwerfen Sie staatsanwaltliche Verfügungen, mit denen auch ein Vertreter etwas anfangen könnte, wenn Sie in den Urlaub gehen oder gar plötzlich erkranken würden.

Aufgabe 1:

Die Hauptakte ist schon länger an die Polizei zu weiteren Ermittlungen versandt und die Handakte wird Ihnen vorgelegt, weil die Wiedervorlagefrist abgelaufen ist. Sie rufen bei der Polizei an und fragen nach dem Sachstand. Der zuständige Beamte erklärt Ihnen, dass Ende nächster Woche noch eine letzte Zeugenvernehmung ansteht. Sie informieren ihn, dass inzwischen der Verteidiger eine schriftliche Einlassung abgegeben hat. Er bittet um Übersendung einer Kopie.

Aufgabe 2:

Der Leiter der JVA Frankfurt I hat Strafantrag gegen einen Strafgefangenen wegen Diebstahls eines angebrochenen Päckchens Würfelzucker (Wert: ca. 1 Euro) aus der Küche gestellt. Sie halten die Sache für eine Bagatelle und möchten das Verfahren gern nach § 153 Abs. 1 StPO einstellen, müssen aber der Leitung der JVA zuvor erst gemäß Nr. 90 RiStBV Gelegenheit zur Stellungnahme geben.

Aufgabe 3:

Sie haben gegen einen Beschuldigten Anklage wegen Raubes erhoben. Im Zwischenverfahren schickt der Vorsitzende des Schöffengerichts Ihnen die Akte mit einer neu eingegangenen Schutzschrift des Verteidigers zurück, mit der dieser beantragt, die Eröffnung des Hauptverfahrens aus tatsächlichen Gründen abzulehnen. Das überzeugt Sie nicht. Zugleich sind bei Ihnen eingegangen:

a) eine Anfrage des Geschädigten nach dem Sachstand,

b) ein Antrag eines Anwalts der Krankenversicherung des Geschädigten auf Akteneinsicht und

c) eine Bitte der Staatsanwaltschaft Itzehoe um Übersendung einer Anklagekopie, weil sie ein eigenes Ermittlungsverfahren gegen den Beschuldigten hat.

Natürlich soll die Akte dann wieder zurück an das Schöffengericht gehen.

Aufgabe 4:

Sie haben vor einem Monat ein Ermittlungsverfahren nach § 170 Abs. 2 StPO eingestellt und die Akte nur aus dem Grund nochmals auf Frist gelegt, weil Sie eigentlich eine Beschwerde des als querulatorisch bekannten Anzeigeerstatters erwartet hatten. Er hat jedoch keine eingelegt.

Lösungen

Aufgabe 1:

Vfg.

1.) Vermerk: Telefonische Rücksprache mit KOK Schmidt, K 23: Er benötigt die Akte noch für ca. 2 Wochen wegen einer Zeugenvernehmung. Er bittet um eine Übersendung der anwaltlichen Einlassung.[1]

2.) Schriftsatz des Verteidigers vom ... in Kopie an Kripo – K 23 – Bl. 45 d.A. übersenden.

3.) Wv. 1 Mon.[2]

Datum, Namenskürzel

Aufgabe 2:

Vfg.

1.) Schreiben an JVA Frankfurt I Bl. 1 d.A. (beglaubigt):

In oben genannter[3] Sache erwäge ich, das Verfahren angesichts des äußerst geringen Wertes des Diebesgutes gemäß § 153 Abs. 1 StPO einzustellen und gebe gemäß Nr. 90 RiStBV Gelegenheit zur Stellungnahme binnen zweier Wochen.

2.) Wv. 1 Monat (Eingang Stellungnahme?/Abschluss)[4]

Datum, Namenskürzel

Aufgabe 3:

Vfg.

1.) Mitteilung an Geschädigten Bl. 118 d.A., dass gegen den Beschuldigten Anklage erhoben wurde.[5]

2.) Beglaubigte Kopie der Anklageschrift an StA Itzehoe zu Aktenzeichen ... übersenden.

3.) Wv. 2 Monate[6]

4.) U.m.A.[7]
dem Amtsgericht – Schöffengericht –
Frankfurt am Main

unter Aufrechterhaltung des Antrags aus der Anklageschrift zurückgesandt. Das Vorbringen des Verteidigers stellt den hinreichenden Tatverdacht nicht in Frage. Denn ... (Begründung).
Gegen die Gewährung von Akteneinsicht an den Anwalt der X-Krankenversicherung (Bl. 144 d.A.) werden keine Einwendungen erhoben.[8]

Stein, Staatsanwältin

Datum, Unterschrift[9]

Aufgabe 4:

Vfg.

Weglegen.[10]

Datum, Namenskürzel

[1] Der Vermerk ist wichtig zur eigenen Erinnerung, wenn Ihnen die Handakte erneut vorgelegt werden sollte, aber auch als Information für einen eventuellen Vertreter.

[2] Anfängerfehler: Zu kurze Wiedervorlagefristen setzen. Mit der Berücksichtigung von Postwegen und Verzögerungen im Geschäftsgang würde eine kürzere Frist nur dazu führen, dass die Handakte erneut unerledigt vorgelegt wird. Aber Achtung: In Haftsachen dürfen keine großzügigen Fristen gesetzt werden; vielmehr sind dort am besten Präzisfristen (Vorlage an einem bestimmten Tag) zu verfügen.

[3] „Oben" steht immer ein Betreff und das Aktenzeichen der externen Behörde, anhand dessen diese das Schreiben zuordnen kann.

[4] Vor allem bei umfangreicheren Verfügungen empfiehlt es sich, hinter der Wiedervorlagefrist in Klammern zu notieren, wie es anschließend weitergehen soll – für sich selbst als Erinnerung und für einen eventuellen Vertreter als Orientierungshilfe.

[5] Hier handelt es sich – im Gegensatz zu dem beglaubigten Schreiben aus Aufgabe 2 – um eine bloße Kurzmitteilung, die vom Sekretariat mit dem Zusatz „Auf Anordnung" selbst unterzeichnet wird.

[6] Die Wiedervorlagefrist steht nach dem chronologischen Ablauf *vor* der Übersendungsverfügung, weil zunächst die Frist notiert und dann die Akte versandt wird.

[7] Das uralte Kanzleideutsch „U.m.A." bedeutet „Urschriftlich mit Akten". Es handelt sich um eine Verfügung, die der vereinfachten Aktenversendung vor allem an andere Behörden (Polizei, Gerichte, andere Staatsanwaltschaften) dient und die ein gesondertes Anschreiben erspart.

[8] Die Staatsanwaltschaft darf nicht (mehr) selbst über die Akteneinsicht entscheiden, denn in dem Zeitraum vom Zwischenverfahren bis Rechtskraft ist das Gericht die aktenführende Behörde.

[9] Namenskürzel nur bei internen Verfügungen, daher hier eine vollständige Unterschrift.

[10] Die wahrscheinlich beliebteste Verfügung.

Übung 23
Leite die Ermittlungen bei häuslicher Gewalt

Kevin Tacke (T) und Linda Schulte (S) sind seit drei Jahren ein Paar und leben zusammen in Darmstadt in einem Mehrfamilienhaus. Zwischendurch hat es immer mal wieder Beziehungsprobleme und „Zoff" gegeben, teilweise mit Beziehungsende und Auszug verbunden, aber letztlich haben beide immer wieder zusammengefunden. Verheiratet sind T und S nicht. Zwischendurch waren sie jedoch schon einmal verlobt. Derzeit sind sie jedoch nicht verlobt. T arbeitet als Hausmeister. Er lebt seit seiner Geburt in Darmstadt und kümmert sich täglich um seine kranken, pflegebedürftigen Eltern, zu denen er ein sehr enges Verhältnis hat. S ist Verkäuferin.

Am 16.05.2023 gegen 21:30 Uhr verprügelt T die S, da er sehr eifersüchtig ist und mutmaßt, dass S per WhatsApp mit „fremden Männern" schreibe, mit denen sie „etwas habe". U.a. schlägt er sie mehrfach mit der Faust ins Gesicht. Auch beschimpft er sie lautstark als „Hure" und „Schlampe". Sodann versucht er mit Gewalt, ihr ihr Handy zu entreißen, was aber nicht gelingt. Schließlich sticht er ihr mit seinem Taschenmesser, das er als Hausmeister stets mit sich führt, zweimal in den rechten Arm. Trotzdem lässt S ihr Handy nicht los. Darauf steckt T sein Messer wieder ein und sagt: „Du lässt dir also lieber in den Arm stechen, als mich kurz die Nachrichten lesen zu lassen. Alles klar, das sagt schon alles. Lesen ist überflüssig! Schlampe! Das wird dir noch leidtun, denk an meinen Gürtel! Und ich krieg auch so raus, wen du triffst." Sodann verlässt er wortlos die Wohnung. S hört noch, wie T auf dem Flur jemanden mit seinem Handy anruft und sagt: „Hey Bro, lass mal treffen, ich brauch ein paar Drinks."

Das Geschehen in der Wohnung hat sich über rund 15 Minuten gezogen. Geistesgegenwärtig hat S trotz ihrer Verletzungen die letzten Minuten heimlich als Audio mit ihrem Handy aufgezeichnet, insbesondere auch die geschilderte letzte Äußerung des T.

Nachdem T weg ist, wählt S den Notruf 110 und meldet sich schluchzend und mit gebrochener panischer Stimme: „Hier ist Linda Schulte, mein Freund, der Kevin, der hat mich wieder verprügelt, jetzt aber richtig. Der hat mir sogar mit seinem Messer zweimal in den Arm gestochen, um an mein Handy zu kommen. Ich brauche Hilfe. Bitte schnell. Darmstadt, Gagernstraße 134, bei Tacke/Schulte." Der Notruf wird – wie stets – aufgezeichnet. Die Aufzeichnungen werden grundsätzlich nach zwei Wochen gelöscht.

Kurz darauf treffen zwei Polizeistreifen und ein Rettungswagen mit einem Notfallsanitäter und einem Rettungssanitäter ein. Ein Notarzt ist nicht eingebunden. Die Sanitäter untersuchen und behandeln S, wobei diese ihnen auch alles erzählt. S hat Hämatome im Gesicht, an den Armen und an den Rippen sowie zwei tiefe Messerstichwunden im rechten Arm, die notdürftig versorgt werden. Gebrochen ist nichts. S will nicht ins Krankenhaus, sondern lässt sich von ihrer besten Freundin Carla Faber (F) abholen, bei der sie übernachtet. Zuvor haben die Polizisten die S befragt, und sie hat ihnen das Geschehene berichtet.

Am Morgen des Folgetages geht S zu ihrem Hausarzt Dr. Akdemir (A), um ihre Verletzungen nochmals untersuchen und behandeln zu lassen. Dabei erzählt sie ihm das Geschehene. A untersucht die Verletzungen, näht die Stichwunden am Arm, verschreibt ihr Schmerzmittel und fertigt ein Attest, wovon er eine Kopie behält und ihr das Original mitgibt.

Am Nachmittag geht S zum 1. Polizeirevier zur Vernehmung und berichtet der vernehmenden POKin Lopez (L) das Geschehene. Sie stellt Strafantrag aus allen rechtlichen Gründen gegen T. Dabei äußert sie, sie werde ausziehen und sich von ihm trennen. Er sei zwar „trotz allem“ ihre „große Liebe“; seine Eifersucht sei völlig unbegründet. Aber nun sei es „wohl endgültig aus und vorbei“.

Auch berichtet S der L – nach Belehrung gemäß § 55 StPO – von der gefertigten Handy-Audioaufnahme und schickt bzw. kopiert ihr die Datei. Nebenbei erwähnt S, die Datei habe sie auch bereits ihrer besten Freundin F per WhatsApp geschickt.

Mit dem Einverständnis der S fertigt L Lichtbilder der Verletzungen. Weiter entbindet S ihren Hausarzt von der Schweigepflicht und überreicht das ärztliche Attest. S teilt ferner mit, dass sie die nächsten Tage erstmal bei F bleiben könne.

POKin L stellt bei einer Recherche fest, dass mehrere namentlich erfasste Bewohner des Mehrfamilienhauses Gagernstraße 134 am Tatabend telefonisch bei der Polizei „Der Tacke rastet wieder aus“ gemeldet haben bzw. sich über eine „Ruhestörung durch dieses On-Off-Pärchen von nebenan“ beschwert haben.

Sodann faxt POKin L alle vorhandenen Unterlagen an die Staatsanwaltschaft Darmstadt und bittet um „weitere Entscheidung“. Das Verfahren wird dort unter dem Aktenzeichen 360 Js 91820/23 eingetragen.

Sie sind Staatsanwältin bzw. Staatsanwalt und finden den Vorgang am Morgen des 18.05.2023 als Eilsache auf Ihrem Schreibtisch.

Anhand des BZR und Beiziehung der entsprechenden Akte sehen Sie, dass T am 01.10.2019 vom Amtsgericht – Schöffengericht – Darmstadt, Az. 219 Ls 5 Js 12295/19, wegen gefährlicher Körperverletzung zu einer Freiheitsstrafe von zwei Jahren unter Strafaussetzung zur Bewährung – Bewährungszeit fünf Jahre – verurteilt wurde, weil er seine damalige Freundin im Rahmen einer häuslichen Gewalt aus Eifersucht mit seinem Gürtel geschlagen und bis zur Bewusstlosigkeit gewürgt hatte. Auslöser war, dass diese sich von ihm trennen wollte.

Aus der Beiziehung und Durchsicht einer weiteren Verfahrensakte sehen Sie, dass T im Jahr 2021 wegen Körperverletzung zum Nachteil der S angeklagt, in der Folge jedoch freigesprochen wurde, nachdem S in der Hauptverhandlung ihren Strafantrag zurückgenommen und von ihrem Zeugnisverweigerungsrecht als (damalige) Verlobte Gebrauch gemacht hat.

Wie gehen Sie als zuständige Staatsanwältin bzw. zuständiger Staatsanwalt vor?

I. Hinsichtlich welcher Delikte besteht Tatverdacht?

II. Welches Problem muss bedacht werden?

III. Welche polizeilichen Ermittlungen ordnen Sie an? Welche Maßnahmen beantragen Sie beim Ermittlungsrichter?

Lösung

I. Aus der Aussage der S ergibt sich (einfacher) Tatverdacht gegen T hinsichtlich folgender Delikte:

1. T ist verdächtig, S mehrfach mit der Faust ins Gesicht geschlagen und mit seinem Taschenmesser zweimal in den Arm gestochen zu haben und damit eine gefährliche Körperverletzung gemäß §§ 223 Abs. 1, 224 Abs. 1 Nr. 2 StGB begangen zu haben.

2. Dagegen scheidet ein Verdacht eines versuchten besonders schweren Raubs gemäß §§ 249 Abs. 1, 250 Abs. 2 Nr. 1, 22, 23 StGB mangels Tatentschlusses aus, nämlich mangels Zueignungsabsicht. Weder hatte T den Vorsatz dauerhafter Enteignung, denn T wollte nur „kurz" die Nachrichten lesen, also das Handy nicht behalten. Noch hatte T die Absicht vorübergehender Aneignung: Obwohl Raub ein Eigentumsdelikt ist, ist nach dem BGH erforderlich, dass der Täter „irgendwie im weitesten Sinne wirtschaftlich von dem Gebrauch profitieren will und damit aus der Nutzung mittelbar oder unmittelbar einen irgendwie gearteten wirtschaftlichen oder jedenfalls materiellen Vorteil ziehen will." Daran fehlt es hier, denn T beabsichtigte, die auf dem Handy gespeicherten Nachrichten lediglich aus Eifersucht zu lesen.

3. Auch ein Verdacht der versuchten besonders schweren räuberischen Erpressung gemäß §§ 253, 255, 250 Abs. 2 Nr. 1, 22, 23 StGB anknüpfend an die Duldung der Wegnahme liegt mangels entsprechenden Tatenschlusses nicht vor. Denn T hatte keine Bereicherungsabsicht:

Bloßer Besitz bildet einen Vermögensvorteil nur, wenn ihm ein eigenständiger wirtschaftlicher Wert zukommt, etwa weil er zu wirtschaftlich messbaren Gebrauchsvorteilen führt, die der Täter oder der Dritte nutzen will.

Daran fehlt es auch, wenn er den mit der Tat verbundenen Vermögensvorteil nur als notwendige oder mögliche Folge seines ausschließlich auf einen anderen Zweck gerichteten Verhaltens hinnimmt. T wollte auf dem Handy lediglich die Nachrichten lesen, der Besitz am Handy war nur eine notwendige Folge.

4. Schließlich besteht auch kein Verdacht einer versuchten Nötigung gemäß §§ 240 Abs. 1 bis 3, 22, 23 StGB. Denn indem T von S abließ, ist er strafbefreiend gemäß § 24 Abs. 1 S. 1, 1. Alt. StGB vom unbeendeten Versuch zurückgetreten.

Insbesondere war der Rücktritt nicht wegen eines Fehlschlags ausgeschlossen. Ein Fehlschlag läge nur vor, wenn T davon ausgegangen wäre, dass seine Versuche, der S ihr Handy abzunehmen, gescheitert gewesen wären. Jedoch wusste T, dass er mit dem Messer weiter hätte auf S einstechen und sich letztlich so das Handy der S hätte beschaffen können.

Auch der Umstand, dass T das Lesen der im Handy gespeicherten Nachrichten für nicht mehr notwendig hielt, weil er aufgrund des Verhaltens der S davon überzeugt war, dass sie eine Affäre habe bzw. einen anderen Mann treffe, er also ein „Zwischenziel" erreicht hat, schließt einen Rücktritt nicht aus. Denn der Rücktritt i.S.d. § 24 StGB ist streng auf den gesetzlichen Tatbestand als Tat i.S.d. § 11 Abs. 1 Nr. 5 StGB bezogen; die Erreichung außertatbestandlicher Ziele ist ohne Belang.

5. Jedoch ist T verdächtig, S als „Hure“ und mehrfach als „Schlampe“ bezeichnet und damit eine Beleidigung gemäß § 185 Var. 1 StGB begangen zu haben. S hat Strafantrag gestellt, § 194 Abs. 1 StGB.

Im Ergebnis besteht Tatverdacht hinsichtlich gefährlicher Körperverletzung in Tateinheit (§ 52 StGB) mit Beleidigung.

II. Möglichkeit der Rückkehr zu T, Verlobung und Zeugnisverweigerung

Es erscheint konkret möglich, dass S trotz der hiesigen gewichtigen Tat wieder zu T zurückkehrt, die beiden sich in der Folge verloben und S sodann nicht nur gemäß § 77d StGB ihren Strafantrag zurücknimmt und die Schweigepflichtentbindung gegenüber ihrem Hausarzt analog § 52 Abs. 3 S. 2 StPO widerruft, sondern vor allem auch von ihrem dann gemäß § 52 Abs. 1 Nr. 1 StPO bestehenden Zeugnisverweigerungsrecht Gebrauch macht bzw. dies für die Zukunft ankündigt mit der Folge des allgemeinen Beweisverwertungsverbots gemäß § 252 StPO.

Für diese Möglichkeit spricht:

- Es handelt sich anscheinend um eine typische „On-Off-Beziehung“.
- T und S waren früher bereits einmal verlobt.
- S hat bereits in einem früheren Verfahren gegen T das Zeugnis verweigert.
- S hat geäußert, T sei ja *„trotz allem“* ihre *„große Liebe“*, aber nun sei es *„wohl* endgültig aus und vorbei“.

Dass eine Verlobung nur „vorgeschoben“ würde oder „rechtsmissbräuchlich“ wäre, weil sie einzig auf die Möglichkeit der Zeugnisverweigerung abzielen würde, wäre zum einen kaum beweisbar, zum anderen angesichts der Vorgeschichte auch wenig wahrscheinlich; es handelt sich wohl um eine typische „On-Off-Beziehung“.

§ 252 StPO normiert nicht nur ein Verlesungsverbot, sondern wird über den Wortlaut hinaus als allgemeines Verwertungsverbot verstanden. Der Zeuge soll entscheiden, ob seine frühere, vielleicht unbedachte oder voreilige Aussage zum Gegenstand der Beweisaufnahme wird.

Dieses allgemeine Verwertungsverbot sperrt grundsätzlich insbesondere die Vernehmung der Vernehmungsperson. Damit könnten hier die die Erstbefragung durchführenden Polizeibeamten und POKin L nicht über das berichten, was S ihnen gegenüber im Rahmen der Vernehmungen geäußert hat.

§ 252 StPO sperrt auch die Verwertung von Schriftstücken oder Tonaufzeichnungen, die der Zeuge bei der Vernehmung übergeben oder die er im Zusammenhang mit der Aussage vorgelegt und zum Bestandteil seiner Aussage gemacht hat, da sie als unselbstständiger Teil der Vernehmung anzusehen sind. Argument: Die Sachlage ist nicht anders, als wenn der Zeuge den Inhalt des Schriftstücks oder der Tonaufzeichnung mündlich wiedergegeben hätte.

Danach wären hier auch das im Rahmen der Vernehmung übergebene ärztliche Attest und die im Rahmen der Vernehmung kopierte Handy-Audioaufnahme von § 252 StPO gesperrt.

Im Übrigen dürfte Dr. A bei Widerruf der Schweigepflichtentbindung im Interesse der Vertrauensbeziehung zu seiner Patientin und angesichts der Strafdrohung des § 203

Abs. 1 Nr. 1 StGB (wobei wegen der Gefahr der Wiederholung eine Rechtfertigung nach § 34 StGB zu erwägen wäre) von seinem Zeugnisverweigerungsrecht als Arzt gemäß § 53 Abs. 1 S. 1 Nr. 3 StPO Gebrauch machen.

Schließlich entstünde hinsichtlich der Beleidigung durch die Rücknahme des Strafantrags gemäß §§ 77d, 194 Abs. 1 StGB ein Verfahrenshindernis.

Fazit: Bei Verlobung und Zeugnisverweigerung würden die bisher beschafften Beweise wegen § 252 StPO weitgehend unverwertbar werden.

Diese „Gefahr" der Verlobung und des § 252 StPO ist im Rahmen der Strafverfolgung zu berücksichtigen. Es gilt, solche Beweise zu beschaffen, die bei Verlobung und Zeugnisverweigerung nicht in Wegfall geraten.

III. Polizeiliche Ermittlungen und Anträge an den Ermittlungsrichter

Zu prüfen ist, mit welchen Ermittlungen die Polizei zu beauftragen ist und welche Maßnahmen bei dem Ermittlungsrichter zu beantragen sind, und zwar jeweils unter dem Gesichtspunkt, inwieweit das Beweismittel bei Verlobung und Zeugnisverweigerung von dem Verwertungsverbot des § 252 StPO erfasst würde.

1. Ausnahmen vom Verwertungsverbot des § 252 StPO

Möglicherweise greift eine der Ausnahmen vom Beweisverwertungsverbot des § 252 StPO bzw. kann im Rahmen von weiteren Ermittlungen fruchtbar gemacht werden.

Ausnahmen vom Verwertungsverbot des § 252 StPO macht die Rechtsprechung erstens wenn die Zeugnisverweigerungsberechtigte nach qualifizierter Belehrung auf ihr Zeugnisverweigerungsrecht verzichtet und ihre früheren Aussagen „freigibt", zweitens bei einer ordnungsgemäß durchgeführten *richterlichen* Zeugenvernehmung und drittens bei einem Polizeibeamten, der den damals von der Schweigepflicht entbundenen Arzt vernommen hat.

a) Verzicht-Ausnahme. Die Verzicht- oder Freigabe-Ausnahme betrifft nicht die „Gefahr" der Verlobung, sondern knüpft daran an, dass eine Zeugnisverweigerungsberechtigte – etwa die Ehefrau oder Ex-Ehefrau – zwar eine Verurteilung will, aber in der Hauptverhandlung nicht aussagen möchte – etwa weil sie die Tat nicht nochmals „durchleben" und/oder keine Fragen der Verfahrensbeteiligten beantworten will. Dann kann sie nach qualifizierter Belehrung – darüber, dass dann ihre Aussagen in vollem Umfang zu Lasten oder zu Gunsten des Angeklagten verwertet werden können, und das sonst bestehende Verwertungsverbot – ihre früheren Aussagen „freigeben" bzw. insoweit auf ihr Zeugnisverweigerungsrecht verzichten.

Allerdings kann dann weder das Gericht noch die Verteidigung die Belastungszeugin befragen. Eine Beurteilung ihrer Glaubwürdigkeit ist nur schwer möglich. Zudem handelt es sich bei dem die Zeugin im Ermittlungsverfahren vernehmenden Beamten lediglich um einen Zeugen vom Hörensagen. Einer solchen mittelbaren Zeugenaussage kommt nur ein erheblich geringerer Beweiswert zu, zumal ein Verstoß gegen das Recht auf konfrontative Befragung nach Art. 6 Abs. 3 d EMRK in Betracht kommt, so dass auch deshalb eine besonders sorgfältige und kritische Beweiswürdigung zu erfolgen hat.

b) Ordnungsgemäß durchgeführte *richterliche* Zeugenvernehmung. Zu überlegen ist jedoch, ob eine Vernehmung der S bei dem Ermittlungsrichter zu beantragen ist. Die ordnungsgemäß durchgeführte Zeugenvernehmung durch einen Richter ist in der Rechtsprechung als Ausnahme von § 252 StPO anerkannt.

Grund dieser Ausnahme ist die hervorgehobene Stellung der richterlichen Vernehmung, wie sie in Strafprozessordnung und Strafgesetzbuch zum Ausdruck kommt. Dies zeigt insbesondere § 254 Abs. 1 StPO, der als Ausnahme des Unmittelbarkeitsgrundsatzes die Verlesung nur eines richterlichen Protokolls über ein Geständnis erlaubt, ferner § 168c StPO mit seinem Anwesenheits- und Fragerecht für den Beschuldigten und seinen Verteidiger bei richterlichen Zeugenvernehmungen, und schließlich § 153 StGB, der bei richterlichen Zeugenvernehmungen vorsätzliche Falschaussagen unter Strafe stellt. Dies alles gilt für Vernehmungen durch Polizei oder Staatsanwalt eben nicht.

Allerdings setzt diese Ausnahme voraus, dass der Zeuge bereits im Zeitpunkt der Vernehmung durch den Richter ein Zeugnisverweigerungsrecht hat und darüber von ihm belehrt wird (§ 52 Abs. 3 S. 1 StPO). S ist aber (noch) nicht verlobt und hat kein Zeugnisverweigerungsrecht. Die Richter-Ausnahme greift mithin von ihren Voraussetzungen nicht bzw. eine richterliche Vernehmung „hilft nicht weiter“: Auch ihre richterliche Vernehmung wäre unverwertbar, wenn S sich später verlobt und dann das Zeugnis verweigert bzw. dies für die Hauptverhandlung ankündigt.

c) Vernehmung des Arztes während Schweigepflichtentbindung. In weiterer Ausnahme zu § 252 StPO ist der Polizeibeamte, der einen Arzt – nach und während der Schweigepflichtentbindung – vernommen hat, auch bei Widerruf der Schweigepflichtentbindung durch den Patienten und Zeugnisverweigerung des Arztes in der Hauptverhandlung nicht gesperrt.

Denn zum Zeitpunkt der früheren Vernehmung bestand keine Pflichtenkollision für den Arzt, nämlich durch eine wahrheitsgemäße Aussage das berufliche Vertrauensverhältnis zu seinem Patienten zu belasten oder zu zerstören. Vielmehr war der Arzt ja zu diesem Zeitpunkt von der Schweigepflicht entbunden und die Aussage entsprach dem Willen des Patienten.

Daher ist POKin L damit zu beauftragen, Dr. A zeitnah unter Vorlage der Schweigepflichtentbindung zu vernehmen, und zwar zum einen hinsichtlich der Verletzungen – insoweit ist auch nochmals das Attest zu erfragen –, zum anderen und vor allem auch dahin, was S ihm zu den Ursachen der Verletzungen gesagt hat.

Diesen Angaben der S gegenüber ihrem Hausarzt ist beweisrechtlich großes Gewicht beizumessen. Denn es ist kein Grund für einen Patienten ersichtlich, einen bekanntermaßen zur Verschwiegenheit verpflichteten Arzt, dessen Schweigepflicht zudem gemäß § 203 Abs. 1 Nr. 1 StGB strafbewehrt ist, gerade durch eine unzutreffende Belastung eines Angehörigen zu täuschen. Mit anderen Worten: Wenn bei einem Arzt nicht „die steile Treppe“, „der im Weg stehende Staubsauger“ oder „die Schrankkante“, sondern der Ehemann, Vater oder – hier – Lebensgefährte als Verursacher einer Verletzung benannt wird, spricht sehr viel dafür, dass dies der Wahrheit entspricht – getäuscht wird vielmehr aus Scham etc. in umgekehrter Weise.

2. Beweismittel, die nicht § 252 StPO unterfallen

§ 252 StPO knüpft an einen vorher *vernommenen* Zeugen an, setzt also eine *Vernehmung* voraus und bezieht sich nicht auf das außerhalb einer Vernehmung Gesagte. Eine Vernehmung setzt voraus, dass der Vernehmende der Auskunftsperson in amtlicher Funktion gegenübertritt und in dieser Eigenschaft von ihr Auskunft verlangt. Mangels Vernehmung nicht gesperrt sind also einerseits Äußerungen gegenüber Privaten oder verdeckten Ermittlern und andererseits Äußerungen aus freien Stücken, u.a. Spontanäußerungen und die Schilderung des Tathergangs im Rahmen der Beantragung einer einstweiligen Anordnung nach dem Gewaltschutzgesetz (OLG Hamburg 1 Ws 114/17).

a) Lichtbilder. Mangels Vernehmungsbezug verwertbar bleiben deshalb die gefertigten Lichtbilder der Verletzungen. Zudem könnten auch die am Tatabend eingesetzten Polizeibeamten und POKin L über ihre Wahrnehmungen der Verletzungen bzw. des äußeren Erscheinungsbilds der S berichten.

b) Notruf. Jedenfalls die ersten Sätze des Notrufs, denen kein Auskunftsverlangen vorausging, erfolgten nicht im Rahmen einer Vernehmung, sondern stellen eine Spontanäußerung bzw. Äußerung aus freien Stücken dar, so dass der den Anruf entgegennehmende Polizeibeamte diesbezüglich in der Hauptverhandlung vernommen werden kann.

Weiter kann die Notrufaufzeichnung in Augenschein genommen, d.h. vorgespielt werden. Die Aufzeichnung war auch nicht unter dem Gesichtspunkt des § 201 Abs. 1 StGB strafbar, weil die Angaben im Rahmen des Notrufs als Äquivalent zum „allgemeinen Hilferuf" und der „Alarmierung der Öffentlichkeit" nicht als „nichtöffentlich", sondern als „öffentlich" zu werten sind, so dass sich daraus kein Beweisverwertungsverbot ergeben kann.

Beweisrechtlich ist gerade der in einer Hauptverhandlung vorgespielten Notrufaufzeichnung größtes Gewicht beizumessen, da in ihr S selbst unmittelbar nach der Tat diese schildert. Dabei sprechen auch die gebrochene panische Stimme und das Schluchzen dafür, dass das Geäußerte tatsachenbasiert ist, und ermöglichen dem Gericht einen unmittelbaren Eindruck von der Zeugin.

Auch wirkt eine solche Aufnahme etwaigen Versuchen der Verteidigung entgegen, die Tat zu relativieren bzw. „herunterzuspielen" und eine von dem Geschehen zu weit entrückte „klinische" Hauptverhandlungsatmosphäre zu schaffen.

Mithin ist POKin L damit zu beauftragen, die Aufzeichnung des Notrufs auf einem Datenträger zu sichern, und zwar zeitnah angesichts der drohenden Löschung. Weiter ist der gesamte Notruf – soweit noch nicht geschehen – zu verschriftlichen und das Protokoll und der Datenträger zu den Akten zu nehmen.

c) Freundin und Handy-Audioaufnahme. Weiter bezieht sich § 252 StPO nicht auf das, was S ihrer Freundin F auf deren Fragen berichtet hat. Denn F ist ja eine Privatperson, so dass keine Vernehmung vorliegt.

Daher ist POKin L damit zu beauftragen, zeitnah die Freundin F darüber zu vernehmen, was S ihr gegenüber geäußert hat. Weiter ist über F nochmals die Handy-Audioaufnahme zu kopieren; S hatte diese ja der F geschickt.

Beweisrechtlich kommt der Handy-Audioaufnahme enormes Gewicht zu, und zwar insbesondere angesichts der letzten Äußerung des T, in denen dieser zumindest einen Messerstich in den Arm quasi einräumt, das Tatmotiv der Eifersucht darlegt und S mit Schlägen mit seinem Gürtel droht. Zudem bezeichnet er S wiederum als „Schlampe".

Die heimliche Aufnahme ist auch trotz des – gemäß § 201 Abs. 1 Nr. 1 StGB sogar strafbewehrten – Verstoßes gegen das allgemeine Persönlichkeitsrecht (Art. 2 Abs. 1, Art. 1 Abs. 1 GG) auch verwertbar.

Denn dass ein Privater (eigeninitiativ) rechtswidrig „gegen" die Strafprozessordnung und sogar mittels einer Straftat ein Beweismittel beschafft, führt grundsätzlich nicht zu dessen Unverwertbarkeit. Insbesondere richtet sich die Strafprozessordnung nur an die Strafverfolgungsorgane, nicht dagegen an Private.

Zwar findet bei Eingriffen in das Allgemeine Persönlichkeitsrecht mittels Audio- oder Video-Aufnahmen durch Private die Sphärentheorie Anwendung, weil der Rechtsverstoß durch Abspielen der Aufnahme in der Hauptverhandlung wiederholt wird, d.h. ein eigener Rechtsverstoß des Gerichts vorläge. Allerdings betrifft die Aufnahme lediglich die Privatsphäre des T und hat gerade einen unmittelbaren Bezug zu der von ihm unmittelbar zuvor verübten gefährlichen Körperverletzung gemäß § 224 Abs. 1 Nr. 2 StGB und damit einer erheblichen Straftat. Zudem ist T einschlägig vorbestraft und steht unter laufender Bewährung. In der Gesamtschau überwiegt das Interesse an der Strafverfolgung das Interesse des T an der Wahrung seines Persönlichkeitsrechts daher deutlich, so dass die Aufnahme verwertbar ist.

d) Sanitäter. Weiter sollte POKin L damit beauftragt werden, den Notfall- und den Rettungssanitäter zu vernehmen. Diese nichtamtlichen Personen haben S bei ihrem Gespräch nicht *vernommen*, so dass bei Verlobung und Zeugnisverweigerung der S kein § 252 StPO droht. Auch haben sie selbst kein Zeugnisverweigerungsrecht. Denn diese Berufsgruppen sind nicht in § 53 StPO aufgeführt, und eine Einordnung als Hilfspersonen des Notarztes gemäß § 53a Abs. 1 S. 1 Nr. 3 StPO scheidet aus, weil ein Notarzt an dem Einsatz nicht beteiligt war.

Notfall- und Rettungssanitäter machen sich dann auch nicht gemäß § 203 Abs. 1 Nr. 1 StGB strafbar. Denn die Pflicht, als Zeuge vor Gericht, bei der Staatsanwaltschaft oder bei Ladung im Auftrag der Staatsanwaltschaft (§ 163 Abs. 3 S. 1 StPO) bei der Polizei auszusagen, geht nach h.M. der berufsrechtlichen Schweigepflicht vor, es sei denn, es besteht eben ein Zeugnisverweigerungsrecht nach den §§ 53, 53a StPO.

Da die Sanitäter berufsbedingt öfter mit entsprechenden Geschehnissen in Berührung kommen, sollte auch hier wegen sich verschlechternder Erinnerung bzw. drohender „Vermischung" eine zeitnahe Vernehmung erfolgen.

e) Nachbarn. Weiter sollte POKin L diejenigen Bewohner des Mehrfamilienhauses vernehmen, die sich am Tatabend bei der Polizei gemeldet haben, überdies sämtliche unmittelbaren Wohnungsnachbarn.

f) Durchsuchung. Als weiteres Beweismittel sollte auch die Beschlagnahme des Taschenmessers des T angestrebt werden, §§ 94, 98 StPO. Selbst wenn T es gesäubert haben sollte erscheint es nicht ausgeschlossen, noch Blutreste/-partikel zu finden. Zwar scheidet bei Verlobung und Zeugnisverweigerung ein DNA-Abgleich mit der DNA der S aus, vgl. § 81c Abs. 3 S. 1 StPO. Aber auch die Sicherung menschlichen Blutes an dem Messer hätte einen gewissen Beweiswert.

Überdies unterliegt das Messer als Tatmittel gemäß § 74 Abs. 1 StGB der Einziehung, so dass die Beschlagnahme auch gemäß § 111b StPO erfolgen kann.

Um das Messer auffinden und in der Folge beschlagnahmen zu können, bedarf es gemäß §§ 102, 105, 162 StPO eines Durchsuchungsbeschlusses des Ermittlungsrichters gerichtet auf die Durchsuchung der Person des T, dessen Wohnung und der ihm gehörenden Sachen inklusive dessen Fahrzeug.

Bei dieser Gelegenheit kann die Polizei auch Fotos von der Wohnung als Tatort machen, wenn dies noch nicht geschehen sein sollte.

3. Haftbefehl

Schließlich ist zu prüfen, ob der Erlass eines Haftbefehls zu beantragen ist.

Ein Haftbefehl setzt gemäß § 112 Abs. 1 StPO dringenden Tatverdacht und mindestens einen Haftgrund voraus, ferner darf die Untersuchungshaft nicht unverhältnismäßig sein.

a) Aufgrund der bisher vorliegenden und noch nicht in Wegfall geratenen Beweismittel, insbesondere der Aussage der S und der Handy-Audioaufnahme mit der zumindest einen Messerstich einräumenden und eine Beleidigung beinhaltenden Äußerung des T, besteht auch die hohe Wahrscheinlichkeit, dass T eine gefährliche Körperverletzung und eine Beleidigung begangen hat, mithin dringender Tatverdacht.

b) Es müsste zumindest ein Haftgrund vorliegen.

aa) Zunächst könnte gemäß § 112 Abs. 2 Nr. 2 StPO Fluchtgefahr bestehen. Fluchtgefahr liegt vor, wenn die Würdigung der Umstände des Falles es wahrscheinlicher macht, dass sich der Beschuldigte dem Strafverfahren entziehen, als dass er sich ihm zur Verfügung halten wird.

Dem einschlägig vorbestraften und unter laufender Bewährung stehenden T droht angesichts des Strafrahmens des § 224 Abs. 1 StGB eine empfindliche Freiheitsstrafe, die im Bereich von zwei Jahren liegen dürfte. Angesichts dessen und des drohenden Widerrufs der zur Bewährung ausgesetzten Freiheitsstrafe von zwei Jahren besteht ein erheblicher Fluchtanreiz.

Fraglich ist, inwieweit demgegenüber hinreichend fluchthemmende örtliche, berufliche oder soziale/familiäre Bindungen bestehen. S hat sich von T getrennt, also besteht keine Beziehung. Allerdings hat T einen festen Wohnsitz und einen Job als Hausmeister. Er lebt seit seiner Geburt in Darmstadt und kümmert sich täglich um seine kranken, pflegebedürftigen Eltern, zu denen er ein sehr enges Verhältnis hat.

In der Gesamtschau besteht keine überwiegende Wahrscheinlichkeit, dass sich T dem Verfahren entziehen wird. Also liegt keine Fluchtgefahr vor.

(Eine a.A. ist mit entsprechender Argumentation vertretbar.)

bb) Insbesondere angesichts seiner Äußerung „Das wird dir noch leidtun, denk an meinen Gürtel!“ könnte jedoch der Haftgrund der Wiederholungsgefahr gemäß § 112a Abs. 1 S. 1 Nr. 2 StPO vorliegen.

T müsste zunächst dringend verdächtig sein, wiederholt eine die Rechtsordnung schwerwiegend beeinträchtigende Straftat nach § 224 StGB begangen zu haben, wobei hierbei gemäß § 112a Abs. 1 S. 2 StPO auch Vorstrafen zu berücksichtigen sind. Zum einen wurde T vom Amtsgericht – Schöffengericht – Darmstadt am 01.10.2019 wegen gefährlicher Körperverletzung zum Nachteil seiner damaligen Freundin zu einer Freiheitsstrafe von zwei Jahren unter Strafaussetzung zur Bewährung – Bewährungszeit fünf Jahre – verurteilt, weil er sie im Rahmen einer häuslichen Gewalt aus Eifersucht mit seinem Gürtel geschlagen und bis zur Bewusstlosigkeit gewürgt hatte. Zum anderen ist T dringend verdächtig, am 16.05.2023 die S – letztlich auch aus Eifersucht – mit seinem Taschenmesser zweimal in den Arm gestochen zu haben, und zwar obwohl er einschlägig vorbestraft ist und unter laufender Bewährung steht.

Mithin ist er dringend verdächtig, wiederholt eine gefährliche Körperverletzung gemäß § 224 Abs. 1 StGB und damit eine Katalogtat i.S.d. § 112a Abs. 1 S. 1 Nr. 2 StPO begangen zu haben, die die Rechtsordnung auch schwerwiegend beeinträchtigen.

Weiter müssten bestimmte Tatsachen die Gefahr begründen, dass T vor rechtskräftiger Aburteilung der verfahrensgegenständlichen gefährlichen Körperverletzung weitere erhebliche Straftaten gleicher Art begehen wird, die Haft zur Abwendung der drohenden Gefahr erforderlich und eine Freiheitsstrafe von mehr als einem Jahr zu erwarten ist.

Dafür spricht neben dem Umstand, dass den T auch die laufende Bewährung bzw. der drohende Bewährungswiderruf nicht von der Begehung der hiesigen Tat abzuhalten vermochte, insbesondere seine unmittelbar nach der hiesigen Tat getätigte Äußerung „Das wird dir noch leidtun, denk an meinen Gürtel!". Daraus ergibt sich in der Gesamtschau die große Gefahr, dass T die S aus Eifersucht oder zwecks „Bestrafung" vor rechtskräftiger Aburteilung wiederum mit einem Gürtel schlagen wird. Auch der Umstand, dass S sich von T trennen will bzw. getrennt hat, ändert daran nichts, sondern erhöht die Gefahr vielmehr weiter; Auslöser für die am 01.10.2019 abgeurteilte Tat war gerade, dass seine damalige Freundin sich von T trennen wollte.

Schließlich ist als Strafe für die verfahrensgegenständliche gefährliche Körperverletzung eine Freiheitsstrafe von deutlich mehr als einem Jahr zu erwarten.

Mithin liegt der Haftgrund der Wiederholungsgefahr vor.

(Eine a.A. ist mit entsprechender Argumentation vertretbar.)

c) Mit Blick auf den Tatvorwurf ist die Anordnung von Untersuchungshaft auch nicht unverhältnismäßig, § 112 Abs. 1 S. 2 StPO.

Somit liegen die Voraussetzungen des § 112 Abs. 1 S. 1 StPO vor.

In der Gesamtschau erscheint es auch geboten (vgl. „darf" in § 112 Abs. 1 S. 1 StPO), gemäß § 125 Abs. 1 StPO einen Haftbefehl zu beantragen.

Übung 24
Fertige eine Ermittlungsverfügung

Fertigen Sie anknüpfend an die Lösung der Übung 23 in dem dortigen Häusliche-Gewalt-Fall eine Verfügung der zuständigen Staatsanwältin bzw. des zuständigen Staatsanwalts, mit der Sie die gebotenen polizeilichen Ermittlungen anordnen und bei dem Ermittlungsrichter den Erlass eines Haftbefehls und eines Durchsuchungsbeschlusses beantragen.

Lösung

Staatsanwaltschaft Darmstadt

18.05.2023

360 Js 91820/23

SOFORT!

HAFT!

Verfügung

1. Fax an

1. Polizeirevier Darmstadt

z.Hd. POKin Lopez

– beglaubigt – mit Zusatz „Eilt!“:

In pp.

wird gebeten, die Ermittlungen wie folgt fortzusetzen:

a) Es wird gebeten, zeitnah die Aufzeichnung des Notrufs auf einem Datenträger zu sichern. Es ist zudem ein Wortprotokoll anzufertigen.
b) Weiter wird gebeten, zeitnah Dr. Akdemir unter Vorlage der Schweigepflichtentbindung zu vernehmen, und zwar auch dahin, was ihm die Geschädigte von der Tat berichtet hat; auch ist dabei nochmals das Attest zu erfragen.
c) Weiter wird gebeten, zeitnah die Freundin Carla Faber zu vernehmen. Dabei ist von ihr die Handy-Audioaufzeichnung, die die Geschädigte ihr per WhatsApp geschickt hat, zu erfragen und – aus Gründen der Verwertbarkeit – nochmals gesondert als Datei zu sichern.
d) Ferner wird gebeten, die am Einsatz beteiligten Sanitäter zu vernehmen, und zwar auch dahin, was ihnen die Geschädigte von der Tat berichtet hat.
e) Schließlich wird gebeten, diejenigen Bewohner des Mehrfamilienhauses Gagernstraße 134 zu vernehmen, die sich am Tatabend telefonisch bei der Polizei gemeldet haben. Weiter sind sämtliche unmittelbaren Wohnungsnachbarn über etwaige Wahrnehmungen zu vernehmen.

2. Wv. 3 Tage.

3. U.m.A. und Beiakte 5 Js 12295/19

dem Amtsgericht

– Ermittlungsrichter –

in Darmstadt

a) mit dem Antrag übersandt, gegen den Beschuldigten die Untersuchungshaft anzuordnen.

Der Beschuldigte ist dringend verdächtig,

am 16.05.2023

in Darmstadt

durch dieselbe Handlung

a) mittels eines gefährlichen Werkzeugs eine andere Person körperlich misshandelt und an der Gesundheit geschädigt zu haben,
b) eine andere Person beleidigt zu haben.

Am 16.05.2023 gegen 21:30 Uhr schlug der eifersüchtige Beschuldigte seiner Freundin Linda Schulte, weil er eine Affäre mutmaßte, in Darmstadt in der gemeinsamen Wohnung, Gagernstraße 134, u.a. mehrfach mit der Faust gegen den Kopf, so dass sie Schmerzen und Hämatome erlitt. Dabei bezeichnete er sie als „Hure" und „Schlampe". Zuletzt stach er ihr mit seinem Taschenmesser zweimal in den rechten Arm, um so ihr Handy, das sie festhielt, zwecks Lesens der Chats und Überprüfung seiner Mutmaßung entwenden zu können, was ihm jedoch nicht gelang. Schließlich ließ er von der Zeugin ab, obwohl er wusste, dass er sich mit weiteren Stichen das Handy hätte verschaffen können, und verließ die Wohnung, nachdem er die Zeugin nochmals als „Schlampe" bezeichnete.

Diese Handlung ist als Vergehen mit Strafe bedroht gem. §§ 185 Var. 1; 223 Abs. 1, 224 Abs. 1 Nr. 2; 52 StGB.

Der Beschuldigte ist der genannten Tat dringend verdächtig. Dies ergibt sich aus den glaubhaften Angaben der Zeugin Linda Schulte, die die Tat so wie dargestellt geschildert hat, den dokumentierten Verletzungen sowie dem Handy-Audiomitschnitt, in dem der Beschuldigte zumindest einen Stich mit dem Messer explizit bestätigt und die Zeugin zudem als „Schlampe" bezeichnet.

Es besteht der Haftgrund der Wiederholungsgefahr gem. § 112a Abs. 1 S. 1 Nr. 2 StPO.

Der Beschuldigte ist dringend verdächtig, wiederholt eine die Rechtsordnung schwerwiegend beeinträchtigende Straftat nach § 224 StGB begangen zu haben. Zum einen wurde der Beschuldigte am 01.10.2019 vom Amtsgericht – Schöffengericht – Darmstadt, Az. 219 Ls 5 Js 12295/19, wegen gefährlicher Körperverletzung zum Nachteil seiner damaligen Freundin zu einer Freiheitsstrafe von zwei Jahren unter Strafaussetzung zur Bewährung – Bewährungszeit fünf Jahre – verurteilt (vgl.§ 112a Abs. 1 S. 2 StPO), weil er sie im Rahmen einer häuslichen Gewalt aus Eifersucht mit seinem Gürtel geschlagen und bis zur Bewusstlosigkeit gewürgt hatte. Zum anderen ist der Beschuldigte dringend verdächtig, am 16.05.2023 die Zeugin Linda Schulte – letztlich auch aus Eifersucht – mit seinem Taschenmesser zweimal in den Arm gestochen zu haben, und zwar obwohl er einschlägig vorbestraft ist und unter laufender Bewährung steht.

Weiter begründen bestimmte Tatsachen die Gefahr, dass der Beschuldigte vor rechtskräftiger Aburteilung der verfahrensgegenständlichen gefährlichen Körperverletzung weitere erhebliche Straftaten gleicher Art begehen wird, die Haft zur Abwendung der drohenden Gefahr erforderlich und eine Freiheitsstrafe von mehr als einem Jahr zu erwarten ist. Dafür spricht neben dem Umstand, dass ihn auch die laufende Bewährung bzw. der drohende Bewährungswiderruf nicht von der Begehung der hiesigen Tat abzuhalten vermochte, insbesondere die unmittelbar nach der hiesigen Tat getätigte Äußerung des Beschuldigten „Das wird dir noch leidtun, denk an meinen Gürtel!". Daraus ergibt sich in der Gesamtschau die große Gefahr, dass der Beschuldigte die Zeugin Schulte aus Eifersucht oder zwecks „Bestrafung" vor rechtskräftiger Aburteilung wiederum mit einem Gürtel schlagen und/oder Würgen wird. Auch der Umstand, dass die Zeugin Schulte sich von dem Beschuldigten trennen will bzw. getrennt hat, ändert daran nichts, sondern erhöht die Gefahr vielmehr weiter; Auslöser für die am 01.10.2019 abgeurteilte Tat war gerade, dass seine damalige Freundin sich von dem Beschuldigten trennen wollte. Schließlich ist als Strafe für die verfahrensgegenständliche gefährliche Körperverletzung eine Freiheitsstrafe von deutlich mehr als einem Jahr zu erwarten.

Mit Blick auf den Tatvorwurf ist die Anordnung von Untersuchungshaft auch nicht unverhältnismäßig, § 112 Abs. 1 S. 2 StPO.

b) Weiter wird beantragt, gem. §§ 102, 105 StPO die Durchsuchung der Person des Beschuldigten und der Wohnung mit allen Nebenräumen inkl. Keller, evtl. vorhandener Geschäftsräume und des sonstigen befriedeten Besitztums des Beschuldigten in der Gagernstraße 134, 64283 Darmstadt, und der ihm gehörenden Sachen einschließlich Kraftfahrzeugen anzuordnen, weil aufgrund von Tatsachen zu vermuten ist, dass dies zum Auffinden von Beweismitteln und der Einziehung unterliegenden Tatmitteln führen wird, nämlich des bei der Tat verwendeten Taschenmessers.

Im Falle antragsgemäßer Entscheidung wird gebeten, die Beschlüsse per Fax an das 1. Polizeirevier Darmstadt zu übersenden.

Unterschrift

Name,

Staatsanwältin/Staatsanwalt

Übersicht
Die Top 30 Fehler in der Anklageklausur

1. Nichtbeachtung der Bearbeitervermerke (letzte Seite und die überall im Sachverhalt verteilten „Kästchen").

Die Bearbeitervermerke werden nicht hinreichend beachtet bzw. nicht hinreichend genau gelesen.

So werden

- bewusst ausgeklammerte Delikte geprüft (etwa Nebengesetze wie § 21 StVG, §§ 13, 221, 323c, 239a, 239b StGB oder nachrangige Delikte wie §§ 240, 241 StGB),
- laut Bearbeitervermerk rechtmäßige Maßnahmen problematisiert (etwa eine laut Vermerk rechtmäßige Durchsuchung) oder
- bewusst nicht Verlangtes gefertigt (etwa die oft laut Bearbeitervermerk erlassene Begleitverfügung oder die Beweismittelliste in der Anklageschrift).

In der Folge ergeben sich zwangsläufig Zeitprobleme.

Fehler im materiellrechtlichen Gutachten

2. Unzureichende AT- und BT-Kenntnisse, teilweise der Grundlagen – z.B.:

- Aufbau der Versuchsprüfung wird nicht beachtet, z.B. werden objektive Mordmerkmale falsch im unmittelbaren Ansetzen geprüft.
- Rücktritt wird komplett übersehen oder Aufbau der Rücktrittsprüfung und Maßstab „Sicht des Täters" werden nicht beachtet.
- Beim Rücktritt werden die Probleme „keine Bestleistung bei § 24 Abs. 1 S. 1, 2. Alt. StGB erforderlich", „außertatbestandliche Zielerreichung" oder „Korrektur des Rücktrittshorizonts" übersehen.
- Übersehen einer „versteckten" räuberischen Erpressung, die bei Ablehnung des Raubs oder etwa bei Gewalt des „Schwarzfahrers" gegen den Fahrkartenkontrolleur oder des Fahrgastes gegen den Taxifahrer relevant wird.
- Wenn Raub oder räuberische Erpressung mangels Zueignungs- bzw. Bereicherungsabsicht scheitert, wird die verbleibende Nötigung übersehen.
- Wenn das unmittelbare Ansetzen abzulehnen ist, wird § 30 StGB (Verbrechensverabredung u.a.) übersehen, ferner speziell solche das Vorbereitungsstadium erfassende Delikte wie § 310 StGB (Vorbereitung eines Explosionsverbrechens).
- Wenn der Beschuldigte wegfährt bzw. nicht hilft, werden Delikte übersehen. Relevant sind insbesondere §§ 211, 13 (22, 23); 221; 323c Abs. 1; 142 StGB. Aber wiederum Vorsicht: Insbesondere §§ 221; 323c StGB sind oft vom Bearbeitervermerk ausgeklammert (siehe Fehler 1).
- Wenn der Beschuldigte gegen Polizei vorgeht, werden Delikte oder besonders schwere Fälle übersehen. Relevant sind insbesondere §§ 113 Abs, 1, Abs. 2 (besonders schwerer Fall), 114 Abs. 1, Abs. 2 (besonders schwerer Fall) StGB und §§ 223 ff. StGB (alles Tateinheit, § 52 StGB!). Bei der Flucht vor der Polizei kann § 315d Abs. 1 Nr. 3 StGB relevant sein.
- Erfolgsqualifikationen wie §§ 226; 227; 251; 221 Abs. 3; 239 Abs. 3 Nr. 2, Abs. 4 StGB werden übersehen oder nicht „sauber" geprüft.

- Oberflächliche Betrachtung der Tatbestandsmerkmale des § 250 Abs. 1 StGB und des § 250 Abs. 2 StGB.

3. Unproblematisches wird unnötig breit dargestellt und Probleme nur knapp, wenn überhaupt.

= falsche Schwerpunktsetzung und falsches Zeitmanagement, u.a. „Kopflastigkeit"

„Standard"-Fehler ist die „Kopflastigkeit" der Klausur: Die Ausführungen zu Beginn der Klausur sind auch in unproblematischen Punkten breit und „im schönsten Gutachtenstil" formuliert. Irgendwann bricht dann Eile aus, weil der Kandidat merkt, dass er Zeit verschwendet hat und kaum fertig werden wird. Folge ist, dass die eigentlichen Probleme nur knapp oder gar ganze Teile der Klausur nicht oder nur rudimentär bearbeitet werden.

Die misslungene Schwerpunktsetzung, oft in der Ausprägung der „Kopflastigkeit", ist ein Hauptgrund für das Scheitern von Klausuren – auch und gerade bei Kandidaten mit viel Wissen.

Dieser Fehler anders ausgedrückt: „Aufwändiger Gutachtenstil bei völlig eindeutiger Rechtslage" (*Eger* JuS 2013, 829, 833 Fn. 12) und knappste Ausführungen ohne Argumentation bei den eigentlichen Problemen, wenn sie überhaupt angesprochen werden.

Ein Indiz für „Zuvielschreiben" (und schlechten Stil) ist auch darin zu sehen, wenn ein Merkmal in zwei Sätzen abgehandelt wird und der zweite Satz sich auf eine Bejahung des ersten Satzes beschränkt. Etwa: „Dann müsste der Beschuldigte den Geschädigten körperlich misshandelt und an der Gesundheit geschädigt haben. Dies ist vorliegend unproblematisch gegeben." Eine solche „Argumentation" – bei der zudem kein Sachverhaltsbezug hergestellt wird – zeigt gerade, dass ein Satz ausreicht: „Indem der Beschuldigte – mit überwiegender Wahrscheinlichkeit nachweisbar – den Geschädigten mit dem Messer in den Arm stach, misshandelte er ihn körperlich und schädigte ihn an der Gesundheit." Die Nachweisbarkeit wäre natürlich dann näher darzustellen, wenn dies das „erste Delikt" sein sollte, die Nachweisbarkeit also nicht bereits in einem zuvor geprüften Delikt geklärt worden sein sollte.

Auch „Anprüfen" aller erdenklichen Tatbestände, die nicht ernstlich in Betracht kommen, wird entgegen verbreiteter Meinung nicht honoriert, sondern kostet nur Zeit.

4. Zu viele Definitionen – Im Grunde eine spezielle Ausprägung des vorgenannten Fehlers.

Definieren Sie die Arbeit nicht zu Tode! Sie müssen nicht jedes völlig unproblematische Tatbestandsmerkmal ausdefinieren. Das würde erstens anfängerhaft wirken und zweitens, wichtiger, Ihr Zeitmanagement über den Haufen werfen.

Und wichtig: Wenn eine Definition niedergeschrieben wird, muss sie auch benutzt, d.h., der konkrete Fallbezug hergestellt werden.

5. Abstrakte, lehrbuchhafte Ausführungen, die den konkreten Fall nicht weiterbringen.

6. Fehler bei der Beweiswürdigung und den Beweisverwertungsverboten:

a) Verortung

Die Beweisfrage wird fälschlich vorgezogen oder nachgeschoben geprüft oder unter der Frage, ob der Beschuldigte überhaupt „Täter" sei, erörtert. Die Prüfung wird mit der Feststellung abgeschlossen, dass der Beschuldigte der Täter sei. „Täter" eines bestimmten Delikts ist aber nur, wer sämtliche Merkmale dieses Delikts verwirklicht hat. Von daher gibt es keine isolierte „Täterprüfung" im Deliktsaufbau.

Vielmehr gilt: Soweit der Sachverhalt „strittig" ist oder Zweifel daran bestehen, ob die – den hinreichenden Tatverdacht begründenden – Beweismittel verwertbar sind, so haben die Beweiswürdigung und die Prüfung, ob ein Beweisverwertungsverbot vorliegt, stets innerhalb der Prüfung des jeweils in Frage stehenden Tatbestandsmerkmals zu erfolgen (wenn es nicht aus Rechtsgründen abgelehnt wird) – und nicht etwa vorgezogen oder sonst isoliert in einem „in der Luft hängenden" Prüfungspunkt. Es ist der bei Weitem häufigste logische Fehler im Anklagegutachten, dass erst einmal behauptet wird, der Beschuldigte habe die in Rede stehende Tat begangen und dies dann wieder mit dem Satz „Fraglich ist, ob dem Beschuldigten die Täterschaft nachzuweisen ist" in Frage zu stellen.

Eine gelungene Formulierung als Beispiel:

„1. Der Beschuldigte T müsste hinreichend verdächtig sein, Gewalt verübt oder mit gegenwärtiger Gefahr für Leib oder Leben gedroht zu haben.

Mit dem Zu-Boden-Stoßen und der Fesselung der Hände wurde physisch auf den Körper des E eingewirkt und damit Gewalt angewendet. Außerdem wurde mit dem Halten des Messers an den Hals des E mit gegenwärtiger Gefahr für Leib und Leben gedroht.

Fraglich ist, ob diese Handlung dem Beschuldigten mit der erforderlichen überwiegenden Wahrscheinlichkeit nachgewiesen werden kann. …" (vgl. *Eger* JuS 2013, 829, 833)

Soweit auch innerhalb eines Tatkomplexes eine Aufspaltung der Beweisfrage/n geboten ist, sollte sie nicht auf zu viele Tatbestandsmerkmale/Delikte verteilt werden (in der Regel maximal drei Merkmale).

b) Nichtbenennung des Aussagegehalts/Fallbezug

Der inhaltliche Gehalt des Beweismittels wird nicht genannt und die Prüfung der Beweisverwertungsverbote „hängt in der Luft" – Warum/wofür ist das Beweismittel relevant? Was soll bewiesen werden?

c) Bei „Beweispuzzle": Wichtige „Mosaikteile" werden nicht erkannt

Das JPA verteilt im Sachverhalt verschiedene Beweismittel, z.B.: Aussage des Bankangestellten zum Banküberfall durch einen mit einer Sturmhaube maskierten und mit einer Pistole bewaffneten Täter, belastende Angaben der Ex-Freundin des Beschuldigten, Auffinden einer entsprechenden Sturmhaube bei ihm im Rahmen einer Durchsuchung, eine verdächtige Spontanäußerung, ein Kontoauszug, der die Einzahlung eines hohen Bargeldbetrags just am Tag nach der Tat belegt, und ein TKÜ-Protokoll mit „Die Cops haben die Knarre nicht gefunden"-Äußerung. Diese „Mosaikteile" des „Beweispuzzles" gilt es zunächst zu erkennen, was oftmals nicht in Gänze gelingt.

d) Beweiswürdigung im engeren Sinne

Das Zusammensetzen eines „Beweispuzzles" und das In-Beziehung-Setzen der einzelnen Beweismittel gelingen oft nur teilweise, obwohl insoweit und hinsichtlich des Erkennens und der Deutung des „Mosaikteile" kein juristisches Spezialwissen erforderlich ist. Dies ist dann besonders ärgerlich, wenn die Beweiswürdigung ein Klausurschwerpunkt sein sollte.

Aus dem zunächst gedanklichen In-Beziehung-Setzen der Beweismittel ergibt sich dann auch, welcher Aufbau geschickt ist, d.h. mit welchem Beweismittel angefangen und auf welches übergeleitet werden sollte, damit die Darstellung überzeugt. Im Regelfall sollte mit der – ggf. früheren – Einlassung des Beschuldigten begonnen werden bzw. mit der Feststellung, dass der Beschuldigte von seinem Schweigerecht Gebrauch macht.

7. Es wird nicht genau zitiert. Etwa:

- „§ 316 StGB" statt richtig „§ 316 Abs. 1 StGB"
- „§ 142 StGB" statt richtig „§ 142 Abs. 1 Nr. 1 StGB"
- „§ 69 StGB" statt richtig „§ 69 Abs. 1 S. 1, Abs. 2 Nr. 2 StGB"

Um allgemein „Normbezug" herzustellen sollten Sie bei Zeugen die §§ 48 ff., 69 StPO, bei Urkunden § 249 Abs. 1 StPO, bei Sachverständigen §§ 72 ff. StPO und bei Inaugenscheinnahmen § 86 StPO zitieren.

8. Fehlgriffe bei „Vokabular" und Stil.

Worte wie „zweifellos", „eindeutig", „auf jeden Fall" oder „offensichtlich" sollten im Gutachten vermieden werden. Auch das Wort „unproblematisch" ist eigentlich überflüssig. Dass etwas „unproblematisch" etc. ist, ergibt sich aus der Kürze der Darstellung.

Die Möglichkeit sollte man nicht „doppeln" wie „könnte in Betracht kommen". Richtig: „Kommt in Betracht" oder „könnte vorliegen".

„Glaubhaft" und „glaubwürdig" dürfen nicht verwechselt werden. „Glaubhaft" bezieht sich auf eine Aussage, „glaubwürdig" dagegen auf eine Person.

Eine Formulierung wie „Also *dürfte* der Beschuldigte hinreichend verdächtig sein, das Notebook weggenommen zu haben", wie sie sich in Prüfervermerken findet, sollte im Gutachten vermieden werden. Dürfte-Formulierungen sollen in Prüfervermerken deren Unverbindlichkeit ausdrücken. Der Kandidat soll sich aber entscheiden: „Also *ist* der Beschuldigte hinreichend verdächtig, ..."

Vermieden werden sollten auch Formulierungen wie „Problematisch ist, dass..." oder „Fraglich ist, wie es sich auswirkt, dass...". Stattdessen sollten präzise Ansätze formuliert werden, also z.B.: „Der Verwertbarkeit der Einlassung des T könnte entgegenstehen, dass er trotz des Vorwurfs des Raubs als Verbrechen (§ 12 Abs. 1 StGB) nicht nach den §§ 163a Abs. 4, 136 Abs. 1 S. 5, 141 Abs. 1, 140 Abs. 1 Nr. 2 StPO über sein Recht, die Beiordnung eines Pflichtverteidigers beantragen zu können, belehrt wurde."

Es besteht kein Anlass, ständig vor Verneinungen das Wort „gerade" anzubringen („Der Beschuldigte hat daher den Tatbestand des § 242 Abs. 1 StGB gerade nicht verwirklicht."), es sei denn, man möchte den Befund besonders hervorheben. Derartiges „Juristenbarock" kann wichtigtuerisch wirken.

9. Regelbeispiele werden fälschlich wie Qualifikationen behandelt.

Richtig: Nach der Schuld: „Zudem könnte ein besonders schwerer Fall nach § 243 Abs. 1 S. 1 StGB vorliegen, was bei Verwirklichung eines der Regelbeispiele aus S. 2 indiziert wäre."

Dann sollte man später noch überlegen, ob die Indizwirkung entkräftet ist.

Entsprechendes gilt auch für die Regelbeispiele des § 263 Abs. 3 StGB oder des § 69 Abs. 2 StGB.

10. Es fehlen Ausführungen zu den Konkurrenzen.

11. Es fehlen Ausführungen zu den Maßnahmen i.S.d. § 11 Abs. 1 Nr. 8 StGB, insbesondere zur Einziehung gem. § 74 StGB und zur Entziehung der Fahrerlaubnis gem. §§ 69, 69a StGB.

Überdies: Wenn etwa die Einziehung der Tatwaffe nach § 74 StGB gesehen wird, wird z.T. jedoch fälschlicherweise ein diesbezüglicher Antrag in der Anklageschrift gestellt. Richtigerweise heißt es in der Anklageschrift nach der §§-Kette schlicht: „Die Pistole Walther TP, Nr. ..., unterliegt gem. § 74 Abs. 1, Abs. 3 StGB der Einziehung." Alternativ kann man § 74 Abs. 1, Abs. 3 StGB in die §§-Kette aufnehmen, so dass es danach heißt: „Die Pistole Walther TP, Nr. ..., unterliegt der Einziehung."

Wo? Die Prüfung der §§ 73 ff., 74 ff. und 69 ff. StGB bzw. § 44 StGB ist auch im prozessualen Gutachten möglich. Soweit vorläufige Maßnahmen nach §§ 111a, 111b ff. StPO in Betracht kommen, können sie dort gut inzident geprüft werden.

Beachte: Insbesondere die Prüfung einer Einziehung nach §§ 73 ff. StGB ist häufig per Bearbeitervermerk erlassen.

Fehler im prozessrechtlichen Gutachten

12. Einstellung gem. § 170 Abs. 2 StPO hinsichtlich eines Delikts, obwohl die prozessuale Tat angeklagt wird.

Die Verneinung des hinreichenden Tatverdachts eines versuchten Totschlags wegen Rücktritts wird teilweise fälschlich zum Anlass einer Einstellung gem. § 170 Abs. 2 StPO genommen, obwohl die zugrundeliegende prozessuale Tat (etwa Messerstiche) unter dem Gesichtspunkt der gefährlichen Körperverletzung doch angeklagt wird.

Eine Einstellung des Verfahrens gem. § 170 Abs. 2 StPO darf richtigerweise aber nur dann erfolgen, wenn hinsichtlich der prozessualen Tat unter keinem Gesichtspunkt hinreichender Tatverdacht besteht.

Kurz: Keine Teileinstellung innerhalb einer prozessualen Tat!

13. Bei Einstellung: „Einstellungsnachricht" und „Einstellungsbescheid" werden vergessen.

In der Regel reicht hier ein Hinweis, weil die Fertigung einer Teil-Einstellungsverfügung fast immer vom Bearbeitervermerk erlassen ist.

14. Wenn der Beschuldigte in Untersuchungshaft ist: Die Prüfung der Haftfortdauer wird vergessen oder gerät – insbesondere hinsichtlich des Haftgrundes – zu knapp.

15. Die Mitteilungspflichten werden vergessen.

Insbesondere:

- JVA ... und Haftrichter am AG ... gem. § 114d Abs. 2 S. 2, 1. und 2. Var. StPO
- Amts-/Landgericht ... als das die Bewährung(en) führende Gericht, Nr. 13 MiStra
- Jugendgerichtshilfe gem. Nr. 32 MiStra

16. Ausführungen zur vorläufigen Entziehung der Fahrerlaubnis gem. § 111a StPO fehlen.

§ 111a Abs. 1 StPO setzt – wie ein Haftbefehl (§ 112 Abs. 1 S. 1 StPO) – dringenden Tatverdacht voraus. Für § 111a Abs. 1 StPO ist aber in doppelter Hinsicht dringender Tatverdacht erforderlich:

- Dringender Tatverdacht muss sich auf die Anlasstat – etwa § 316 Abs. 1 StGB – beziehen.
- Auch muss die große/hohe Wahrscheinlichkeit bestehen, dass im Urteil die (endgültige) Entziehung der Fahrerlaubnis ausgesprochen werden wird (§ 69 StGB). Insoweit lässt sich oft auf ein Regelbeispiel des § 69 Abs. 2 StGB abstellen. Ergänzend ist darauf hinzuweisen, dass die Indiz-/Regelwirkung auch nicht entkräftet ist.

Wo? § 111a StPO gehört ins prozessuale Gutachten. § 69 StGB kann dort inzident oder bereits im materiell-rechtlichen Gutachten geprüft werden.

Der **Antrag** auf vorläufige Entziehung der Fahrerlaubnis kann in der Begleitverfügung oder in der Anklageschrift gestellt werden. Für letzteres etwa *Wolters/Gubitz*, Strafrecht im Assessorexamen, Rn. 213 am Ende. Jedenfalls in Hessen ist dies auch deshalb möglich, weil die offiziellen EDV-Anklage-Formulare dort auch den Antrag auf Pflichtverteidigerbeiordnung vorsehen. Zudem ist die Begleitverfügung vom Bearbeitervermerk oft erlassen.

Zur Erinnerung: In der Anklage *nach der §§-Kette* in Hessen (nicht im konkreten Anklagesatz!) den § 69 StGB-Hinweis nicht vergessen (siehe Fehler 26): „Durch die Tat Ziffer 2 hat sich der Angeschuldigte als ungeeignet zum Führen von Kraftfahrzeugen erwiesen, §§ 69 Abs. 1 S. 1, Abs. 2 Nr. 2, 69a Abs. 1 S. 1 StGB." Letztere Paragraphen-Benennung kann alternativ auch bereits in der §§-Kette erfolgen, wobei die Formulierung „Vergehen nach ..., §§ 69 Abs. 1 S. 1, Abs. 2 Nr. 2, 69a Abs. 1 S. 1 StGB" allerdings streng genommen ein wenig schief ist.

Fehler in der Anklageschrift

17. Die Anklageschrift fehlt oder liegt nur rudimentär vor – falsches Zeitmanagement.

Es ist zu empfehlen, sich eine „Deadline" zu setzen, deren Länge von der jeweiligen Klausur – nämlich dem geschätzten Umfang der Anklageschrift und deren Schwierigkeit – und den eigenen Fähigkeiten – fällt das „Anklageschreiben" leicht oder tut man sich schwer – abhängig ist, etwa: „Ich fange spätestens 45 Minuten vor der Abgabe mit der Anklage an."

Wenn Sie bemerken, dass Ihnen keine Zeit mehr für die komplette Anklageschrift bleibt, versuchen Sie, wenigstens abstrakten und konkreten Anklagesatz, die Vorschriftenliste und den Antrag niederzuschreiben. Es wurden schon Anklageentwürfe ohne konkreten Anklagesatz, aber dafür mit einer mit vollständigen Anschriften versehenen Zeugenliste gesehen (was zudem gegen § 200 Abs. 1 S. 3 StPO verstieß).

18. Statt nur die Tatbestandsmerkmale bzw. -variante/n anzuführen, die verwirklicht sind, wird falsch der gesamte Tatbestand angeführt inkl. „oder". „Oder" gibt es im abstrakten Anklagesatz nur bei Wahlfeststellung!

19. Im abstrakten Anklagesatz fehlt die Schuldform.

Bei Tatbeständen, die vorsätzlich und fahrlässig begangen werden können, wie insbesondere §§ 315b; 315c; 316 StGB sowie § 21 StVG ist die Schuldform mit anzugeben. So wird oft unvollständig „im Verkehr ein Fahrzeug geführt zu haben, ...“ formuliert statt zutreffend etwa „fahrlässig im Verkehr ...“. Bei Tatbeständen mit Schuldkombinationen wie § 315c StGB ist die Schuldform sowohl hinsichtlich der Handlung als auch hinsichtlich des Gefahrerfolgs anzugeben.

Bei § 223 StGB ist ein „vorsätzlich“ eigentlich nicht erforderlich (weil ja keine Verwechselungsgefahr mit § 229 StGB besteht, da dieser anders formuliert ist und die Fahrlässigkeit im Tatbestand benennt), die Benennung als „vorsätzlich“ ist aber unschädlich und „dient der Sicherheit“, falls das ein Korrektor anders sieht.

20. In Haftsachen fehlen der Haftvermerk, die Haftprüfungsfrist, die Haftdaten und/oder der Antrag auf Haftfortdauer.

21. Fehler in der Paragraphenkette.

- Es fehlen bestimmte Paragraphen, insbesondere §§ 52, 53; 69, 69a; 74 StGB (aber genau zitieren!)
  Achtung: §§ 69, 69a; 74 StGB können stattdessen auch in dem folgenden Hinweis aufgeführt werden (siehe die Fehler 11 und 16),
- es wird fälschlich nicht genau zitiert (etwa „§ 224 StGB“ statt „§ 224 Abs. 1 Nr. 2, 2. Var., Nr. 5 StGB“) oder
- es wird nicht in der korrekten Reihenfolge zitiert (richtig: erst aufsteigend Besonderer Teil, dann aufsteigend Allgemeiner Teil, dann aufsteigend Nebengesetze).

22. Bejahung des besonderen öffentlichen Interesses, obwohl es nicht erforderlich ist.

Es wird fälschlich das besondere öffentliche Interesse an der Strafverfolgung bejaht und in die Anklageschrift aufgenommen, obwohl die anklagegegenständlichen Delikte (etwa ein Raub zum Nachteil der Ehefrau) hiervon nicht abhängig sind – anders etwa, wenn eine (einfache) Körperverletzung gem. § 223 StGB angeklagt wird und kein Strafantrag vorliegt, vgl. § 230 Abs. 1 S. 1 StGB.

Auch wenn ein Strafantrag gestellt wurde, kann es (was Nr. 110 Abs. 2 lit. d RiStBV nicht berücksichtigt) sinnvoll sein, zusätzlich ein besonderes öffentliches Interesse an der Strafverfolgung (vorsorglich) zu bejahen und den Hinweis hierauf in der Anklageschrift anzubringen, z.B. wenn die von ihrem Lebensgefährten misshandelte Antragstellerin „wankelmütig“ erscheint. Denn der Strafantrag wird mitunter zurückgenommen (§ 77d StGB), auch in der Hauptverhandlung, und ohne den Hinweis in der Anklageschrift muss der Sitzungsvertreter diese Entscheidung treffen.

Wenn Sie das besondere öffentliche Interesse bejahen, vergessen Sie bitte nicht das Wort „besondere“.

23. Es wird nicht beantragt, das „Hauptverfahren“ vor dem ... zu eröffnen, sondern falsch beantragt, das „*Verfahren*“ oder die „Haupt*verhandlung*“ zu eröffnen. Hauptverfahren und Hauptverhandlung sind zwei ganz unterschiedliche Dinge.

Fehler speziell in der Konkretisierung

24. Wiederholung des Gesetzeswortlauts.

Es werden keine subsumtionsfähigen Umstände geschildert, sondern es wird schlicht der Gesetzeswortlaut wiederholt.

Aber alles hat auch seine Grenze: Natürlich darf und muss man bei einem Wohnungseinbruchdiebstahl das Wort „Wohnung“ verwenden und muss keine subsumtionsfähigen Umstände schildern, wenn hier kein Problem liegt.

25. Aufnahme für die Subsumtion überflüssiger Daten/Umstände („zu viel“).

In der Konkretisierung werden Daten/Umstände aufgenommen, die zur Subsumtion mit Blick auf den abstrakten Anklagesatz nicht erforderlich sind. Die Konkretisierung wird zur Nacherzählung.

Andererseits muss das Geschehen verständlich dargestellt sein, weshalb der konkrete Anklagesatz in Maßen auch über die rein subsumtionsrelevanten Umstände hinaus „ausgeschmückt“ werden darf. Finden Sie einen Mittelweg.

Inwieweit Umstände, die lediglich für die allgemeine Strafzumessung relevant sind – etwa eine stationäre Behandlung des Opfers –, in die Konkretisierung aufgenommen werden können und sollen, ist ein „Graubereich“.

Eine spezielle Facette des „Zuviel“ ist die Aufnahme der für die Beweiswürdigung relevanten Umstände in die Konkretisierung. Dass die Raubbeute im Rahmen einer Durchsuchung in der Wohnung des Beschuldigten gefunden wurde, gehört nicht in die Konkretisierung und stellt mehr als einen Schönheitsfehler dar.

Auch Rechtsbegriffe („der Angeschuldigte handelte mindestens mit bedingtem Vorsatz“) gehören nicht in den konkreten Anklagesatz (richtig: „Dabei nahm er dessen Tod billigend in Kauf.“ = subjektive Tatseite). Ausgenommen hiervon sind allgemeinverständliche Begriffe wie „Kaufvertrag“.

26. Fehlen bestimmter Daten/Umstände, die zur Subsumtion erforderlich sind („zu wenig“).

In der Konkretisierung wird der Erfolg nicht (hinreichend) beschrieben oder – der Standardfehler – die innere Tatseite (Vorsatz, Fahrlässigkeit, Absichten, Pläne) wird nicht oder nicht hinreichend dargestellt.

27. Statt auf den Beschuldigten wird der Fokus auf den Geschädigten gelegt.

Falsch: „Als die Zeugin Becker erwachte, hörte sie aus dem Wohnzimmer Geräusche, stand auf und entdeckte dort einen Mann. Dies war der Angeschuldigte, der gerade dabei war, …“

Richtig: „Am 03.02.2023 gegen 02:15 Uhr hebelte der Angeschuldigte in Marburg die Wohnzimmertür der Wohnung der Zeugin Becker, Wilhelmstraße 15, auf und begab sich in das Wohnzimmer, um …“

Das Geschehen soll aus der Perspektive eines allwissenden Erzählers (= mit Plänen, Absichten, Vorsatz etc.) geschildert werden, und zwar mit Fokus auf den Beschuldigten!

28. Passiv-Formulierungen.

In der Konkretisierung wird statt im Aktiv im Passiv formuliert („Der Zeuge Oliver Klein wurde von dem Angeschuldigten mit dem Messer zweimal in den Rücken gestochen.“).

Äußeres Erscheinungsbild

Oder: „Wie erleichtere ich dem Korrektor die Korrektur und strapaziere nicht sein Wohlwollen?“

29. Handschrift nicht oder kaum lesbar.

Auch wenn es gerade bei Zeitnot schwerfällt, sollten Sie auf eine lesbare Handschrift achten. Eine kaum lesbare Handschrift erschwert die Korrektur ungemein, was das Wohlwollen des sich mit dem Entziffern abmühenden Prüfers jedenfalls nicht steigern dürfte, auch wenn die verwaltungsgerichtliche Rechtsprechung den Prüfern insoweit eine gewisse Anstrengung auferlegt.

Was auch dann für den Prüfer nicht lesbar ist, kann keine Punkte bringen; „in dubio pro reo“ findet hier keine Anwendung.

Diese Problematik besteht natürlich nicht, wenn Sie Ihre Klausur maschinenschriftlich am PC verfassen („E-Examen“).

30. Keine Gliederung, keine Absätze und keine Freizeilen, viele Einschübe.

Sie sollten Ihre Prüfung strukturieren, d.h. sie gliedern (ohne zu kleinteilig zu werden), Absätze machen und Freizeilen zwischen den einzelnen Prüfungspunkten bzw. Gedanken lassen. Dies erleichtert nicht nur dem Prüfer die Korrektur, sondern auch Ihnen die Übersicht über Ihre Arbeit.

Auch sollten Streichungen und Einschübe mit „*“ oder „Seite 11a“ nicht Überhand nehmen. Es sollte vermieden werden, dass der Korrektor den Eindruck gewinnen könnte, er müsse sich das Gutachten zunächst „zusammensuchen“. Diese Problematik dürfte sich ebenfalls mit Einführung des E-Examens erledigen.

Dagegen sind Überschriften zu einzelnen Tatbestandsmerkmalen bzw. Prüfungsebenen (Tatbestand, objektiver Tatbestand, subjektiver Tatbestand, Rechtswidrigkeit und Schuld) weder erforderlich noch sinnvoll. Derlei sollten Sie vermeiden, weil es Zeit kostet und zudem mitunter „anfängerhaft“ wirkt.